学前教师教育案例评析教程系列

丛书主编　杨彦

幼儿园环境创设与案例评析教程

主　编　杨　彦　赖　兵　童　健

副主编　黄小玲　付丽君　赵　艳　胥　萍　龙素萍

新形态
一体化教材

WUHAN UNIVERSITY PRESS
武汉大学出版社

图书在版编目(CIP)数据

幼儿园环境创设与案例评析教程/杨彦，赖兵，童健主编.—武汉：武汉大学出版社，2022.8

学前教师教育案例评析教程系列/杨彦主编

ISBN 978-7-307-22991-4

Ⅰ.幼…　Ⅱ.①杨…　②赖…　③童…　Ⅲ. 幼儿园—环境设计—案例—幼儿师范学校—教材　Ⅳ.G617

中国版本图书馆 CIP 数据核字(2022)第 047973 号

责任编辑:郭　静　　　责任校对:汪欣怡　　　版式设计:韩闻锦

出版发行:**武汉大学出版社**　(430072　武昌　珞珈山)

(电子邮箱:cbs22@ whu.edu.cn 网址:www.wdp.com.cn)

印刷:武汉中科兴业印务有限公司

开本:787×1092　1/16　印张:18.75　字数:388 千字　插页:1

版次:2022 年 8 月第 1 版　　2022 年 8 月第 1 次印刷

ISBN 978-7-307-22991-4　　定价:58.00 元

学前教师教育案例评析教程系列

丛书主编　杨彦

丛书编委会

学前教师教育案例评析教程系列

丛书主编　杨彦

本书编委会

主　编　杨　彦　赖　兵　童　健

副主编　黄小玲　付丽君　赵　艳　胥　萍　龙素萍

编　委（按姓氏首拼字母排序）

崔彦会　范桂宁　付丽君　郭梦兰　郭安定　甘丽琼

黄小玲　黄秋艳　黄舒静　罕富珍　黄朝霞　黄媛莲

花　芬　赖　兵　龙素萍　刘利红　刘秋华　赖燕燕

罗　珍　罗远宁　梁明津　林　琳　林小佩　陆晓慧

黎伟玲　廖晓斐　李鹏飞　莫英捷　闵艳莉　彭明君

覃晓华　童　健　唐秋荣　吴　熙　韦　洁　韦琨明

韦　涛　韦志红　王娅蓉　徐卫梅　胥　萍　许芊芊

熊露丝　玉春香　杨　彦　阳　莉　余思倩　赵　艳

赵湖兰　郑丽梅　张沥丹　张　敏　张　喆　张　凤

张晓娟

丛书总序

"骑马者应从马背上学"

"骑马者应从马背上学"是我国著名幼儿教育家张雪门先生关于幼稚师范教育要加强见习和实习、注重实践和实例，促进学生通过课堂听讲、实际体悟从而内化所学、善于应用，以培养合格而优秀的幼教师资的重要指导思想。张雪门先生创办的北平幼稚师范学校，在管理上特点突出：学生上午在校听课、下午到园实习，把一系列实践活动贯穿于三年学习之中，认为只有亲自参与到真实的幼教情景当中去观察、去尝试，才能获得有效的经验并且提升能力。"离开了马背，尽管念一辈子的骑马书，如果跨上马去，还是会从马背上翻下来。"张雪门先生用朴素至理的箴言，生动形象地诠释了幼教师资培育之"实"与"适"，至今仍具有重要的时代意义。

新时代的"骑马者"——幼儿园教师，无论职前培养还是在职培训，都更需夯实"马背"——实践教学体系，包括优秀案例及指导教程等专门的支撑。基于实践取向研发系列课程资源，强化实训实作实习，优化幼儿园教师培养培训，是国策精神、教育使命、社会期盼。

自2012年以来，《3—6岁儿童学习与发展指南》《幼儿园教师专业标准(试行)》《教师教育课程标准(试行)》《中共中央国务院关于学前教育深化改革规范发展的若干意见》等相继出台，关于幼儿健康成长、幼教提质增益及其重中之重是打造专业化幼师队伍等研究日益深入。2018年《中共中央国务院关于全面深化新时代教师队伍建设改革的意见》这一里程碑式的文件提出"大力振兴教师教育，不断提升教师专业素质能力""全面提高幼儿园教师质量，建设一支高素质善保教的教师队伍""强化实践性课程"等重要指示，为我们积极应答新时代学前教育高质量发展和幼教师资高水平建设明确了方向和要求。

"纸上得来终觉浅，绝知此事要躬行。"长期以来，尤其是在见习实习过程中与学生们和幼儿园园长、老师们大量接触和深入交流，感受到大家有很多好点子、好做法、好经验值得分享，如不注重收集整理则难免遗憾，若将其梳理集萃，得以“珠海拾贝”，传扬“典型正能”，创获“实践智慧”，对推进人才培养、丰富理论内涵和指导幼教实务将带来诸多利好。于是，经过集思广益和不懈努力，“学前教师教育案例评析教程系列”结集出版。丛书立足实践，以其理性的思考、独到的构想，将感性体悟、学理逻辑有机融入案例铺陈、图文并茂、资讯扩展和品评点拨之中，力求能够更好地诠释“实”与“适”。

实——衔华佩实。对于丛书和各册的体例架构，怎样才能基于实实在在的一线经验且不简单堆砌、不流于形式，我们几经思索、终得破解。遵循实践教学规律，以学习者视角，对教育随笔、教育故事、教育案例等材料进行有机重构，突出导引性、递进性、可借鉴性和可操作性。通过情境导入、单元聚焦来引领了解各单元要义，各单元之下设置若干课，将学习目标、学习准备、学习领航、学习支持、案例与评析以及拓展检测等板块组成各课的主体内容，并辅以扫码查阅资源链接、扩展认知和项目练习等内容，把各册编写成一本本扎实、平实、充实的案例式指导教程。凸显以案促学，以例明理，以评启智，以实践出真知。

适——以适为新。考虑到丛书和各册的实际应用，为了使文本活现起来，跃然纸上而不是停滞于书中，我们力求增强教材的普适性、自适性。丛书各册所涉及课程均为《幼儿园教师专业标准(试行)》《学前教育专业认证标准(暂行)》指向的专业课程，且大多为各院校学前教育专业人才培养方案的核心课程，涵盖环境创设与利用、游戏活动支持与引导、幼儿行为观察与分析、保教活动与班级管理、沟通与合作、反思与发展等专业能力，是全体幼师必备的“专业基本功”，对标明确，普适性强。同时丛书编写注重提升阅读友好，不仅甄选优秀案例，而且精选照片、图表、声像资料等，配合发散式问答、建设性提示等，支撑各级各类幼师“一专多能”。教材以新样态、多元化呈现，可读易懂，自适性强。凸显人与书的界面交互，学与做的应用交互，支持探寻适切的个性化学习兴趣并鼓励迈向自我创新之路。

编写此套丛书是为丰富学前教师教育课程资源、加强推进实践教学、促进幼师人才培育质量，为众多院校的幼师生和广大的幼教人员提供专业成长的“样例”和“支架”。为达初心，我们勤力深耕，精益求精。自2019年开始动议、构思、组队、编撰并不断完善，直至丛书问世，我们克服了诸多困难！尽管2020年突如其来的疫情迫使编写工作按下了暂停键，丛书出版计划也受到影响，但是我们坚持笔耕不辍，终在花果繁茂之季得尝墨色书香。回顾此间历经的三年，一支热爱教育事业、理论基础扎实、实践经验丰富的编写团队如同一个大家庭，彼此勉励，共克时艰，不辞辛劳，令人感佩！以广西幼师(前身是1938年张雪门先生创办的北平香山慈幼院桂林分院广西幼稚师范学校)学前教育专业教师为主组成的高校团队，与广西、四川、云南等各示范幼儿园的园长们、老师们和各界热心人士积极联动、携手共进，武汉大学出版社的热忱邀约和鼎力支持也给予源源动能，所有参编人员的专业和敬业融汇于字里行间，在此一并衷心感谢！

“生活兮教育，生活兮教育，我们生命唯一之伴侣。为汝勤力，不分旦夕，为汝驰驱，不顾险夷。人生意义在利他，他利己亦利，生活兮教育。”

“淳朴兮孩子，淳朴兮孩子，未来世界好坏之主体。浑然心地，不知害利，乐哉游戏，不计非是。社会价值在没我，没我以利人，先利小孩子。”

八十多年来，北平香山慈幼院校歌仍萦绕耳畔荡涤人心，纯美而清晰地传递了张雪门先生的教育理念。从北平到桂林，从过去到现在，无论时空如何转换，坚守“先利小孩子”初心不改；无论“骑马者”如何更迭，坚持“从马背上学”笃行不怠。期待能将我们对学前教育的美好追求传递和共勉，也望不吝赐教以改进不足之处。脚踏实地、志存高远，将“骑马者”“扶上马”并“送一程”，这是历史重托和时代使命，我们将继续深研精进，为新时代幼教师资培育贡献“广幼智慧”。

杨彦

2022 年 1 月于绿城南宁

前　言

关于幼儿园环境与儿童发展的关系，从未有现今这样高度的关注。环境在儿童身心成长过程中应有怎样的价值、发挥怎样的作用以及如何定义环境、如何创设与运用环境，都将是新时代学前教育领域深入研究的聚焦点。

《幼儿园工作规程》(2016 版)和《幼儿园教育指导纲要(试行)》《3—6 岁儿童学习与发展指南》指出："创设与教育相适应的良好环境，为幼儿提供活动和表现能力的机会与条件""环境是重要的教育资源，应通过环境的创设和利用，有效地促进幼儿的发展""要珍视游戏和生活的独特价值，创设丰富的教育环境，……最大限度地支持和满足幼儿通过直接感知、实际操作和亲身体验获取经验的需要。"这些指导大力推动了学前教育改革发展。2022 年 2 月《幼儿园保育教育质量评估指南》明确将"环境创设"作为五项评估内容之一，强调"包括空间设施、玩具材料等 2 项关键指标，旨在促进幼儿园积极创设丰富适宜、富有童趣、有利于支持幼儿学习探索的教育环境"。首次将环境创设单独设置，这是国家导向的新精神、新指引，促进学前教育的新思考、新行动。

本教材正是基于对学前教育现状和趋势的分析研判，将国策精神贯彻落实，为实践应用提供适切的支持。并且基于学习者视角，将典型案例通过系统组构，引导学思研用，举一反三，为学前教育师资加强环境创设能力提供"脚手架"。遵照《幼儿园教师专业标准(试行)》《幼儿教师教育课程标准(试行)》以及职业教育教师队伍能力提升行动、学前教育师范专业认证工作等相关要求，遵循学前教育师资培育的规律，结合幼儿园环境创设课程综合性和应用性强的特点，本教材的编写注重体现学前教育专业必修(核心)课程的作用，强调学习者的"获得感"，力求突出以下特点：

一是促你感受环创之意趣，夯实根基。

通过案例与评析，了解幼儿园环境"美"与"育"的基本元素、基础知识、基准要点等，逐步梳理认知，从而"焕发"已有的积累和经验，学习新知，为进行环创夯实基础。

二是助你领会环创的策略，明确规范。

通过案例与评析，明确幼儿园环境创设"规"与"品"的内涵外延，建立多维视角的幼儿园环境创设观，掌握环创设计的一般程序及规范要求。了解环创形式是不断变化的，但也是有规可循的，从而“提振”潜在的动能，积极行动，为做好环创历练能力。

三是为你增进环创的实务，接续后劲。

通过案例与评析，将幼儿园户外场地、室内空间、环境综合利用等不同场景的设计与应用分别呈现，提示其各具特质的方面，了解其共同与不同之处，拓展思路，为学用转化持续赋能。

本教材通过五个单元呈现幼儿园环境创设的主要内容，引领学习者渐入佳境。

第一单元 幼儿园环境的“美”与“育”。主要介绍幼儿园环境的审美功能和教育功能的基本内涵，使学习者对环境创设与儿童发展有初步的理解和认识；着重解析点、线、面、肌理和色彩等基础元素在环创设计中的作用与用法，学理阐述辅以典型案例，使学习者尝试从“设计师”角色、以构成原理为环境创设的审美引导和装饰方法提供新思路。

第二单元 幼儿园环境的“规”与“品”。主要介绍幼儿园环境的整体规划、设计步骤、品牌形象打造等内容，通过多个典型案例及分解剖析，使学习者尝试从“规划师”角色、以宏观思维引导构想，明确环创设计的规划步骤和品牌打造策略。

第三单元幼儿园户外环境创设及案例评析。主要介绍幼儿园户外环境创设的原理、要点、特点等相关内容，通过多个独具特质的案例，使学习者“置身其中”掌握幼儿园户外环境创设的方法与技巧。

第四单元幼儿园室内环境创设及案例评析。主要介绍幼儿园活动室、功能室以及区域(区角)等空间的创设原理、要点、特点等相关内容，通过多个视角呈现案例，使学习者“身临其境”掌握幼儿园室内环境创设的方法与技巧。

第五单元幼儿园环境综合利用及案例评析。主要介绍幼儿园结合传统节庆活动、民族民间活动开展本园多元活动的环境创设应体现的要素，包括撷取中华优秀文化、挖掘本土优势资源等，并通过多个代表性的案例，使学习者“移步换景”掌握幼儿园环境综合利用的方法与技巧。

通过系统阐述幼儿园环境创设的基本全貌和基础实务，引导学习者了解和体验环创设计中视觉要素、构成要素的表现特点、实践要点，本教材将为各院校学前教育专业学生、各层级幼儿园教师提供专业支持，亦为关注幼儿园环境与儿童发展的各界人士提供有益帮助。希望教学相长，激发教育智慧，共同迈向幼儿园环境创设的成功之路!

本书主编

2022 年 3 月

目　录

第一单元

幼儿园环境的“美”与“育”

【情境导入】

某幼儿园为了节省地面空间，利用房梁、天花板进行大量的装饰品悬挂，观赏一段时间之后，大家由“看看”到“不看”再到“难看”。而且由于悬挂的装饰过多、过于复杂，清洁成了一个相当大的挑战。天花板、房梁高度过高，不符合儿童日常的视角范围，且清理更换的难度相当大，久而久之这些不便于清洁的装饰物灰尘堆积，成为空气中的污染源，加上长期难以更换的装饰物容易老化，也造成了安全隐患。进行幼儿园环境创设时应更多从幼儿的视角来考虑和设计，降低展示高度，且不悬挂过重、无意义的装饰品。那么，如何才能将“美”与“育”相结合，创设出安全、合理的儿童活动空间呢?

【单元聚焦】

环境安全友好；幼儿健康成长；教师专业发展；幼儿园环创基本原理、技法、要求及策略。

第一课

幼儿园环境“美”与“育”的价值意义

【学习目标】

1. 了解幼儿园环境的审美功能和教育功能的基本内涵。

2. 理解安全友好的环境对促进幼儿健康成长、教师专业发展、办园质量提升的重要意义。

【学习准备】

1. 阅读预习

(1)《幼儿园安全友好环境建设指南》

(2)《国家卫生健康委关于印发托育机构设置标准(试行)和托育机构管理规范(试行)的通知》(国卫人口发〔2019〕58号)

(3)杨彦:《幼儿园环境创设》,北京师范大学出版社2014年版。

(4)王海英:《儿童视野的幼儿园环境创设》,人民教育出版社2019年版。

2. 思考求解

(1)什么是幼儿园环境?

(2)幼儿园环境的基本作用是什么?

3. 自我预检

通过查阅《幼儿园安全友好环境建设指南》以及结合实际和相关经验,你对幼儿园环境是否安全友好有哪些体悟?

参考答案：安全友好环境是指符合幼儿身心发展规律，幼儿感到亲近快乐，愿意主动融入其中，能够安全地生活、活动和接受教育的环境。安全友好环境建设包括幼儿园的规划、设计、建造、设施配备，以及装修、布置等。

资源链接(扫描二维码)：《幼儿园安全友好环境建设指南》原文

【学习领航】

幼儿园环境是指幼儿园内幼儿身心发展所必须具备的一切物质条件和精神条件的总和，它包括物质环境和精神环境。通常而言，物质环境主要指幼儿园内对幼儿发展有影响作用的各种物质要素的总和，包括园舍建筑、院内装饰、场所布置、设备条件、物理空间的设计与利用、各种材料的选择与搭配。精神环境主要指幼儿园内对幼儿发展产生影响的一切精神因素的总和，通常指幼儿在园内经常接触的人及其人际关系，包括师幼关系、活动氛围、教师的人格特征及教风、园风等，是由园内许多无形的社会因素和心理因素构成的复杂的环境系统。在幼儿园中，环境起着举足轻重的作用，它就像“第三位老师”，是“隐形的课程”，做“无声的教育”，影响着幼儿的学习与发展。

幼儿园环境具有独特的审美功能和教育功能。环境创设不仅能装饰场地空间，更能充分发挥场地空间的教育作用，因此在考虑美观性的同时，还要注重教育性。既不能因为追求“好看”而忽略“适用”，又不能为了凸显“教育作用”而忽略“美感体验”。也就是说，美、育相辅相成，不可失之偏颇。恰如其分地将审美功能与教育功能融合在一起，才是幼儿园环境创设的本质所在，才能有利于促进幼儿健康成长、幼儿园教师专业发展以及幼儿园质量提升。

【学习支持】

一、安全友好的环境促进幼儿健康成长

幼儿园环境是幼儿园重要的教育资源，它为幼儿在园期间的生活、学习提供了基本条件。幼儿园环境于幼儿来说应该是安全的、友好的。安全，即幼儿能够安全地生活、活动和接受教育。友好，即符合幼儿身心发展规律，幼儿感到亲近快乐，愿意主动融入其中的环境。建设安全友好的环境，包括硬件建设和软件建设、室内环境和室外环境、教学场所和辅助场所，成人的工作和幼儿的参与是同等重要的。安全友好的幼儿园环境建设应该遵循安全性、教育性、生活性、参与性、审美性、经济性六大原则，让幼儿园的每一面墙、每一块场地、每一件材料都为幼儿的发展发挥作用。

（一）安全的环境：保驾护航

幼儿的身心和谐发展是在与环境的交互作用中完成的，环境的创设应首先考虑安全性，确保幼儿在环境中不会遭受物质的和精神的伤害，环境中的物品不会对幼儿造成人身伤害，环境中的他人也不会对幼儿造成身体和心理伤害。幼儿园室内空间的大小、通风程度、装饰要求等都会对幼儿的生活产生一定影响，安全的幼儿园环境能为幼儿的生活和学习提供良好的基础保障。

（二）友好的环境：润物无声

在安全的前提下确保环境中的设施和材料要有利于教育活动的开展，环境的布置符合幼儿的生理和心理特点，贴近幼儿生活，使幼儿愿意融入其中。适宜的教师态度和管理方式有助于形成安全、温馨的心理环境。在这样友好的环境中，“生生互动”“师生互动”“家园互动”的有机结合，对幼儿建立安全感、归属感、自信心等能够起到潜移默化的影响，会使幼儿在与友好环境的互动中身心健康发展。

（三）“美”“育”交融的环境：经验充盈

幼儿园环境创设需要将形象、形式、空间等造型要素进行融合，色调和谐鲜艳、图案美观、物品整洁、摆放有序。符合幼儿审美情趣的环境能充分调动幼儿的兴趣，并能带给幼儿丰富的艺术感受，以培养幼儿的审美能力。幼儿是环境创设的“主体”，教师应引导幼儿动手动脑，参与环境建设，使环境建设的过程成为幼儿学习的过程。教师应提供多种多样的设施和材料供幼儿探索、操作，使之充分地与环境相互作用。在创设活动环境中，幼儿运用各种感官去体验、观察、操作、思索、发现、创造，幼儿学习与探索的主动性最大限度地发挥出来，在过程中获得认知，获得经验。

二、“纲要”“指南”践行于环创促进幼儿园教师专业发展

幼儿教师在环境创设中是“主导者”。幼儿教师的环境创设能力包括物质环境创设能力和精神环境创设能力。物质环境创设能力包括利用户内空间能力、利用户外空间能力、活动材料的投放能力和装饰墙面的能力；精神环境的创设能力包括师幼之间互动的能力、创造心理氛围的能力、关注幼儿社会性情感的能力和创造幼儿互动机会的能力。幼儿园环境创设充分体现了教师的专业素养，对幼儿的成长和发展至关重要。

《幼儿园教育指导纲要（试行）》（以下简称《纲要》）中指出：“环境是重要的教育资源，应通过环境的创设和利用，有效地促进幼儿的发展。”教师的发展是幼儿发展的前

提，幼儿教师自身发展才能促进幼儿的健康成长。《纲要》还强调“幼儿园应为幼儿提供健康、丰富的生活和活动环境，满足他们多方面的发展需要，使他们在快乐的童年生活中获得有益于身心发展的经验”。《3—6岁儿童学习与发展指南》(以下简称《指南》)中提到要创设丰富的教育环境，合理安排一日活动，最大限度地支持和满足幼儿通过直接感知、实际操作和亲身体验获取经验的需要。以上对幼儿园环境创设的要求也是对环境创设的主导者——教师，提出了明确的专业要求。因此，幼儿教师需要根据不同幼儿的年龄特征和身心发展水平，创设适合幼儿兴趣、能力、学习方式等方面的环境。在幼儿园的环境创设中，教师需要不断地提高自己环境创设的水平，提升自己的反思能力，从而促进自己的专业成长。

三、系统研究环创与课程促进办园质量整体提升

幼儿园环境创设是从幼儿园课程的基本理念和目标出发，根据幼儿学习与发展的现实需求，和幼儿共同完善环境的布局，充实环境中的各种设施和材料，使幼儿能在环境中开展适合其身心发展的各种活动，幼儿能从中满足兴趣、迎接挑战、不断获得新的经验。因此，幼儿园环境创设是一个教师和幼儿共同参与的过程，是一个多层次、多样化的实践过程。从一定程度上说，也是幼儿园课程建设的重要组成部分。幼儿园环境创设是幼儿园的一项非常重要的工作，是直接对幼儿的发展产生重要影响的工作。幼儿园的环境创设绝不是一成不变的，也绝不是为了应付检查、参观而做做表面文章应付了事的。幼儿园的环境创设应该在紧跟时代步伐，追随幼儿的发展需要中不断地丰富和改进。

研究表明，幼儿的发展与幼儿园学习环境质量息息相关。幼儿园环境创设是一项系统的工作，涉及不同层面的环境，涉及环境中的不同设施和材料，涉及环境中的各种因素与幼儿园课程的相互关联。幼儿园环境的创设不仅是园长、老师的事情，也是幼儿自己的事情，幼儿也要为建构自己的环境而努力。幼儿园还应当充分利用家庭和社区的有利条件，丰富和拓展幼儿园的教育资源。幼儿园环境创设不能仅仅追求外在的好看(美)，而是要关注和研究环境中美的内涵、教育的价值与意义。通过对环境创设持续的探索与研究，能不断提高幼儿园环境的丰富性和适宜性，提升教师的环境创设能力，增强环境对幼儿发展的促进作用，进而提升幼儿园的整体办园质量。

【案例1】采果节圆舞曲

从果树开花到结果、成熟，是果子的一段历史，也成就了孩子们的一段探索之旅。某幼儿园因地制宜在园内种植荔枝、葡萄、李子、桃子、蓝莓等水果，高的、矮的、落

叶的、四季常绿的、藤蔓类的、灌木类的……各种各样的果树巧妙搭配，交相辉映。

每到夏秋季节，幼儿园就变成了热闹的海洋。红的荔枝、绿的李子、黑的葡萄、紫的蓝莓……把树枝压弯了腰，一派生机勃勃的景象。（图 1-1、图 1-2）

图 1-1

图 1-2

果树之间铺设草地、自然的泥地、鹅卵石小路，还因地制宜建造了一个树屋、小水池，空地上还投放了一些钻爬玩具和户外活动器械。园子里的果实孩子们惦记了一个夏天，每天都跑到园子里瞧一瞧、摸一摸，走一走羊肠小路，给果树浇浇水，在树屋里捉迷藏……玩得不亦乐乎。“果园”追随幼儿的兴趣和发展需求，不断地增加果树的种类、丰富投放的工具，这些树屋、弯曲小路、水池等设施不仅给孩子活动的无限可能，也给孩子以“美”的体验。（图 1-3）

图 1-3

这个充满生机勃勃的“果园”不仅四季瓜果飘香、蕴含着丰富的探索机会，更是绿意盎然的风景线、和谐舒适的游戏区。果树的成长、开花、结果、防病等都为孩子们的探索与发现提供了无限的机会。(图 1-4、图 1-5)

图 1-4

图 1-5

孩子们在自然真实的环境中采摘、运输、配送、品尝、加工……在直接感知、实际操作和亲身体验中发展了动作、思维、合作能力，增长了植物生长的知识；孩子们每天在园子里观察、探索、奔跑、嬉戏，在与“果园”环境的积极互动中发展了能力、获得经验。(图 1-6、图 1-7)

图 1-6

图 1-7

教师抓住教育契机，形成了“采果节圆舞曲”等系列活动，推动园本课程建设。随着活动的丰富、课程的推进，教师的课程研究能力不断提升，幼儿园的园本课程声名远扬，众多同行纷纷来此学习交流。这个变化中的“果园”默默地为促进幼儿的身心健康发展、促进教师的专业成长、促进园所质量提升发挥着重要的作用。（图 1-8、图 1-9）

图 1-8

图 1-9

【温故知新】

描述：幼儿园环境的主要功能。

举例：查找一处典型幼儿园环境，并尝试从环境促进幼儿发展的角度分析该处环境的作用。

分析：如何设置幼儿园环境才能实现“美”与“育”的双重功能。

分享：谈谈自己学习本课的感悟，也可提出疑问以及寻求解答的思路。

【拓展检测】

建议：教师及学生结合本校、本地实际，根据需要组织探讨，在本课中充实相关学习、实践及检测内容。

拓展探讨：

解答参考：

第二课

幼儿园环境“美”与“育”的实操应用

【学习目标】

1. 了解幼儿园整体环境设计中的点、线、面元素。
2. 知道幼儿园各区域的点、线、面元素构成。
3. 掌握幼儿园环境的美感与点、线、面元素的统一关系。

【学习准备】

1. 阅读预习

阅读书籍并收集1个幼儿园整体规划案例，并简要分析其审美功能和育人功能。

阅读书籍并收集1个幼儿园局部环境创设案例，并尝试分析环境中的点、线、面元素。

2. 思考求解

巧思点线面：通过对幼儿园环境创设中的点、线、面内容的学习，请你谈谈你见过的幼儿园中的点、线、面元素有哪些？并对其构成效果进行描述和评价。

3. 自我预检

填空题

(1) 在“点”的设计过程中，紧密围绕________，以及课程活动的基本需求，对“点”的内部环境进行构建。

(2) 在幼儿园的环境创设中，应当以满足________为主，以满足________为辅，兼顾使用与视觉需求的设计原则。

(3) 点、线、面的有机组合，有时不仅仅与美有关，还具有一定的________。

参考答案：幼儿的使用习惯，使用需求，视觉需求，内涵寓意

【学习领航】

幼儿园的环境无论是整体规划还是区域布置，样式和风格都丰富多彩。从视觉效果的美感诉求出发，在幼儿园空间环境创设中寻找点、线、面的元素，可以用构成原理为环境创设的审美和装饰方法提供新思路。

【学习支持】

一、巧思点、线、面

点、线、面一般被认为是平面空间的基本元素。实际上，在幼儿园空间环境创设中也有点、线、面的构成。

(一)整体环境点线面应用

点和面是相对而言的。在幼儿园整体环境规划中，所谓“点”，即幼儿园设计规划中的功能点或景观点，如小品景观、戏水区、戏沙区、户外拓展区等。幼儿园中的“点”是实现“美”与“育”的基础平台，“点”的设计，应当以满足使用需求为主，以满足视觉需求为辅，兼顾使用与视觉需求的设计原则。强调与幼儿兴趣的一致性，注重“点”的内部打造。即在“点”的设计过程中，紧密围绕幼儿的使用习惯，以及课程活动的基本需求，对“点”的内部环境进行构建。

所谓“线”，即幼儿园设计规划中由多组“点”构成的人流动线。从设计角度来看，“线”是对“点”的串联，在幼儿园整体规划设计中，应当依照“线”的合理设计，对“点”进行布局，并结合适当的过渡的手段，实现连点成线的目的。如，在戏水区、戏沙区两个“点”之间，可设计木质长廊，一方面对两个区域进行分割，在功能上避免戏沙区中的沙子散入戏水区，影响戏水活动质量，另一方面木质长廊也可以将两个区域有机地联合起来，为幼儿提供活动转移的动线，便于幼儿在优雅的环境下穿行于两个区域玩耍。(图 1-10、图 1-11)

所谓“面”，即幼儿园整体规划设计中的整体视觉面。“面”强调了环境的一致性，以及功能的协调性。在“面”的打造上，主要利用色彩、装饰等途径，在合理布局的基础上，实现整个幼儿园设计的统一性，使得各个动线和功能点之间形成呼应。“面”的设计往往决定着幼儿园的整体定位和主题特色。如奇幻森林风、简约时尚风、中式田园风等。(图 1-12)

图 1-10

图 1-11

图 1-12

（二）局部环境点线面应用

在幼儿园局部环境设计中，“点”和“面”因参照不同，而归属不同。例如，相对于幼儿园室内空间设计，所谓的“点”指幼儿园的区角环境，如：走廊楼道、活动室、公共活动区、主题墙以及每个班级的室内环境布置等，而相对于每个班级的环境以及每一个区角和区域环境而言，这些“点”又变成了面，所谓的“点”指向每个区角的一幅幅作品、一个个摆件或一件件装饰品等。所有的不同层次的“点”，归根结底，都是为“面”而服务。要由“面”至“点”，教师站在孩子的同一面，让孩子成为环境创新的主人，结合孩子的特征、喜好、发展和需要等，设计幼儿园局部环境的“点”。应注意“点”的设计要符合主题，“面”与“面”之间应注意空间上的挖掘及动静交替，并应相对独立及开放，尽量利用本土资源，废旧利用，丰富投放材料，整合多种教育资源，让生活区、语言区、美工区、科学区、建构区、益智区等常见区角真正成为孩子的活动乐园。如下图所示：春节庙会的区角环境，采用废弃纸箱、彩色卡纸等作为材料，制作与孩子身高相符的几何形立体“牛”雕塑作为装饰，蜡梅花、爆竹、灯笼等道具高低错落、大小相间，点缀其中，既传递了浓浓的年味，又表现了一家三口其乐融融的团圆画面，主题氛围特别欢乐、温馨、有趣。(图 1-13、图 1-14)

图 1-13

图 1-14

在幼儿园环境创设中，“点”“线”“面”是相辅相成、不可分割的统一体。如：主题墙的设计，综合运用了点、线、面的符号元素，才能营造富有变化的视觉美感。但是，点、线、面的有机组合，有时不仅仅与美有关，还具有一定的内涵寓意。例如：在绘本阅读空间的环境创设中，书柜方硬的线条和方形组合的展示面，象征着秩序、理性、开放与整洁，阅读区成点状分布的云朵、蒙古包、坐垫、沙发、茶几等，象征开阔、自由、惬意，看似简单的环境创设，其中包含着设计者们对孩子无限的爱和关怀。(图 1-15 至图 1-20)

图 1-15

图 1-16

图 1-17

图 1-18

图 1-19

图 1-20

二、妙用色彩

幼儿对色彩的敏感性远远高于成年人，丰富的色彩也更加能够激发幼儿的兴趣，提高幼儿活动的兴奋度。而在幼儿园整体规划设计中，除了确保建筑与地面色彩与周边环境一致外，合理地利用色彩，还往往能够产生出其不意的效果。

(一)利用色彩分割区域

色彩的差异性能够为幼儿带来“界线”的心理暗示，引导幼儿在固定的区域进行活动。因此，在幼儿园的设计规划中，可以充分利用这一特点，通过不同色彩与功能区的搭配，实现区域界线的划分。例如，某幼儿园设计了自由活动区和户外拓展区，但是两个区域紧密相连，两个班级的幼儿在活动中容易产生“越区”的现象，造成管理混乱的问题。此时，即可通过色彩的差异性，实现两个区域的分离。(图 1-21 至图 1-24)

图 1-21

图 1-22

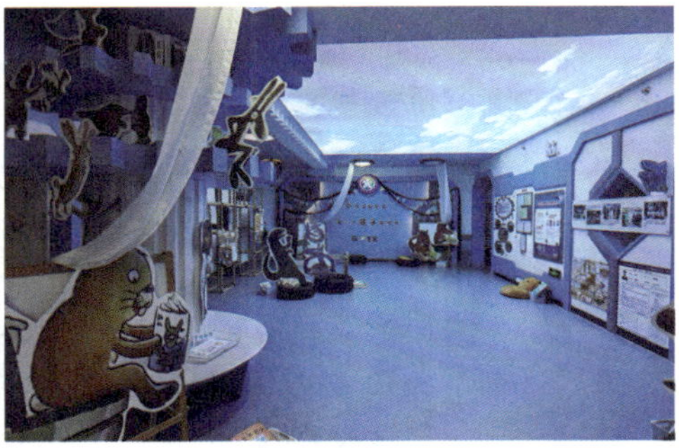

图 1-23

图 1-24

（二）借助色彩构建活动功能

色彩不仅仅具有区域划分的功能，对于幼儿而言，色彩与形状的结合，还能够为其活动赋予更多的乐趣。利用幼儿对色彩的敏感性，以及幼儿天生的丰富想象力，在区域设计时增加色彩的辨识度和差异性，丰富色彩的构成，往往能够给幼儿更加强烈的空间感。幼儿会在这种色彩空间里，通过想象力赋予其更加丰富的内涵，进而实现借助色彩产生新的活动功能的目的。例如，可以利用色彩和形状的搭配，在地面构建网格状的画面，幼儿在活动中，常常就会根据游戏内容，赋予每一个彩色网格特殊的游戏意义。（图 1-25 至图 1-27）

图 1-25

图 1-26

图 1-27

（三）保持色彩的连贯与差异

虽然幼儿对丰富的色彩具有较强的兴趣，但是过度复杂的色彩却容易引起幼儿的不适，甚至造成晕眩、焦虑等状态。因此，在幼儿园的整体设计规划中，应当保持色彩的连贯与差异，尽量保持“多色调，少色系”的设计方式。通过融合的色彩过渡，以及科学的色彩点缀，使得整个幼儿园的设计既保证了色彩的一致性，又保证了色彩的多样性。

针对色彩与人的心理情绪关系的科学研究发现，色彩对人的心理和生理都会产生影响。例如粉红色具有安抚情绪的效果，绿色能提高效率消除疲劳。因此，在幼儿园的设计规划中，可以利用色彩心理学原理，对幼儿园的不同区域赋予不同的色彩。例如在幼儿园的活动区域，可以尽量增加绿色、红色等较为鲜艳的色彩，愉悦幼儿的心情，提高幼儿活动的积极性。而在室内，特别是休息区，可以选择粉红色，帮助幼儿舒缓焦虑，提高心理舒适性，达到心理疗愈的作用。（图 1-28、图 1-29）

图 1-28

图 1-29

丰收的秋季，天空湛蓝，遍地金黄，从秋天的特征里选取蓝与橙这组最强烈的补色对比，打造具有视觉冲击的丰收展台，让人过目难忘。（图 1-30、图 1-31）

图 1-30

图 1-31

资源链接（扫描二维码）：色彩与心理感受

三、善构造型

幼儿天生具有丰富的想象力，对新鲜的事物充满好奇心。在幼儿园的设计规划中，应尽量丰富造型设计，提高幼儿园景观的趣味性，提升幼儿活动的乐趣。

（一）构建主题造型

主题造型是指利用某一主题元素，进行造型的延伸，通过多种造型的组合，为幼儿园赋予主题内涵。例如，某幼儿园以陶瓷艺术为特色，则在幼儿园的设计中，利用树木修剪、花坛雕砌、颜色组合等形式，甚至是直接设立雕塑，以大量增加瓶子、盘子、水壶等陶瓷作品造型，进而丰富幼儿园的主题意境，增加特色教学的氛围。（图 1-32、图 1-33）

图 1-32

图 1-33

(二)构建抽象造型

抽象造型是发挥幼儿想象力的重要手段，在幼儿园教育中，教师的教育虽然占据了绝大部分的作用，但是也并不能忽略幼儿的自我开发。与"借助色彩构建活动功能"的方法相似，在幼儿园设计规划中，也可以通过抽象的造型设计，给予幼儿想象的空间。

资源链接：

如何对图形进行抽象处理

抽象指从很多的具体物品中舍弃非本质的和个别的属性而抽离出本质的和共同的属性。抽象处理是运用形象思维来概括、提炼和加工现实生活中的素材。具体方法有：(1)把一些写实的图像用几何化点线面和三角形、方形、圆形等进行造型组合，制造简洁明快、通俗易懂的图形符号。(2)通过变形、重组或者选取局部的一些特点，使人联想到尽可能多的图形所能传达出来的意义。(3)选择一些具有比喻、浪漫、幽默和象征意义的图形来表现具体形象、场景、情节等。

四、适当留白

留白是中国艺术创作中常用的一种手法，指在书画艺术创作中为使整个作品画面、章法更为协调精美而有意留下相应的空白，留出想象的空间。在幼儿园“美”与“育”的实操应用中，留白的使用不仅具有美学价值，而且在幼儿教育的实用功能方面有着重要的意义。

(一)利用留白优化视觉效果

不少幼儿园为了充分利用场地资源，在每一处场地中都设置了活动器材或者游戏材料。这种设计方式，造成了严重的视觉堵塞，容易让幼儿及教师产生压抑、拘束、烦躁的心情。因此，在幼儿园的设计规划中，应当注重留白的设计。不能一味地为了提高场地利用率而增加活动设施，在设计中要做到疏密交错、布局合理，要确保视觉的通达性，即尽量确保幼儿在活动时能够有较为开阔的视野，避免过多的设施成为视线障碍，造成视觉压抑，进而导致心理压抑。(图 1-34)

图 1-34 (留白优化了环境的视觉效果，让眼睛有喘息的空间，不至于找不到视角重点而产生视觉疲劳。)

（二）利用留白提供自由空间

无拘无束，是3—6岁幼儿最重视的活动体验，开放化的活动能够为幼儿带来更多的自主探究空间，能够帮助幼儿提高学习的兴趣。在幼儿园设计规划中，合理地利用留白，能够为幼儿创设良好的自主活动空间。幼儿园在完成基本的互动功能区建设后，应当预留一定面积的、完整的空白场地，除了简单的地面美化以外，不再进行任何设施建设。通过留白场地，幼儿可以结合教师提供的低结构素材，开展具有创意性的活动，发挥幼儿的想象空间，激发想象力，活跃思维，提高动手能力，真正做到“美”与“育”结合。

区角创设中的留白，为幼儿的自主探索提供自由空间：从以往的区角创设完全由教师做主，转变为教师退后一步，留出一角空白，让孩子按照自己的意愿去创设真正属于他们自己的活动区：玩什么？需要准备什么？怎么布置？怎么玩？有什么规则？区角的空间由孩子一步一步去填充，留下一个个孩子学习和探索的脚印。（图1-35、图1-36）

图1-35

图1-36

五、动静结合

舒适的活动空间，丰富的活动内容，构成了优质的幼儿教育。在“美”与“育”的实操应用中，幼儿空间的构建主要包含了“动”与“静”两部分。在设计中，动静的比例直接决定了教育场地的应用价值和应用体验。“静”主要是指以景观打造为主要目的的设计，“动”则是指以使用功能为主的区域。当“动”的比例过大时，幼儿园的整体视觉效果将明显降低，幼儿的生活与学习体验感下降，导致“动”区的价值大打折扣。而当“静”的比例过大时，幼儿园变成了花园、公园，幼儿园的功能性难以得到满足，幼儿的教育活动得不到充分的保障。因此，动静结合的幼儿园设计是保证“美”与“育”协同发展的基础条件。

（一）动区与教学结合

为了更好地体现“育”的功能，幼儿园在打造动区时，应当与教学工作紧密结合。幼儿园必须明白，幼儿园动区的设计是服务于教育工作的，具体来说，是服务于幼儿课程和幼儿活动的。因此，在打造动区时，要充分挖掘幼儿园主题定位、园本特色，确定幼儿的课程框架，特别是特色课程框架。根据幼儿园的特色课程，设计相应的动区功能和设施，才能够形成恰如其分的“美”与“育”充分的结合。（图 1-37）

图 1-37　玩沙池和塑胶运动场在幼儿园户外环境里是典型的“动区”，蕴含科学探索的作用

（二）静区与环境结合

静区是指以景观为主的场地设计，作为幼儿生活成长的场所，幼儿园不仅承担着教育的责任，同时也承担着保障幼儿健康成长的责任。因此为幼儿打造舒适的环境是幼儿园设计规划中的指导思想。但毕竟幼儿园的空间有限，环境打造具有一定的局限性，因此，在幼儿园的设计中，应当尽量结合周边的自然环境、人文环境甚至是街道环境，在设计景观时，实现内景与外景的融合，继而为幼儿提供良好的、开放的生活环境。（图 1-38、图 1-39）

图 1-38

图 1-39

环境创设案例：优美的环境滋养童年

南宁市第三幼儿园 1952 年建园，是一所公办的自治区级示范性幼儿园。全园占地面积 2262 平方米，建筑面积 3392 平方米，是一所“袖珍型”的幼儿园。幼儿园面积小、空间窄，如何充分利用有限的空间打造具有教育功能的环境，支持孩子的自主学习，促进幼儿的发展，成为该园的一项重点工作。

一、注重环境的美学体验，让和美文化浸润校园

南宁市第三幼儿园秉承“在美好的世界里快乐成长”的办园理念，打造“和美三幼”校园文化。以和为导，以美为向，注重以美养德，以美育人，以美启智，努力达到德才兼备、人才出众、智圆行方的和美状态。在“和美”校园文化指引下，该园在环境创设上，从“美”着手，遵循实用性、教育性、观赏性相结合原则，将环境改造和幼儿的美育需求结合起来，将幼儿园打造成综合美育的场所。进入幼儿园，你会感受到无处不在的艺术元素，色彩的搭配、造型的运用、美术形式的多样化呈现等，处处体现美学的智慧。（图 1-40 至图 1-43）

图 1-40　大门的立体文字组合美学

图 1-41　校园整体色彩一致

图 1-42　幼儿园宣传栏的透视美学

图 1-43　热烈的红色与厚重的棕色彰显幼儿园悠久的历史文化底蕴

从色彩搭配上，大环境运用了米黄色、大红色、深棕色、纯白色、黄绿色等丰富的色彩，各种色块热烈碰撞，但在操场地板大块灰色的衬托下，又能相得益彰，融合协

调，给幼儿带来视觉上的冲击，感受色彩协调之美，视线所及，都是一次有益的审美体验。(图 1-44)

图 1-44 幼儿园采用了“多色调，少色系”的设计方式

在造型运用上，将大门围墙的剪纸造型，空中走廊的风车屋、小树屋、滑梯、攀爬墙的网状爬网，教学楼柱状线条，树干造型画，墙面 3D 画、文化符号的镂空、立体字等这些造型综合运用在大环境中，各具特色又融合协调，体现造型融和之美(图 1-45 至图 1-50)。

图 1-45 幼儿园采用剪纸元素设计的围墙

图 1-46 幼儿园的小树屋

图 1-47　幼儿园的风车屋

图 1-48　幼儿园的螺旋滑滑梯

图 1-49　幼儿园的网状爬网

图 1-50　幼儿园的透明滑滑梯

在艺术呈现形式上，有攀爬墙抽象画、操场树画、盥洗室线描画、楼道水彩画、艺术走廊的油画、拼贴画等，丰富多样。各种画派，各种创作形式，各美其美，又美美与共。徜徉在这些丰富的作品中，能享受到美学的熏陶之美(图 1-51 至图 1-57)。

图 1-51　抽象画与攀岩墙的结合

图 1-52　树画

图 1-53　楼梯的影子画

图 1-54　楼梯的线描画

图 1-55　楼梯的水彩画

图 1-56　盥洗室的儿童画

图 1-57　卫生间的线描画

二、发挥环境的育人价值，与环境互动支持发展

《纲要》指出：“应通过环境的创设和利用，有效地促进幼儿的发展。”为进一步深化“环境育人”的理念，充分发挥环境材料的教育和互动功能，该园在环境上做了许多准备与设计。

首先，重视色调的暗示教育作用。不同的颜色给人不同的感受，根据不同场所的不同功能来选择颜色，能起到环境的暗示教育作用。如绘本馆采用的是黄绿色背景墙，让孩子们感受到森林般的清新，心情舒畅愉悦，又宁静安详，暗示这个场合不宜喧闹，要安静享受阅读时光。生活馆的橘红色，就像面包的颜色，仿佛在鼓励幼儿大胆尝试，用各种食材烹调出美味佳肴。小画笔乐园色彩明艳，对比强烈，让人对美术创作跃跃欲试。卧室则是深蓝浅蓝乳白相结合，营造出温馨、宁静的入睡环境，暗示幼儿放松身心，尽快进入甜蜜的午睡时光。每间教室基础色调不同，不同孩子会生成不同的环创基础主题。如蓝色，小三班的是浩瀚海洋，大一班则是无垠星空。绿色，中二班是清新森林，大三班则是绿野仙踪等。幼儿每一年都能在全新的环境中展开想象的无限空间，畅游梦幻世界。(图 1-58 至图 1-73)

图 1-58　清新淡雅的绘本馆外观

图 1-59　绘本馆的造型体验

图 1-60　绘本馆的造型体验

图 1-61　色彩明艳的小画笔乐园

图 1-62　材料丰富的美术创作体验

图 1-63　多元化的美术作品展示平台

图 1-64　生活馆的红色

图 1-65　生活馆的橘色

图 1-66　教室“星空”

图 1-67　教室“大海”

图 1-68 教室“秋天”

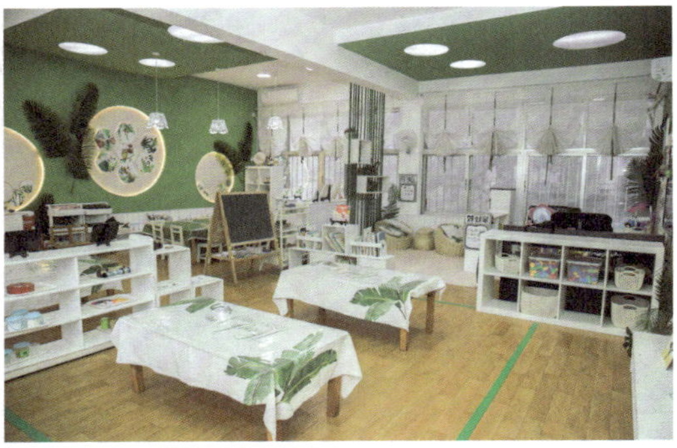

图 1-69 教室“森林”

图 1-70 教室“民族村”

图 1-71 教室“粉红泡泡”

图 1-72 卧室“大海”

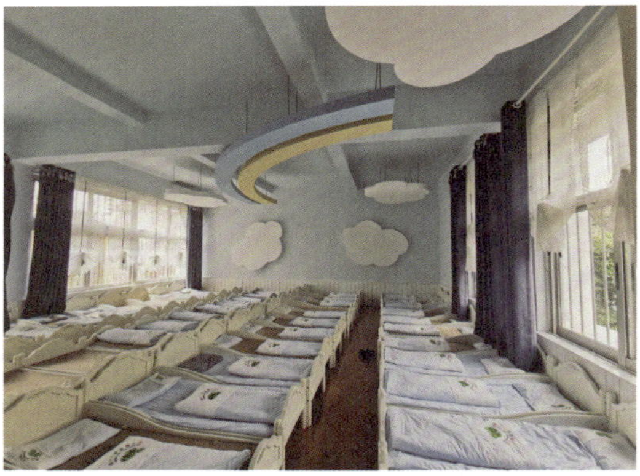

图 1-73 卧室“晴天”

其次，创造条件让幼儿与环境充分互动。如，楼道“我和大师有画说”，墙面有巨幅的名画作品，其余空间是孩子们的作品。在大师作品旁边，孩子们的画作一点也不逊色，让孩子们有与大师对话的勇气。《跟着线描走世界》，吸引孩子们用手指临摹，体验线条勾勒造型的奇妙之旅，简约的线条有无限想象空间，可以无限丰富这个作品。回廊的改造，让每一个角落都充满童趣。上层的风车房、树屋、滑梯、玻璃桥、攀岩墙等不同功能区域，支持幼儿的攀爬、平衡、跳跃、吊挂、拳击等体能锻炼；下层可供孩子们美术欣赏、戏水赏花、写生、户外建构等活动。泳池改造后，投放品种多样的美术创作工具与材料，不仅可以让幼儿戏水、游戏，还能随时支持幼儿的美术创作活动。楼顶种植园，每个班都有自己的小菜地，幼儿非常喜欢来这里种植蔬菜、观察蔬菜生长活动。沙池可以玩沙玩水，藏宝挖矿。孩子和环境充分互动，每一个地方都充满探索价值。(图 1-74 至图 1-87)

图 1-74　楼梯转角《我和大师有画说》

图 1-75　楼梯转角《我和大师来对画》

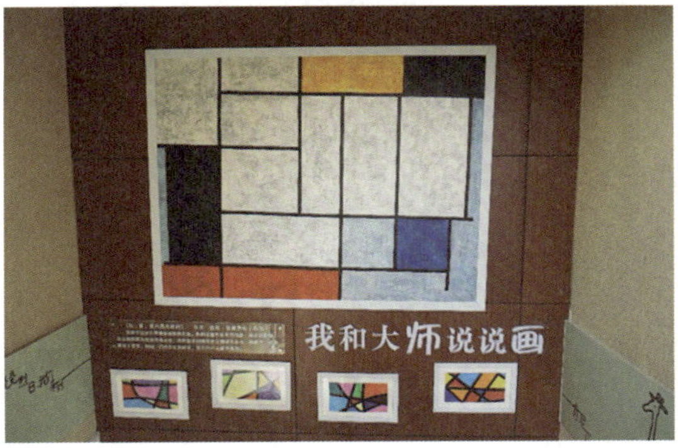

图 1-76　楼梯转角《我和大师说说画》

图 1-77　楼梯线描画《跟着线条环游世界》

图 1-78　楼梯展示《我和大师说说画》

图 1-79　空中菜园

图 1-80　班级植物角

图 1-81　美术欣赏廊

图 1-82　美术欣赏廊

图 1-83　美术欣赏廊

图 1-84 幼儿涂鸦

图 1-85 幼儿粘贴画创作

图 1-86 戏水

图 1-87 沙池

最后，活动室的环境创设也应尽可能开发环境的育人价值。如门口的涂鸦墙是孩子们随时创作的平台；窗台的植物角是孩子们进行美劳的窗口；栏杆主题墙是孩子学习、交流的地方；利用墙面让幼儿认识了沙画，学习创作沙画；墙角的半固定桌面可以用来下棋，乐高墙可以支持幼儿的建构活动。环境中的美感和秩序感相统一，更好地为幼儿的持续探索提供支持。（图 1-88 至图 1-90）

图 1-88 窗台植物角

图 1-89　走廊沙画

图 1-90　走廊主题墙

【温故知新】

结合你去过的幼儿园，试着分析这所幼儿园户外环境的分区与功能。

【拓展检测】

1. 结合你实习过的一个班级，尝试分析室内环境创设的教育意义和美育价值。
3. 假如你是幼儿园某班的老师，你会如何构思自己班级的环境创设？

资源链接(扫描二维码)：优美的环境滋养童年：南宁市第三幼儿园环境创设

第二单元

幼儿园环境的“规”与“品”

【情境导入】

覃×是一名在校学前教育专业的学生。在实践学习中，她发现不同的幼儿园教师对幼儿环境的创设有不同的做法。有的教师花费大量的精力为幼儿创设五颜六色的环境，有的教师则以孩子的作品为主进行环创，有的教师注重在环境中给孩子预留空间……在学习过程中，她懂得了环境对幼儿的成长起着重要的作用。但让她感到困惑的是：如何辨别一所幼儿园环境创设的优劣？如何把理论和实践进行有机结合？幼儿园的环境创设应该如何入手？

黄老师是一位有工作经验的教师，在幼儿园实践工作和培训中树立了环境育人的教育理念，认识到环境对幼儿发展的独特作用，需要为幼儿创设富有教育意义的环境氛围来促进幼儿成长、学习和游戏的开展。但是，对于如何把自己的理念落实到工作中还是摸不着头绪，如何设计和规划幼儿园的整体环境才能更好地体现环境育人的理念？如何规划布置我们的教室才能最大限度地促进幼儿的主动学习？这些都是她在工作中迫切需要解决的问题。

李丽是一所幼儿园的园长，她时常思考是要为幼儿提供一所漂亮的幼儿园还是幼儿喜欢的幼儿园？我们需要一所什么样的幼儿园？办园理念和目标是怎样的？如何打造幼儿的品牌？幼儿园环境规划的要点、思路和步骤如何以及如何指导和帮助教师进行环境创设？

【单元聚焦】

整体规划的视角、步骤及方法；幼儿园品牌形象设计的理念、行为和视觉识别

第三课

整体规划及典型案例

学习活动(一)　幼儿园环境规划的视角

【学习目标】

1. 了解幼儿喜欢的环境特点，明确幼儿园环境创设的重要意义。
2. 理解幼儿园规划设计的三种视角，初步树立多维视角的幼儿园环境创设观。
3. 掌握幼儿园整体规划布局的流程及要点，懂得整体规划布局的设计程序。

【学习准备】

1. 阅读预习

文件资源收集：《幼儿园教师专业标准(试行)》《幼儿园教育指导纲要(试行)》《3—6岁儿童学习与发展指南》

相关书籍推荐：《儿童视角的幼儿园班级环境创设》([美]桑德拉·邓肯，[美]乔迪·马丁，[美]萨莉·豪伊著；马燕，马希武译，中国轻工业出版社)；《幼儿园学习环境评量表》([美]哈姆斯等，周欣译，华东师范大学出版社)

2. 思考求解

(1)漂亮的幼儿园是否就是高质量、有质量的幼儿园？

(2)高质量幼儿园在环境创设中有哪些特点？

(3)如何规划布置我们的教室才能最大限度地促进幼儿的主动学习？

3. 自我预检

(1)通过对《幼儿园教育指导纲要(试行)》的学习，请你对“环境”进行解释，你如何理解“幼儿园环境规划中幼儿的视角”？

参考答案：《幼儿园教育指导纲要(试行)》中明确指出：“环境是重要的教育资源，应通过创设并有效地利用环境促进幼儿的发展。”可见，幼儿园的环境创设，已成为幼儿教育的重要内容。在规划幼儿园环境的全过程中，应以幼儿的视角换位思考，从幼儿的需要审视几个方面：是否以幼儿使用的满意度、舒适度作为环创前提；是否适应新时代幼儿心理发展对环境认知的偏好；是否为幼儿创设充满表征机会的环境；是否能从幼儿的角度进行环境的评估和改造等。

(2)通过学习《幼儿园教师专业标准(试行)》专业能力中“环境创设与利用”部分内容，站在环境管理者的角度，思考教师作为环境管理者，需要给幼儿提供什么样的环境?

参考答案：建立良好的师幼关系，帮助幼儿建立良好的同伴关系，让幼儿感到温暖和愉悦。建立班级秩序与规则，营造良好的班级氛围，让幼儿感受到安全、舒适。创设有助于促进幼儿成长、学习、游戏的教育环境。合理利用资源，为幼儿提供和制作适合的玩教具和学习材料，引发和支持幼儿的主动活动。

(3)填空题

①________是重要的教育资源，通过环境的________，有效地促进________。

②幼儿园环境创设的核心价值是________。

参考答案：①环境；创设和利用；幼儿的发展　②促进幼儿主动学习、自主发展

资源链接(扫描二维码)：《幼儿园教育指导纲要(试行)》《幼儿园教师专业标准(试行)》原文

【学习领航】

《幼儿园工作规程》指出：“幼儿园应当将环境作为重要的教育资源，合理利用室内外环境，创设开放的、多样的区域活动空间，提供适合幼儿年龄特点的丰富的玩具、操作材料和幼儿读物，支持幼儿自主选择和主动学习，激发幼儿学习的兴趣与探究的愿望。”因此，环境的规划和设计旨在为幼儿搭建更好的成长环境，更好地促进幼儿的发展。在一个普遍以成人视角建设的幼儿园环境中，常常会出现成人以为的儿童需要，无法真正了解当下幼儿的需要。幼教工作者需要让幼儿参与环境的建设，以幼儿的视角补

充成人视角的不足，以便创造一个多元视角的幼儿成长环境。对于如何设计和规划幼儿园的整体环境，不同的人有不同的主张和看法。但是，幼儿园环境的创设历来受到幼教工作者的关注和重视。行为主义认为环境的规划有助于管理幼儿的行为。陈鹤琴先生认为，为幼儿创设游戏环境、艺术环境和阅读环境，应强调用自然物、儿童的成长变化来布置幼儿园的环境。“相互作用”论者则认为为幼儿提供多种刺激、环境丰富、有吸引力的环境是解决教育上“相称问题”的关键因素。幼儿园环境规划的科学合理性对幼儿在幼儿园生活、学习有着重要的影响。幼儿每天在园环节有入园、离园、如厕、盥洗、用餐、睡眠、游戏、阅读、户外活动等内容。为满足幼儿在园生活和学习的需要，为幼儿规划和创设适宜的物质环境尤为重要。幼儿园的物质环境规划分为整体环境、局部空间、特殊空间的设计与规划。

【学习的支持 1】

幼儿的视角是以孩童的思维方式、价值取向、审美眼光、幼儿需要与发展为幼儿园环境规划和设计考虑的重要因素。

一、环境规划要基于幼儿的认知特点

《3—6 岁儿童学习与发展指南》指出，幼儿的主要学习方式是直接感知、实际操作、亲身体验。幼儿园的室内外环境要满足幼儿通过感知、操作、体验获取直接经验的需要。

图 2-1 幼儿在美工区进行操作

图 2-2 幼儿园的科学区

不同年龄的幼儿具有不同的身心发展特征，需要不同的支持性环境。小班幼儿注意力容易分散，环境装饰不要过于复杂，区域材料也不宜过小、过多、过杂。随着中班幼儿自主性的增强，教师要给予他们更多参与环境规划、设计、决策的机会。大班幼儿的专注力、思维力、想象力有了更大的发展，因此，幼儿园环境要更多留白以支持他们深度学习。

二、环境规划要满足幼儿审美偏好

从幼儿的色彩偏好来看，幼儿园室内外环境应该以原色、自然色为主色调，充满阳光明亮的特点。我们相信幼儿是天生的“艺术家”，简单朴素的环境才能衬托和培养多姿多彩的儿童，他们会用自己五彩缤纷的创意去美化自己的世界。因此，幼儿园在创设环境时要在原色、自然色的基调上选择更多暖色的玩具与材料，以吸引幼儿与环境持续深入互动。

三、环境规划要满足幼儿多层次需要

幼儿的能力水平不一，他们对物质环境难度的感知各不相同，在规划设计中需要考虑具有挑战性、阶梯度的物质环境，满足不同能力发展水平的幼儿。特别在户外环境的规划中，要考虑运动设施、游戏材料投放的难度阶梯。幼儿园环境要有温馨、友爱、包容的人际氛围，有丰富、多元、可探索的操作材料，有激发幼儿好奇心的“留白式”创意；幼儿需要有自信、自主、成功等各种体验，因此，幼儿园在进行环境创设时，要给予幼儿自主制定规则、规划空间、安排时间、选择玩伴的权利与机会，支持幼儿获得自我实现感。

四、环境规划要促进幼儿社会交往

群居是人类的特性，幼儿亦是天生乐群。幼儿园的规划和设计要满足幼儿乐群的天性。在幼儿园整体设计上，多使用连廊、广场这样的设计创意，将不同的建筑物联通起来，以支持全园幼儿的深度交往；不同活动室之间建有宽阔的走廊，打破班级与班级之间的交往壁垒，支持不同年龄段、不同班级间幼儿的充分互动。在局部空间的设计上，在班级区域环境设置中，不固化不同活动区域之间的边界，支持幼儿以自己的游戏主题为主线，实现区域与区域之间的内容整合、材料整合及角色整合，更好地展开生活角色与游戏角色之间、不同游戏角色之间的跨界交往。在特殊空间的设计上，为幼儿提供私密的空间，使幼儿在烦躁的时候可以安静，疲劳的时候可以休息，厌倦的时候可以退避，成为独立解决问题、自我调节、享受快乐的安全港湾。

图 2-3　幼儿在娃娃家玩游戏

图 2-4　幼儿在区角玩游戏

【学习的支持 2】

教师是环境的管理者，需要具有环境管理的能力。教师要对所需空间、幼儿活动的基本动线、游戏基本材料、在园生活的时间等进行规划和安排，确保幼儿在园享有高质量的教育环境。

一、规划有序的环境

幼儿一天的主要时光都是在幼儿园度过，布置一个井然有序的环境能满足儿童在秩序敏感期的心理发展要求。秩序是儿童安全感的来源，一个有序的环境，是熟悉的、可

图 2-5　材料丰富的美工区

图 2-6　有序的建构区环境

控的、可把握的、可预知的，它让儿童觉得心安，我们可以感受到儿童在这样环境下的从容和自在。同时，环境的可预知性，有利于儿童全面看待问题，有助于形成系统性思考、培养严谨的逻辑思维能力。因此，我们在规划环境时应尽量使各种物品都有自己的固定位置，分门别类，标志清晰，让孩子们有很好的归位习惯，并使之形成良好的生活习惯，有序地进行自我管理。

二、规划丰富多变的环境

脑科学证实，0—6 岁孩子的发展速度惊人，可以用日新月异来形容。我们规划的环境必须能够满足幼儿学习和探索的需要。户内和户外环境足够丰富和多变，才能支持幼儿多样化的活动，丰富幼儿的学习经验。户内要规划丰富且有吸引力的活动区、丰富的游戏设备和游戏材料；户外的规划要改变原有传统看法，把户外环境不仅仅看作幼儿进行运动的地方，同样也要看作幼儿探索学习的地方。而且，环境的规划不是一劳永逸的，它是一个动态变化的过程。它需要我们通过观察孩子，来思考环境的调整——是否能满足这个阶段孩子的需求？哪些是幼儿不再感兴趣的？哪些需要增加难度？哪些需要投放新的材料？它要随着儿童能力的增长，不断拓展、升级。

图 2-7　幼儿在娃娃家进行游戏

图 2-8　户外体育游戏

三、规划自主环境

规划“自助式环境”，让幼儿在与环境的相互作用下，慢慢形成自主行为，让幼儿真正成为环境的主人。为幼儿提供收纳物品的空间、适宜幼儿使用的用具。例如：规划的空间为孩子提供的教具、生活用品必须跟他们的身高体重成正比。教具要轻便，幼儿可以用自己的力量搬起来；门也要足够轻便，幼儿能轻松地打开；有专供儿童使用的拖把、抹布、扫把，有适合他们高度和温度的饮水机等。规划易于幼儿出入的空间，让幼儿行动自如。例如活动区的规划，应考虑安全性，分隔物不应该含有带有尖锐的边缘或是会让幼儿绊倒的东西；应考虑幼儿免受打扰；应考虑幼儿使用空间的便利性等因素。

四、规划具有展示功能的环境

规划展示作品的环境，有助于幼儿回忆和反思自己和同伴做过的事情，帮助幼儿拓展自己的观点，使他们在接下来的时间里能继续坚持完成相关的活动。例如：墙壁、架子、桌面都可以用来展示幼儿创作的作品；同时，还可以呈现幼儿感兴趣的展品等。我们需要注意的是展示区的规划要考虑多变性和便利性，方便定期更换，且能反映出“幼儿最近活动的内容”。因为一成不变的环境，会失去吸引力。（图 2-9、图 2-10）

图 2-9　幼儿作品展示区

图 2-10　幼儿作品展示区

【学习的支持 3】

设计者是幼儿园物质环境的创造者，他们的工作是一项由浅入深、从粗到细不断完善的过程。只有专业设计者的介入，并利用专业设计手段配合，才能使得我们的环境得到最大限度的开发，发挥其价值。设计者的工作活动一般可分为五个阶段：

第一阶段：任务书阶段

工程根据规模大小可分为直接委派和公开招投标两种形式，无论哪一种，首先都要明确项目的设计内容。前期洽谈细项不明确，会产生各种后期增项，导致项目推进迟缓和不愉快，任务书尤为关键。

园方在任务书阶段的主要工作就是提出环境创设的总体定位，把具体要求、愿望、造价和时间期限等内容进行明确。承接方会根据园方的要求决定是否接受创设任务，而后进行任务书的撰写。任务书主要包含：第一，项目的基地情况(周边环境、建筑范围、建筑内容)；第二，项目设计情况(设计内容、设计要求、注意事项)；第三，设计文本要求。

任务书阶段一般无图纸、图片，基本以文字作为主要文件进行概念设计的沟通交流。

第二阶段：现状调查与分析阶段

现状调查是指根据现有场地的规模、环境、使用目的等，由设计方进行的设计行为，包括深入调查场地的人文及自然要素，同时进行场地数据的现场核查等工作。园方可在此时适当配合设计方的工作，只有多在现场实地观察，才能共同了解现场的感觉，把握幼儿园环境与周边的关系，从而全面形成户外环境的整体状况。

有的幼儿园容易出现种植草皮后，成片枯萎不生或者生长太过旺盛的情况，这是由于缺乏幼儿园小气候分析，对阳光、日照、雨水情况掌控不到位所致。

现状调查与分析阶段一般无图纸、图片，基本以现场纪要作为主要文件进行沟通交流。

第三阶段：方案设计阶段

根据任务书及户外环境的基本条件，设计方会根据园方的设计委托要求提出方案的构思及设想，确定一个或多个方案后拼合整理成综合性方案，最终提炼方案初步设计。方案设计包括规划平面图、功能分区图、交通动线图、绿化种植图等。

方案初步设计是在概念设计基础上的深化，是设计方为展示设计意图、创新设计和主要构想的重要环节。园方可根据设计初稿权衡利弊，在较短的时间内给予设计方答复，提出方案的调整意见：包括修改、增添、删减项目内容，投资预算的调整，户外环境用地的变动等。此环节是整个环境设计的重要环节，只有收到明确、肯定的反馈信息，设计人员才能在最短时间内对设计方案进行调整、修改和补充。可根据具体情况开展第一次方案评审会议。

初步设计的第二环节为扩大初步设计环节。“扩初设计”中除原有图纸外，还包含户外环境的平、立、剖、地面标高、水面标高等，除此之外还应根据环境改造项目绘制给排水、电器平面图。

幼儿园改造中存在设计沟通不及时、园方不能正确识别设计图纸的情况，这些都应在评审会上协调解决，只有达成共识才能进行下一步的深化。

第四阶段：详细设计阶段

如果说初步设计阶段主要是体现想做什么，那么详细设计就是阐述怎么做。详细设计阶段又称为施工图阶段，主要是设计方根据初步设计，结合《托儿所、幼儿园建筑设计规范》以及项目设计的尺寸、形状、材料、种类、数量、色彩、构造和结构，分别绘制能指导各工种施工的各种图纸的阶段。

施工图的形成不是一蹴而就的，图纸的形成是循序渐进的过程，园方在此阶段的时间掌控也将直接影响工程的进度和工程细节。目前在幼儿园改造中常常出现抢时间的现状(即签订房屋租赁契约后，想在第一时间完成装修，抢在开学季招生的情况)，伴随施工周期的紧迫性，会出现分步提供急需图纸，整个工程不得已处于边设计边施工的状态。

园方在此阶段中还应根据设计的图纸，联系能识图的人员进行图纸核查，在施工图上签章确定施工使用的图纸版本，保护各自的合法权益，防范设计、施工纠纷的出现。

第五阶段：施工图交底阶段

此阶段是由园方主导，联系设计方、监理方、施工方进行的多方会议。会上各方会进行看图与读图工作，会通过识图将各专业方面的问题汇总给设计方，设计方会当场答复或会后答复其他方面提出的关于项目的若干问题。

在幼儿园环境改造过程中，园方因考虑建设成本而大多忽视监理的环节，认为监理是可有可无的。实际上，监理大多是专业技术人员，能快速读图与识图，有更多的时间监察施工现场，能较为准确地发现施工现场暴露出来的问题，相对于园方来说更为专业，相当于园方的眼睛，因此，工程监理这一环节是不应缩减的。

【温故知新】

描述：幼儿园环境规划设计中“幼儿视角”的重要因素的内容。

查找：查找有关区域活动环境的规划促进幼儿社会性交往的案例。

思考：幼儿园环境如何规划，才能满足幼儿多层次的需要？

分享：自己在学习活动中的感悟和疑惑。

【拓展检测】

建议：如果老师或学生在本活动内容中加入了其他的学习内容，根据需要可在本处增加相关题目。

学习活动(二) 幼儿园环境设计的步骤

【学习目标】

1. 了解并掌握幼儿园整体规划布局的流程及要求，懂得整体规划布局的设计程序。

2. 了解并掌握幼儿园整体规划与局部设计的差异，懂得局部设计的设计流程及设计要求。

3. 了解并掌握幼儿园特殊空间、心理空间的设计要求，对此类空间有一定的赏析能力。

4. 通过学习本节的内容能对各幼儿园规划设计现状进行评析。

【学习准备】

1. 阅读预习

学习政策文件：《幼儿园建设标准》(建标 175—2016)、《托儿所、幼儿园建筑设计规范》(JGJ39—2016)(2019 年 10 月 1 日起实施)、《幼儿园标准设计样图》(2019 年 1 月)

相关参考书籍：《绚烂缤纷的空间：幼儿园 · 小学建筑》(ThinkArchit 工作室主编，华中科技大学出版社)

2. 思考求解

(1)在幼儿园大环境整体规划布局中，你了解功能布局与环境布局的关系吗？

(2)在进行教室小环境布置时，如何创设有价值、合理的学习环境？

(3)如何利用幼儿园里一些不起眼的小空间、小角落进行功能设计？

【学习领航】

某幼儿园为了美观，在户外拓展区域旁规划建设了一处喷泉水池。在实际应用中，由于幼儿活动较为分散且不易管理，极易造成幼儿落水事件。这个水池景观设计虽然起到了一定的美化作用，为幼儿带来了优质的生活环境，却影响了幼儿园户外拓展区的应用安全性。我们应该如何避免设计与应用脱离，导致“中看不中用”？

幼儿园在实际的整体规划布局中，功能布局与环境布局往往是分离的。这是由于设计的主体存在分离，设计者通常是设计院等企业，而使用和构思者则是幼儿园本身。前者对幼儿园的实际教学需求并不了解，缺乏幼儿教育经验，设计时只是单纯站在建筑规划的角度审视设计方案。而幼儿园迫于设计院的专业权威，不能过多干涉或参与具体的设计构建，这就导致了实际使用功能与设计功能之间产生分歧。一些规划布局不仅不能为幼儿教育带来便利和增值，还会影响幼儿教育的开展，甚至是造成一定的安全隐患。

作为幼儿园教师、教育管理工作者应对幼儿园整体规划有所了解，在规划设计各环节的关键节点适时参与其中，并监督设计者按相关规范进行设计，才能让幼儿园整体规划创建出理想的效果。

【学习的支持 1：整体规划设计】

幼儿园整体规划设计主要包含两个方面，即功能布局规划与环境布局规划。功能布局即通过规划布局，建设适合教育教学需求的功能设施，满足日常教学的需求，为教学工作提供充足的场地环境；环境布局即基于视觉美学的设计，为幼儿和教师营造舒适自然的生活学习氛围。

一、功能布局规划

在进行园区整体功能布局规划时，首先应考虑幼儿园需要哪些功能空间，才能满足正常的办园需求。在《托儿所、幼儿园建筑设计规范》(JGJ39—2016)、《幼儿园标准设计样图》等规范中，明确指出了幼儿园各功能空间的建设标准，因此在进行园区功能布局规划时，应首先考虑本园区是否满足了规范的基本要求。对于幼儿园功能空间，《幼儿园标准设计样图》第十条要求："幼儿园建设项目由场地、房屋建筑和建筑设备等构成。"具体要求如图 2-11 所示。

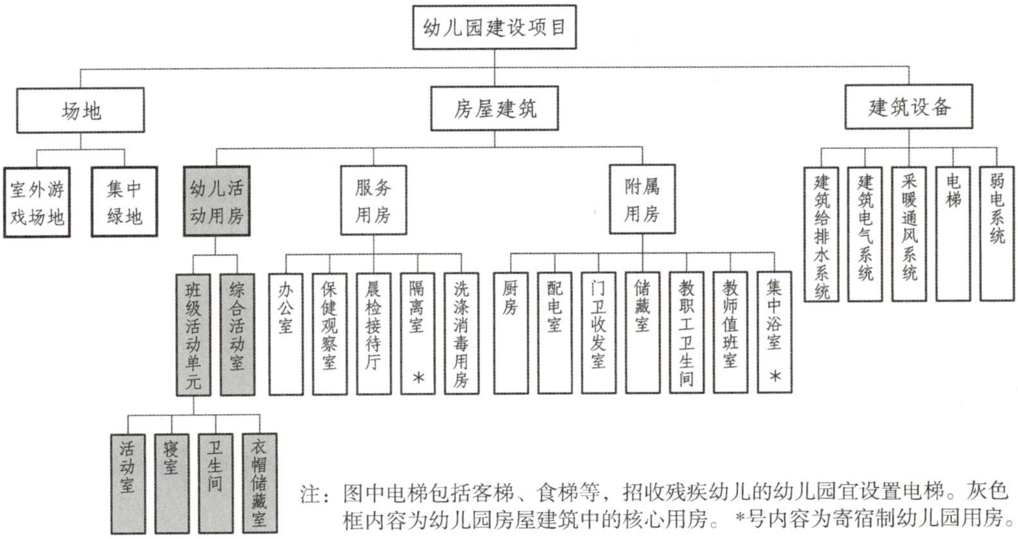

注：图中电梯包括客梯、食梯等，招收残疾幼儿的幼儿园宜设置电梯。灰色框内容为幼儿园房屋建筑中的核心用房。*号内容为寄宿制幼儿园用房。

图 2-11　幼儿园建设项目功能空间构成图

在进行整体功能布局时，还应考虑如何使各功能布局能用、好用，使功能空间迎合幼儿的需求。《幼儿园标准设计样图》第十三条要求：“总平面布置应功能分区明确、方便管理、节约用地。”其中明确指出了各功能空间与环境要求的指标，这些数据为前期幼儿园整体规划布局提供科学的支撑。以 9 班规模幼儿园为例，如图 2-12 所示，在全园规划时可以从幼儿进园动线所需空间开始(主入口、人流缓冲区、大门、门卫收发室)，结合幼儿在园时的学习、娱乐、户外等活动的动线科学安排各功能区间(共用游戏场地、分班游戏场地、30m 跑道、升旗杆、升旗台、游戏器具、洗手池、沙坑、戏水池、自然生物园地、专用绿地等)的布局，再辅以园区教辅人员行动动线所需的空间(非机动车停车、后勤入口、安全警示标志等)完成总平面的规划。

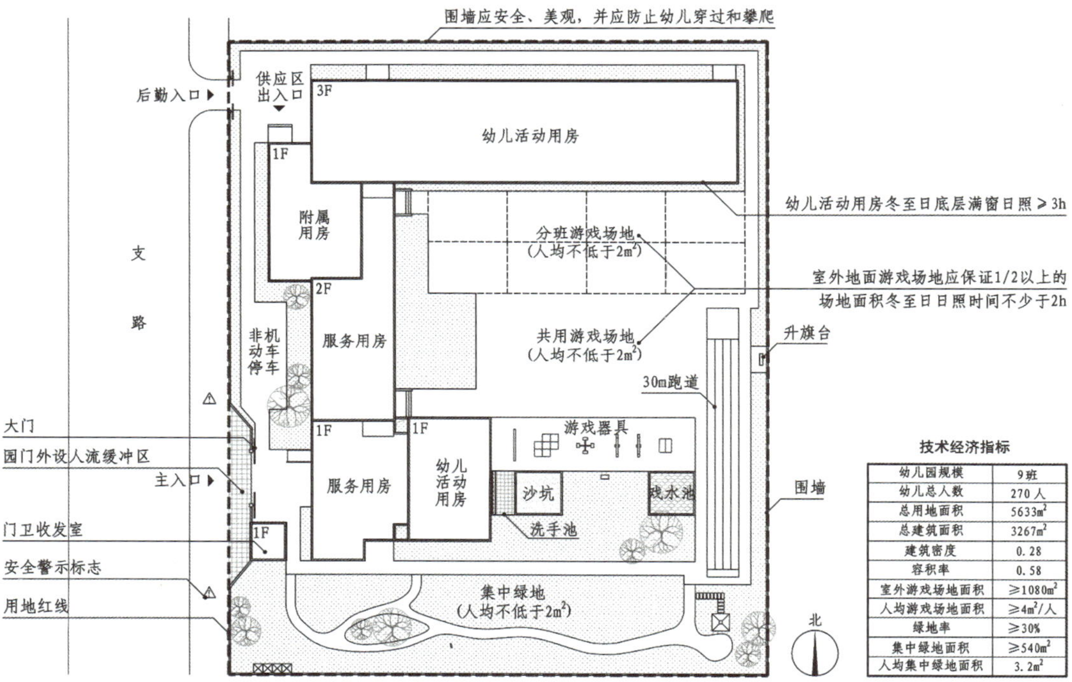

技术经济指标

幼儿园规模	9班
幼儿总人数	270 人
总用地面积	5633m²
总建筑面积	3267m²
建筑密度	0.28
容积率	0.58
室外游戏场地面积	≥1080m²
人均游戏场地面积	≥4m²/人
绿地率	≥30%
集中绿地面积	≥540m²
人均集中绿地面积	3.2m²

图 2-12　9 班幼儿园园区总平面布置图(参考)

资源链接：

《幼儿园标准设计样图》第十三条：“竖向设计、管网综合设计等，并应符合下列原则”。

(一)幼儿活动用房应有良好朝向，冬至日底层满窗日照不应少于 3h。

（二）园区道路的布置应便捷通畅，宜人车分流，竖向设计应满足无障碍要求，主要道路宽度和转弯半径应满足消防车辆通行要求。

（三）室外地面游戏场地人均面积不应低于 $4m^2$。其中，共用游戏场地人均面积不应低于 $2m^2$，分班游戏场地人均面积不应低于 $2m^2$。分班游戏场地宜邻近活动室布置，其数量应至少能容纳 n−2 个班（n 为全园班级数）同时游戏活动。室外地面游戏场地宜为软质地坪，应保证 1/2 以上的游戏场地冬至日日照时间不少于 2h。

（四）建筑组合应紧凑、集中，主要建筑之间宜有连廊联系。园区绿化、美化应结合建筑布置、空间组合统一规划和建设。幼儿园绿地率不宜低于 30%。集中绿地包括专用绿地和自然生物园地，人均面积不应低于 $2m^2$。绿地中严禁种植有毒、带刺、有飞絮、病虫害多、有刺激性的植物。

（五）园区主出入口不应直接设在城市主干道或过境公路干道一侧。园门外应设置人流缓冲区和安全警示标志。园区周边应设围墙。主出入口应设大门和门卫收发室。机动车与供应区出入口宜合并独立设置。

（六）园区适宜位置应设置旗杆、旗台。

二、环境布局规划

环境的创设通过艺术的概括，以景观环境的形态、色彩以及其他特征通过构成艺术最终表现出来。幼儿园环境一般应具有历史性、人文性、民族性和地域性等特点，它们之间互相影响、互相联系。环境因为蕴含人文价值和精神力量，才使得环境充满魅力，一般包含造型、色彩、材质等设计要素。

在造型要素方面，幼儿的园内伤害一部分来自自我保护能力较差，防范意识薄弱，对于危险没有直观的认识，但还有一部分是来自家具造型的不合理设计。幼儿园家具设计首先应从造型安全角度考虑。针对幼儿爱动的特点，家具本身要具备更高的抗压、抗拉和抗冲击的强度。幼儿园家具应能承受不断摇晃的力度，尤其是大型家具在孩子的作用力下不会轻易移动或者弄倒。家具最好不采用折叠式，以免出现夹伤事件。对于可拆卸的家具，固定部位的螺丝一定要牢靠、隐蔽，以免幼儿自己动手拆装。为增加幼儿兴趣，体现家具的互动性和趣味性，家具可处理成仿生形态造型。仿生家具一般造型简练、活泼，具有很强的游戏性，更符合幼儿心理发展的需要。（图 2-13）

在色彩要素方面，户外环境首先是通过它的色彩传达的，色彩在视觉上会给人以心理上的感受和联想。鲜艳、明亮的色彩会吸引儿童的注意力，引导幼儿积极探索，浓暗、低调的色彩会使幼儿产生厌恶的心理。但色彩过于鲜艳，会对幼儿视觉神经发育造

图 2-13　南宁市剑桥郡幼儿园的风车、海盗船、足球造型的户外大型器械及其内部构造

成不良影响。幼儿用色多以明快、明亮的浅色调为主，色彩纯度比较高的鲜艳的颜色能够培养幼儿积极、活泼的性格。但是色彩不应过多，混杂的色彩会使幼儿的色彩辨识心理产生混乱，不易于色彩认知的培养，要保持家具色调的统一。色彩的运用还要与幼儿的心理保持同一水平，色彩能够培养幼儿的想象力，使幼儿产生联想，比如：白色为云、蓝色为海、绿色为草的联想。因此，合理的色彩会刺激幼儿视觉认知成长，还能提高幼儿的创造力和想象力。（图 2-14）

在材质要素方面，户外环境设计中材料的选择是物质基础，不同的设计可以根据需要，有针对性地选择材料。户外地面铺装材料的类型丰富，目前市场上较为常见的有草皮、假草、塑胶、石材、瓷砖等；大型户外器械的选材有实木木板、复合板、塑料、树脂材料、橡胶、钢材等。对于儿童来说，最好的材料应该是接近自然的原木材料或者环保材料。目前，市面上销售的幼儿玩具材料主要有：原木、人造板、塑料。（图 2-15）

图 2-14　北海市止泊园幼儿园使用海洋色系营造户外环境

野草

假草

防腐木

卵石及人工草皮

悬浮地板

实木拼花

图 2-15　户外环境中的地面铺装材料实例

【学习的支持 2：局部规划设计】

一、教室空间规划

规划教室环境是教师工作的基本能力，接管一个班级往往从规划布置教室开始。教师需要仔细思考幼儿的发展、课程目标以及教学策略。环境不仅要能促进幼儿的学习，还要能带给幼儿学习的愉悦并激发学习的动机。因此教室是幼儿生活学习、教师工作的主要场所，教室的氛围应该是友好的，对幼儿和教师应起到激励的作用。

教室环境规划和布置的主要内容包含两个方面，即教室环境设计和教室环境布置。教室环境设计主要从设计学的角度来规划室内活动场地的空间布局，以满足幼儿活动和学习的需要。而教室环境布置，主要从教育学的角度，从“如何创设有价值、合理的学习环境”出发，去布置和创设教室环境。

幼儿在园的一日生活中，有将近 80%的时光是在教室度过的，因此，教室环境的设计应从幼儿健康安全的角度出发，从满足幼儿一日生活和学习的功能出发，对教室活动场地进行设计和布局。《幼儿园标准设计样图》第十二条对幼儿活动用房有如下规定：

（一）设在三层及以下楼层，严禁设在地下室或半地下室。

（二）班级活动单元应满足幼儿活动、生活等功能需求。

（三）班级活动单元内不得搭建阁楼或夹层做寝室。

（四）应保证每个幼儿有一张床位，不宜设双层床，床位侧面不应紧靠外墙布置。

其中第二条的条文说明明确了教室活动单元的主要功能需求有：活动室、寝室、卫生间、衣帽储藏室，且规定四个功能区应各班独立使用，具体功能布局可参考图 2-16：

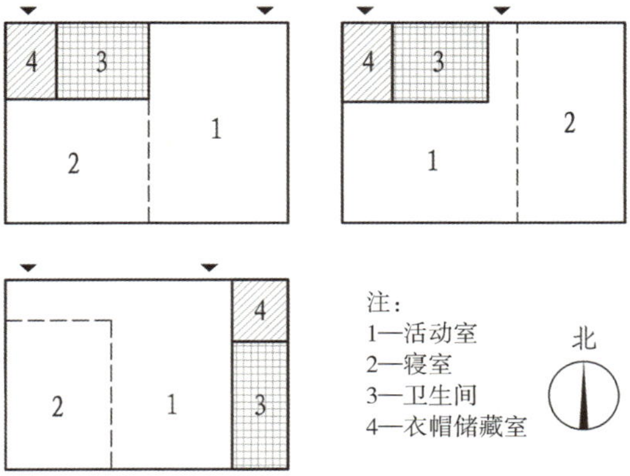

图 2-16　班级活动单元平面布置

《幼儿园标准设计样图》第十七条的条文说明规定：为满足幼儿活动室空间需求，全日制幼儿园班级活动单元中的活动室和寝室宜合并设置，也可分开设置。如图 2-17“班级活动单元平面布置”所示。

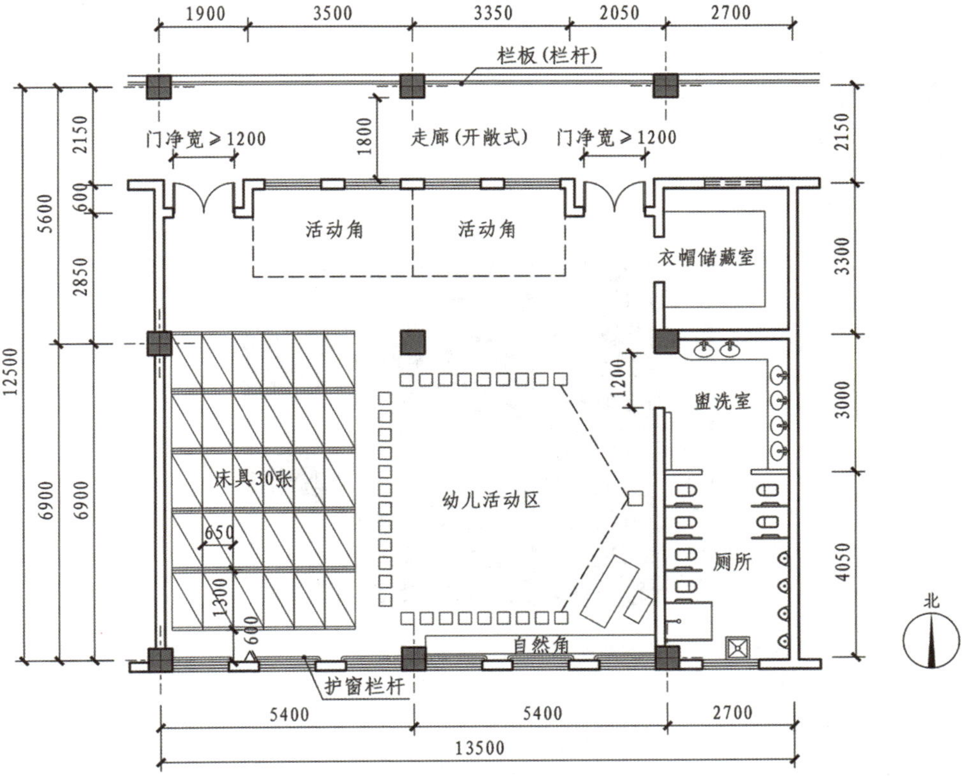

图 2-17　班级活动单元平面布置

该图中，卫生间和衣帽储藏室设置在东侧，活动室和寝室合并设置。活动室和寝室的合并设置是为了最大限度地满足幼儿对活动空间的需求，教师可在寝室位置创设活动区，满足幼儿自主游戏的需要。中午午休时，教师可在寝室区整理幼儿床铺，满足幼儿午休的需要。

二、教室环境布置

教师作为教育者，在布置教室环境时，既应考虑环境的固定特征，按照班级环境的主要功能进行空间规划，确定教师可利用的活动区空间和生活空间；也要考虑环境的教育价值。活动区布置的基本思路是：将对幼儿的发展期望和教育意图转化为具体的材料和环境，通过材料和环境去影响幼儿的活动、促进幼儿的发展。

（一）教室空间布局

教室是幼儿集体教学、小组教学的学习场所，是幼儿自主开展区域活动的游戏场所，是幼儿午休、盥洗、饮水的生活场所，有时，甚至可以成为幼儿开展活动的运动场所。而每项活动都有它自己的活动范围和活动路线，因此，教师需要考虑班级已有的固定环境，设计幼儿的最佳活动动线，对教室活动空间进行大致规划，确定饮水空间、分餐空间、区域活动空间等。在规划好幼儿室内游戏、学习、生活空间之间的关系后，可以对区域环境进行设计和布置。（图 2-18）

图 2-18　分餐台

例如，图 2-18 中教室分餐区的位置已经确定，考虑到幼儿排队取餐时需要一定的空间，因此，教师在规划教室空间布局时，需要预留一定的空间，避免生活区和活动区因功能划分不明显而出现混乱。

(二)拟定区域种类

为了给幼儿创设一个自由、宽松、有价值的学习环境，我们需要根据幼儿的发展需要和兴趣去创设一些基本活动区，如阅读区、美工区、建构区等；也可以创设主题活动区，如开展“我要上小学”的主题活动时，可以创设“一年级教室”的角色体验区。再如，开展“魔力种子”的主题活动时，可以设置“实验种植区”；也可以根据幼儿园或本班特色，创设特色活动区，如结合本园的戏剧主题，创设“抓马剧场”的表演区。

活动区的数量不是越多越好，有研究表明，当幼儿人均活动面积降低时，幼儿活动的积极性会降低。一般来说，每个活动区的最佳容纳量应为5—7人，每个班设置的活动区数量在6—7个为最佳。

图2-19是有着35名幼儿的中班教室，从图中可以看出教室内活动区的数量及具体设计是符合幼儿发展需要的。图中右侧白色柜中放置的是孩子的被褥，柜子前方是一个可灵活调整的空间，既是幼儿午休的空间，也是幼儿开展建构区活动的空间，同时，也是该班幼儿的一个集中场地。除了建构区，该班还设置了美工区、阅读区、生活区、角色区、益智区，以及私密角，共7个活动区。

图2-19　教室活动区布置

(三)确定各区位置

在确定各区位置时，应先考虑有特殊需求的区域。在基本确定一些特殊区域的位置后，不应急于布局，而应思考以下几个问题后再做整体布局：

第一，考虑教室的固定特征。教室的固定特征如水源、自然采光、电源插座等。为方便清理，美工区应靠近水源；为光线适宜，阅读区应尽量在采光较好的位置。

图 2-20　接近水源的美工区

图 2-21　自然采光的阅读区

第二，考虑区域的动静性质，尽量分开，避免干扰。一般情况下，阅读区、美工区、益智区被认定为安静区；建构区、表演区、角色区被认定为动态且吵闹的区域，应将它们安排在一起。

第三，考虑区域间适当的“封闭性”，各区之间的界线应较为明显。如图 2-22 中各活动区的分隔，从地面视角来看，教师借用了作品展示架、柜子来分割区域；从空间视角来看，教师用绳网和作品吊饰来划分空间；同时，教师还借用椅子的颜色来区分各区。若区域之间的界线不明确，幼儿容易“串区”，分散注意力。除此之外，我们还可以用地毯、桌布颜色来明确各区的边界。

图 2-22　界线清晰的活动区

第四，考虑部分区域的联通性。活动区之间并不是全封闭，也可以考虑“哪些区域或材料是可以同时使用的”，以增加区域游戏的丰富性，如打通建构区和角色区，幼儿可以穿角色区里的消防服装去搭建消防车。

第五，考虑集体活动空间，如可以将面积较大的建构区作为集体活动空间。图 2-23 中白色柜面上粘贴的是孩子的“进区计划”和“一日活动安排”，可见，该区域是孩子进区前做计划和进区后分享区域游戏成果的一个集中场地；而图中右侧摆放的是建构区的积木，可想而知，该区域也是孩子建构区的活动场地。因此，教师在规划和布置教室环境时，应该从“环境创设价值最大化”的思路出发，为幼儿设计科学适用的学习环境。

图 2-23　活动区的集体活动空间

第六，考虑连贯的交通通道。活动室的交通通道既不能太长，避免幼儿奔跑；也不能太绕，给幼儿以挫败感和畏惧感。它需要有清晰的入口或出口，且应宽敞、畅通无阻。图 2-24 中教室的格局较为特殊，幼儿活动室的入口和阳台的入口是贯穿的，且右侧取餐台和饮水区的活动空间也是贯穿的，为了避免因通道过长而引发幼儿奔跑，教师在布置区域时，在保证通道连贯的前提下，有意将各分区错落开。

图 2-24　通道连贯的区域布置

(四)逐一布置各区

在设计好教室环境的空间布局后，便可以按照布置图将区域柜、桌子等摆放好。出于美感考虑，摆放区域柜时应高低错落摆放；出于安全考虑，区域柜的摆放应避免出现教师视线不能随时看到的“死角”。

室内空间有限，单是摆放区域里的材料较难满足孩子们的发展需要，教师应该充分挖掘能够为幼儿提供知识或信息刺激的环境，尽可能利用室内的每一块地面、墙面、柜面、空间等，以提高给孩子的无意识学习能力。如利用美工区的柜面创设涂鸦游戏区；利用建构区墙面创设磁力拼的游戏区；利用上层空间提供作品展示区等。(图 2-25)

图 2-25　利用墙面、窗户、吊饰丰富环境

【资源链接】

艺术活动区材料清单举例

用于混合和绘画的材料。蛋胶画材料：鸡蛋、颜料混合制作。手指画材料：淀粉、面粉、颜料等材料混合制作。同时，需要皂片、水彩、塑料挤瓶、带盖子的用来存储颜料的罐子、不同大小的画笔、松饼罐、冷冻食品罐、颜料盘、海绵、纸巾、工作服、牙刷、网板等材料混合搭配进行创意绘画。

用来连接和分开东西的材料。安全剪刀、纱线、鞋带、细线、橡皮圈、回形针、透明胶带、遮蔽胶条(用于盖住不需要颜色的部分)、白胶水、糨糊、打孔机、订书机。

制作二维作品的材料。铅笔、彩色铅笔、蜡笔、粉笔和黑板、记号笔、印台和印花、杂志和目录册、不同颜色和质地的大小纸张、报纸、铝箔纸、蜡纸、棉纸、棉花球、纸屑、纸盘、鞋盒子、壁纸样品、纸板。

制作三维作品的材料。黏土、橡皮泥及相应的配件、纽扣、吸管、鸡蛋盒、冰激凌盒、空线轴、烟斗通条、晾衣夹、小木块、小金属饰品。纸筒、纸袋、废旧材料(废布料、废毡制品、废地毯)、羽毛、泡沫塑料片。

(资料来源:《高宽课程的室内外学习环境》和《教育幼儿:幼儿园和幼儿保育项目的主动学习实践》)

【学习的支持3:特殊空间的规划设计】

特殊空间的规划设计是指利用幼儿园里一些不起眼的小空间、小角落进行规划和设计,不仅能满足功能要求还能兼顾美观要求。教师在规划和设计这些特殊区域时并未像定性综合室和活动室一样去限制它们的功能,甚至将其视为一个大空间的附属,忽略它们的存在,如楼梯下的小空间、教室与教室中间的小角落等。这些特殊空间给了教师更多的自主权,教师可以积极开发和挖掘教室内的特殊空间资源,积极整合和利用,达到幼儿园空间资源和环境创设低投入、高产出的效果。特殊环境规划与布置主要包括特殊环境的规划(即,特殊环境的开发和挖掘)和特殊环境的布置。

一、挖掘特殊环境

经常被用到的特殊环境主要包括地面、墙面和空间环境。地面环境主要是指班级之间的小通道、拐角处的小角落、楼梯下的小空间、又宽又大的走廊或大厅等。墙面环境主要指楼梯、走廊两侧的墙面,户外的栅栏,大厅的立柱等墙面环境。空间环境主要指空中的可利用环境,主要包括走廊、大厅、活动室、功能室区域的上层空间。

二、布置特殊环境

特殊环境的布置并不是随心所欲的,教师应该根据特殊环境的特性或周边环境的特性去思考和定位它的功能。

如特殊环境里的地面环境,应更多从拓展和打造幼儿自主游戏区的角度去布置。而不同地面环境的布置也应有自己的考虑,如图2-26中,幼儿园利用楼梯下的环境创设阅读区是经过以下思考的:楼梯下的空间狭小,不适宜做建构区、角色区等大活动区;周边无水资源不适宜做美工区;考虑到是一个小中大班都可以参与的公共区,因此也不适宜创设为益智区。最终经过讨论,将其创设为阅读区最为适宜。(图2-26)

图 2-26　楼梯下的阅读角

再如，特殊环境里的墙面环境和立体环境一样，可用来呈现幼儿的作品或供幼儿欣赏的作品，或布置为一个墙面游戏区。(图 2-27)

图 2-27　巧用墙面环境

资源链接：学习环境创设指导原则

1. 安排游戏空间

将空间分成界定明确的兴趣区，让幼儿进入各种不同的游戏。

选择幼儿可以理解的名称来为活动区进行命名(如用“玩具区”的名称来代替“操作区”)。

将各区域用可以看见的分界线分开(但不要阻碍幼儿在区域间走动)。

要考成到房间的固定部分(如门窗、水槽、墙内壁等)，设计幼儿在区域内部和区域间的行走路线。

定期对区域进行适当的改变。

2. 选择材料

选择反映幼儿兴趣的材料。

选择能提升幼儿能力水平的材料。

提供能够用不同方式使用的材料。

选择儿童喜欢玩的材料。

选择能显示本班及其家庭多样性的材料。

确保材料安全、干净并得到良好保养。

存放材料并加以标记。

将材料存放在幼儿能够拿到的地方。将材料放在幼儿能够一眼看清的地方。

在同一地点存放材料，以便幼儿知道在哪儿可以找到。

在架子和材料上做标记，以便幼儿能自己找到并归还材料。

（资料来源：《学前教育中的主动学习精要——认识高宽课程模式》）

【学习的支持 4：幼儿园心理空间的规划设计】

精神因素是环境规划的重要因素，对幼儿性格、习惯的早期形成具有潜移默化的作用。幼儿比成人更需要在信任、平等、尊重的环境中生活，这样的环境才能使幼儿感到安全、温暖、宽松和愉快，才能积极主动地学习、探索和创造。

心理空间的规划要考虑幼儿的活动方式、人际交往模式。和谐师生关系对幼儿全面发展有重要影响。《幼儿园教育指导纲要（试行）》明确指出："建立良好的师生、同伴关系，能让幼儿在集体生活中感到温暖，心情愉快，形成安全感、信赖感。"幼儿对活动空间的感受和体会，并不与物质材料的新颖丰富成正比。事实上，不同的文化背景和思维方式等可使个体对空间产生独特的感受。即便身处同一空间，个体都可能产生不同的空间感受。幼儿与成人的思维和经验本就存在巨大差异，因此他们对空间的感受往往会和成人不同，成人也无法将自己的空间感受强加给幼儿。

活动方式和人际交往的模式会在很大程度上影响幼儿对活动空间的感受。一位 6 岁的大班孩子曾这样向教师描述："我最喜欢的幼儿园，可以在大大的操场上，想怎么玩就怎么玩！"当时，这个幼儿园正在进行户外活动改革。原来，这所幼儿园以往的户外活动都是由教师选择好活动器械，组织幼儿在操场上特定的区域开展的。而现在，教师将活动器械用置物架放置在操场四周，让幼儿自取，班级之间也不再划分场地，幼儿可以自选活动器械、玩伴、区域，自主开展混班活动。这些活动空间以及师幼、幼幼的交往方式的改变，给幼儿带来了完全不同的空间体验。

理想的幼儿园活动空间，应该是一个能让幼儿产生留恋和盼望，能让幼儿感到舒适和安心，能让幼儿体验激动和有趣的地方。因此，在幼儿园规划设计时要考虑心理空间的规划和设计。

【温故知新】

近年来，国内幼儿园发展趋于火爆，幼儿园数量呈井喷式发展。幼儿园户外环境作为幼儿园给社会的一张名片，往往能给走进幼儿园的人提供最直观的感受，因此，幼儿园户外环境创设备受社会重视。然而，从现阶段的幼儿园情况分析，幼儿园普遍出现建设周期短、场地严重不足、建筑同质化、设计不合理等诸多问题。请以小组为单位，结合以下三类问题进行案例分析，通过搜集资料完成小组汇报方案，分组阐述。

一、户外场地面积不达标准

为满足幼儿园数量上的要求，目前新建项目较少，多为改造型幼儿园，其中尤以城市商铺改造为幼儿园园舍的情况居多。因幼儿园园舍的局限性，导致幼儿园户外场地不能达到幼儿园人均不小于 $4m^2$(其中全园性活动场地 $2m^2$，各班专用活动场地 $2m^2$)的最低要求。

请结合实际案例或网络案例，举证并制作 10 分钟以上的汇报课件阐述小组观点。

二、户外环境同质化现象严重

幼儿园户外环境往往会以色彩斑斓的形象出现在大众的视野中，大多以高纯度的色彩以及卡通场景组合的方式来赋予幼儿园在众多建筑中的“独特性”，这种独特成为现阶段幼儿园设计的通病。色彩色调杂乱无章，给人的视觉体验刺眼而又俗气，这种环境创设不仅没能给幼儿园带来提升，反而降低了幼儿园环境的品位。

请结合实际案例或网络案例，举证并制作 10 分钟以上的汇报课件阐述小组观点。

三、户外环境缺乏可循环性

幼儿园往往会从建设成本出发，省略针对性设计环节，采取施工队总承包的做法进行幼儿园建设。如此一来，户外环境设计就变成了户外器械、设备的采购与安装，而器械、设备的材料并不环保，大多以塑料、钢制品为主，很少完全采用木质及纯天然的材料，不符合节能环保的原则。

请结合实际案例或网络案例，举证并制作 10 分钟以上的汇报课件阐述小组观点。

典型案例：

一、“雪中送炭”式

教育活动应用功能是幼儿园整体规划布局中的重要指标，而整体规划的基本要点也要求幼儿园在进行规划时要关注教学与活动的实施需求。在幼儿园整体规划中，户外活动区域占据着极为重要的地位。户外活动不是简单粗暴的开放空间，而是兼具“情趣性、互动性、审美性、功能性”等多种属性的综合教育平台。但是一些老旧的幼儿园由于年代的影响，其整体规划理念已经难以满足现有的教学需求，对此可通过改造赋予其更加丰富的功能和属性。以属性和功能塑造为导向，扩充幼儿园的教育配套资源，并结合合理的活动进行教育的深度开发，进而解决老旧幼儿园“规划过时”的问题，这种方式，我们可将其称之为“雪中送炭”式的规划改造。

图 2-28　南圆幼儿园改造前

以北流市南圆幼儿园为例。由于建设的年代久远，幼儿园的户外场地除了简单的运动器材外再无任何活动功能配套，户外场地基本处于空置状态。大量的空地未能得到充分的利用，而且老旧的活动设施也无法满足日常教学需求。同时场地中的活动设备缺乏呼应，只是机械化地陈列了一些简陋的设备。另一方面，活动场地也缺乏美学设计，即使场地空旷，却依旧给人造成了混乱不堪的视觉效果。对此，北流市南圆幼儿园采用了“雪中送炭”式的改造。

图 2-29　南圆幼儿园改造后

（一）戏水沙土区

北流市南圆幼儿园在原有场地中打造了形态流畅的戏水游乐区，水深约为 20 厘米，旁边堆砌石子，与周围空间形成分割感。不仅具有景观美化功能，同时也可供幼儿进行“戏水活动”。同时在戏水区一侧打造沙土游乐区，可供幼儿进行沙土类的游戏活动。戏水沙土区充分利用可塑性较强的自然材料形成了具有高度延展性的活动平台，较之前的空旷场地更具有趣味性，同时也保留了户外场地的开放性。为了确保戏水区和沙土区互不影响，形成“整体融合、相对独立”的模式，南圆幼儿园通过木质连廊使得二者有机融合，并形成了优雅自然的小品景观，满足了“功能与环境的一致性”这一整体规划的基本要点。

图 2-30 南圆幼儿园戏水沙土区改造后

(二)户外拓展区

室外空间对于幼儿园是必不可少的场所，在幼儿成长过程中，幼儿应多在户外活动。因此，户外活动空间要做得有趣才能吸引幼儿在户外活动，用最大的装饰来保证幼儿的活动空间。北流市南圆幼儿园在原有的户外拓展配套设施的基础上，增加了滑梯、秋千等设备，并将原来分散的户外拓展设施聚集在一起，形成了较为完整的户外拓展区域。增强了户外拓展的活动体验。

(三)自然景观配套

城市幼儿园户外用地少，自然环境创设受到限制，因此幼儿园环境规划者应思考在有限的空间内，更合理地创设户外自然环境。依据“尊重自然环境与场地形状”的整体规划基本要点，南圆幼儿园按照园区地形，打造了造型花坛、木屋吊桥、创意叠瀑等自然与建筑相结合的景观小品。同时构建了立体化的景观，利用“小山丘、连廊、水池、木屋、吊桥”等高低错落的景观元素，使得幼儿园具有更加强烈的空间感。通过开发幼儿园立体空间的方式，变相扩大了户外空间的使用率。

图 2-31　南圆幼儿园自然景观改造后

二、“锦上添花”式

“锦上添花”式的改造方式，是在原有功能基础上，通过场地的改建，提高功能区域的使用体验。幼儿园是儿童集交友、玩乐、学习于一体的场所，幼儿园设计要既能丰富儿童的娱乐和学习体验，又能够减轻儿童入园的焦虑，促进儿童身体和心理的健康发展。这就要求舒适的视觉环境、协调的景观搭配。虽然一些幼儿园具备良好的功能性，但是在美学方面存在缺陷，依旧不能对幼儿形成健康心理起到理想的作用。因此，幼儿园可采用“锦上添花”式的改造设计。

“锦上添花”式的改造与“雪中送炭”式的改造相比，不再强调功能的创造，而是体现了对已有功能的优化。以广西军区幼儿园为例，其原有的整体规划中已经形成了沙水区、童心园、艺术长廊等功能区域的构建，但是由于场地的建设时间较长，一方面设备已经出现了明显的褪色老化，影响视觉体验、存在安全隐患。另一方面各个活动区域的设计缺乏人性化，未能充分体现“尊重自然环境与场地形状、功能与环境的一致性、关注教学与活动的实施需求”等整体规划的原则，导致其缺乏良好的应用体验，降低了各个区域的实用价值。因此，广西军区幼儿园对现有的园区进行了“锦上添花”式的改造。

（一）沙水区改造

广西军区幼儿园原有的沙水区中仅建有戏沙区，采用了沙坑的方式，配有简单的滑梯设施，而戏沙区的旁边全部为绿地或石子地，不仅大量的空间被浪费，而且缺乏美观性。对此，幼儿园将“沙坑”改造为了“沙带”，并在其一侧建设戏水池，另一侧建设了异型的鹅卵石塘。较旧园区中的沙坑设计更加美观，且沙带和水池旁的木栈道和石子台，配合“水包围沙”的设计，避免了沙土四散影响场地的整洁性。同时园区也保留了一定的绿地，遵循了“尊重自然环境与场地形状”的整体规划基本要点。

图 2-32 沙水区改造前

图 2-33 沙水区改造后

（二）童心园改造

幼儿对环境总是充满好奇，喜欢探索、尝试，喜欢在大自然中感受阳光雨露、倾听虫鸣鸟叫，如儿童喜欢上下攀爬山坡、树木或树屋。因此造园者应考虑设计一个安全并且充满趣味性的幼儿园户外自然环境，以供儿童嬉戏玩乐。广西军区幼儿园原有的童心园已经出现了明显的老旧问题，水塘的底部瓷砖大量脱落，砖砌的小桥出现了明显的褪色。原有的水塘的边缘为碎石子和泥浆堆砌而成，缺乏自然美感，而且容易刺入泥土灰尘，造成脏乱的视觉效果。对此，幼儿园分别进行了“石砖桥改建木桥”“水池底部重砌”“水泥鹅卵石堆砌水塘边缘”“水塘喷泉重塑”等改造手段，令整个童心园焕然一新，充满自然与童趣。

图 2-34　童心园改造前

（三）艺术长廊改造

艺术长廊是连接各个教室的通道，也是展示幼儿美工作品的重要平台。广西军区幼儿园原有的艺术长廊已经出现了明显的老化，墙砖脱落、墙体掉色，严重影响了艺术长廊的使用体验，缺乏艺术美感。因此幼儿园以日式风格为参考，利用木质围墙、波浪布艺吊顶、色泽淡雅的大尺寸地砖等，对艺术长廊进行了重建。重建之后的艺术长廊融入了大量的美学元素和现代设计理念，空间感更加强烈，视觉冲击力更大。同时新修的艺术长廊改变了过去封闭式的艺术作品展示，形成了开放化的艺术作品展示(即满墙展示)。

图 2-35　艺术长廊改造前

图 2-36　艺术长廊改造后

3.“挑战不可能”式

合理地利用平面空间和立体空间，不仅能够充分利用幼儿园有限的场地资源，同时还能够增加空间情趣，提高幼儿园整体规划设计的审美感受。幼儿园的整体规划设计与一般项目存在一定的差异性，应坚持“以幼儿为本”，在分析幼儿年龄特点的基础上，每一个部分的设计都尽量照顾到幼儿身心发展需要，并结合本园客观条件对色彩、材料、空间等环境要素进行研究和设计，力求创设出温馨、典雅、自然、和谐、童趣的环境。因此，在进行幼儿园整体规划设计时，考虑幼儿自身的身体特点(如身高、体重)，在对幼儿园进行整体规划设计时往往具有其他项目设计规划所不具备的条件，借助一些适合幼儿身体特点的条件，可以有效地进行“创意化的设计”，将常规设计中的“不可能”转化为“可能”，进而实现空间、环境等方面的突破。

对已有基础空间的重构是“挑战不可能”式的幼儿园整体规划设计的一种方式，其本质就是利用幼儿的身体特点，在设计规划中，改变固有建筑物的结构。万科嘉和城梅沙幼儿园则利用了“挑战不可能”式的整体规划设计理念，将原有的单层设计转化为了双层设计，充分利用了“商业用房层高 3.8 米的标准与 3—6 岁幼儿平均身高 1 米的特点反差，将原本单层的建筑结构升级为了双层设计(图 2-37)。

图 2-37

(一)利用立柱吊桥构架趣味通道

万科嘉和城梅沙幼儿园将中庭打造为开放式的空间，依托中庭，通过立柱、吊桥的结合，实现了单层空间与双层空间的交融，形成了趣味化的通道。这种跃层式的设计，不仅增加了空间感，还提高了幼儿园的层次感。

图 2-38

（二）利用半开放化的隔断增加空间感

在万科嘉和城梅沙幼儿园的“挑战不可能”式设计中，采用了镂空隔断的方式对空间进行隔离。这是由于“跃层设计”本身会造成空间的闭塞感，在纵向上给人以较强的压迫感。因此，万科嘉和城梅沙幼儿园为了规避纵向空间压迫感，借助开放化的隔断，在确保一层建筑功能区划分的基础上，加强了横向空间的连通性，开阔了视野，进而缓解了纵向空间的压迫感。同时，这种镂空隔断的设计，使得各层空间形成了“看似通达，实则分割”的效果，既实现了功能的划分，又未破坏空间的连通性。

图 2-39

（三）利用墙体的设计增加空间趣味性

在万科嘉和城梅沙幼儿园的“挑战不可能”式环创中，其深入挖掘空间价值，利用内凹造型丰富原本单一的走廊环境，并在凹陷的墙体空间上进行了色彩艳丽明快的软包，以便于幼儿随时停坐休息。

图 2-40

第四课

品位提升及典型案例

【学习目标】

1. 了解幼儿园品牌形象设计的三要素。
2. 认识幼儿园办学理念、文化品质建设、品牌 VI 设计之间的关系。
3. 提高幼儿园品牌形象设计的意识和水平。

【学习准备】

1. 阅读预习

自查文献或书籍，收集幼儿园品牌创建案例 1 个。

2. 思考求解

幼儿园的品牌形象设计应该发挥怎样的功能？

3. 自我预检

幼儿园品牌形象设计的要素是什么？

【学习领航】

品牌形象概念在幼儿教育中的引进、发展，推动着我国幼儿教育市场的品牌化发展和教育资源的多元化发展。幼儿园品牌形象创建作为企业品牌形象的一个类别，也遵循企业形象设计系统的基本要素要求，主要有幼儿园品牌形象的理念、行为和视觉识别这三个主要方面，需要在创建时对上述三个方面的因素进行和谐的有效结合，才能成功对幼儿园的品牌形象进行塑造。

【学习支持】

一、新建幼儿园

(一)海之蓝幼儿园

1. 幼儿园介绍

海之蓝幼儿园是一所全日制学前教育机构，幼儿园占地面积 5510 平方米，建筑面积 8000 多平方米，户外活动场地 1000 多平方米。可同时容纳 16 个教学班、近 500 名幼儿入园就读。幼儿园设有儿童美术工作室、绘本阅读室、儿童厨艺体验室、音乐舞蹈室、小礼堂、家长接待室等。室内环境宽敞明亮，安全舒适，配套有中央空调、电钢琴、多媒体教学一体机及适合幼儿学习生活所需家具、用具、玩具等；户外活动场地绿树成荫，有平地和二楼楼顶两个层面，设计科学合理。设有 30m 直跑道、幼儿足球场、玩沙池、玩水池、种植园及具有攀、爬、滑、钻、荡、平衡、投掷等功能大型、中型户外的运动器械，满足幼儿户外活动及体能锻炼的需要。从建设规模和配套设施来看，北海海之蓝幼儿园是一家具有现代化发展理念的幼儿园。

2. 文化品质建设

幼儿园以“培养孩子、服务家长、回馈社会”为宗旨，以“倾心于孩子的今天、着眼于孩子的未来”为理念，以“孩子健康、家长放心、社会满意”为目标，以“健康、睿智、有礼、尚美、向善”为培养方向，开设了生活化的主题式课程，让孩子在生活中成为乐学家，从而促进幼儿全面发展。注重礼仪品质养成，把优良礼仪和好习惯融入教学活动和幼儿生活的各方面。注重以游戏的形式帮助幼儿在数学、观察力、语言、智力、逻辑思维等方面能力的养成。培养幼儿拥有正确的行为规范，继承优良传统美德，养成高尚的情操和博爱的情怀。

图 2-41　标志释义

围绕海之蓝幼儿园的发展理念，幼儿园设计了以帆船为雏形的品牌 VI 系统，系统基本色调为蓝色，与天空和海洋的色彩一致，给人以开阔、轻松、舒适的视觉感知效果，展现了“不追求过分的难度，注重保护孩子的自信心与思维能力”的特点。在造型上海之蓝幼儿园以帆船为主体造型。给人以恣意驰骋的视觉效果，进而表现出了幼儿无

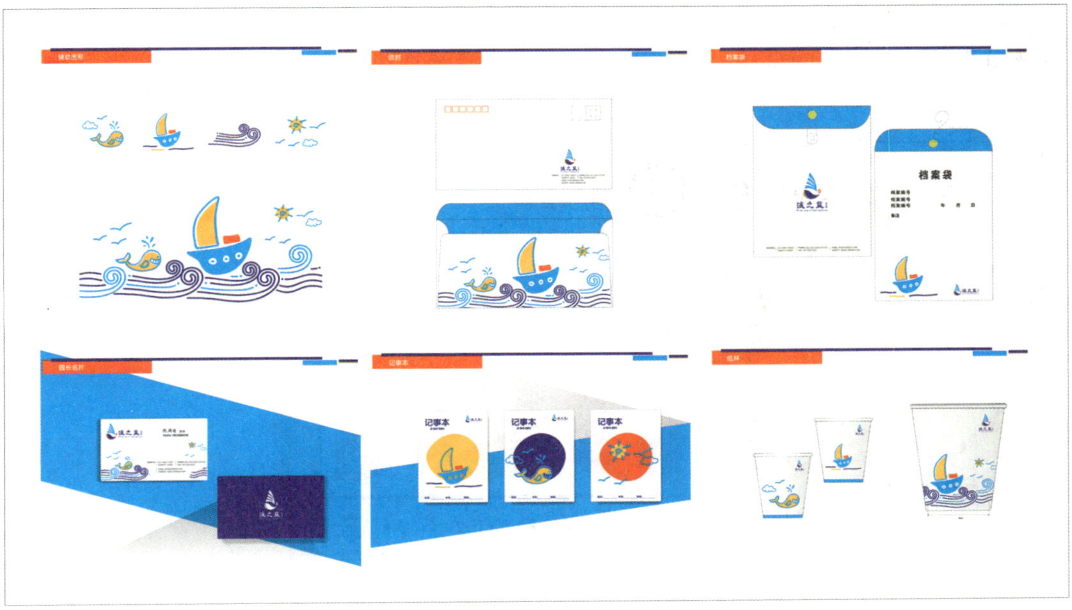

图 2-42　品牌形象

拘无束的天性。同时帆船随风前行的形象，也寓意幼儿扬帆起航的未来，以及幼儿园自身发展的广阔前景，使人能够联想到以风助力、借风起航的场景，进而给人以希望之感。总体的 LOGO 设计与其“传承传统美德、主张快乐成长、强调综合发展”的教育理念高度契合，展现了海之蓝幼儿园的特色，为品牌创建提供了良好的品牌图腾。

(二)桃李水悦龙湾幼儿园

1. 幼儿园介绍

南宁水悦龙湾生态幼儿园位于南宁市西乡塘区水悦龙湾小区内，占地面积 6700 平方米，建筑面积 4800 平方米。幼儿园以“办品牌名园，育阳光儿童”为办园目标，以“让幼儿在美好的身心体验中自然发展”为教育理念。它是一所现代化的体验式生态幼儿园，是广西桃李幼教集团旗下的旗舰园，幼儿园按照广西示范幼儿园评估标准配置，从园所环境设计到装修布置、从园所文化到课程设置、从保育工作到教育教学都以幼儿的需要与发展为本，力求体现“生态、体验、健康”特色。

2. 文化品质建设

幼儿园以“办品牌名园，育阳光儿童”为目标，努力打造“生态、体验、健康”的办园特色，让幼儿在美好的身心体验中自然发展。幼儿园开辟了大型生态种植园、空中生态小菜园、光影探索区、阳光沙水区，开设了 DIY 儿童美术坊、儿童快乐小厨房、儿童绘本游戏馆等 10 多个儿童趣味游戏体验坊，使孩子在贴近生活中游戏、体验、学习、成长。幼儿园还开展了丰富多彩的生态活动和体验教育，课程采取体验、探究的方式，引导幼儿探索大自然的秘密、感悟人类与大自然的关系。

图 2-43　标志释义

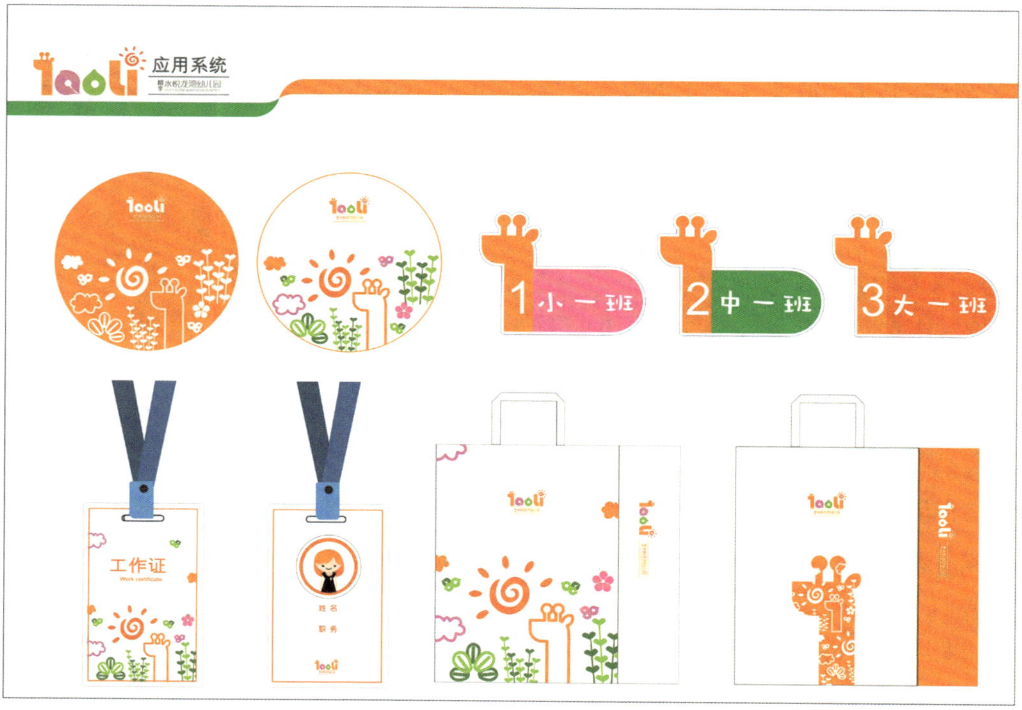

图 2-44　幼儿园品牌形象

桃李水悦龙湾生态幼儿园 VI 系统采用了红黄绿三原色，在色彩上明快简洁，展现了幼儿园“热情、快乐、友善、乐观”的整体形象。在构成元素上，桃李水悦龙湾幼儿园通过对“桃李”深层刻画，体现了其“生态自然、桃李满天下”的园本特色。“桃李”二字拼音的字头被赋予了“小鹿”和“阳光”的造型，进而显现出了其“培养会生活、学会学习、学会创造的阳光儿童”的教学宗旨，搭配中间“桃李”的造型，暗喻了幼儿园桃李满天下的深刻厚望。

（二）改建幼儿园

1. 北流南圆幼儿园

（1）幼儿园介绍

南圆幼儿园创办于 2007 年，是一所融传统文化于教育环境、融体能活动于保教过程、融陶艺文化于课程教学、着力倡导“健体、怡情、融合、发展”校园文化的幼儿园。幼儿园占地面积 536.66m^2，校园建筑面积 2448.99 m^2，绿地面积 183 m^2。保教设施完善，拥有多功能室、音体室、大型多媒体教室、图书资料室、保健室等。校园楼宇错落有致，绿草成茵，树木葱郁，操场宽坦，校路通畅，是理想的育人环境。

（2）文化品质建设

幼儿园以“健体、怡情、融合、发展”为办园理念。融文化传承于教育环境、融健体健心于一日生活，融陶瓷艺趣于操作怡情，用全新的办园理念引领幼儿园发展提升，将“陶艺文化”融入幼儿园内涵建设和保教活动过程，努力做到规范、优质、特色、品牌。致力于培育身体健康、心理阳光、习惯良好、学会学习的好孩子；塑造品德高尚、师爱纯美、学识广博、能力专业的好老师；创建管理规范、水平领先、文化怡情、融合发展的好园所。

南圆幼儿园 VI 设计以红蓝黄绿四色为基础，利用多元化的色彩彰显了丰富多彩的幼儿生活，充分体现了南圆幼儿园“怡情、融合”的办园理念。在主体设计上，南圆幼儿园通过对“南圆”首字母变形的方式，强化了南圆的品牌印象，将“N”变形为一块飞扬的手帕，将“Y”变形为一个飞翔的孩子，并共同构成了一个完整的圆形，也彰显了南圆幼儿园“培育身体健康、心理阳光、习惯良好、学会学习的好孩子”的办学目标。

近年来南圆幼儿园严格贯彻《3—6 岁儿童学习与发展指南》等文件精神，实施“游戏化”“生活化”“艺术化”的课程，极大地支持孩子们锻炼体能、陶冶身心、操作互动、探索发现，引导孩子们充分感知、积累经验、构建认知、发展能力。促进老师们勤勉研习、专业成长，引导家长们理解配合、科学育儿，从而推动幼儿园办学规范优质、更上层楼。

2. 春之蕾幼儿园

（1）幼儿园介绍

春之蕾幼儿园位于南宁市江南区，占地 3000 多平方米，现有 13 个班级，教职工 50 多人，400 多名幼儿。幼儿园重视文化建设，为教师创设利于成长的环境，构建了高感

原标志

优化后标志

图 2-45　标志释义

图 2-46　幼儿园品牌形象

情的工作关系、高效率的工作作风的精神家园，形成和谐、实干、勤学、创新的园风，为孩子创设良好的发展环境奠定了基础。

(2)文化品质建设

自开园以来，坚持“面向未来、服务社会、追求卓越”的办园宗旨，立足于“幼儿本位”的教育理念，不断深化课程改革，开办了“亲亲宝贝成长乐园”早期教育培训中心，形成了“敬业、爱幼、团结、奉献”的良好园风，努力把幼儿园打造成一所幼儿喜欢、家长满意、领导放心、社会信赖的优质品牌园。春之蕾幼儿园借助于地理位置的优势，主打“便捷性、人文关怀、生活习惯培养”的办园特色，在生源上形成了以所在小区幼儿为核心，辐射周边社区的生源渠道；在品牌形象上，形成了“亲民、舒适、安全、便捷”的品牌文化特色，较好地满足了区域范围内家长对幼儿的培养需求。

叶子　　正在喂食的小鸟

图 2-47　标志释义

图 2-48　幼儿园品牌形象

春之蕾幼儿园 VI 设计以视觉化的语言阐释了园所办学宗旨和理念，设计以叶子和正在喂食的小鸟为原型，三片娇嫩叶子代表了种子破土而出的旺盛生命力，代表幼儿勃勃的生机与无限的活力，暗示“每个孩子都是一颗花的种子”。而叶子的造型恰似喂食的小鸟，正像一个满怀爱心、勤勤恳恳工作的教育工作者，这较好地契合了春之蕾幼儿园对教师的要求，即“爱、责任、专业”。同时，红黄绿三色，也是明快的色调，体现了幼儿丰富多彩的生活和充满希望的良好心态。

3. 广西博白县博白镇幼儿园

(1)幼儿园介绍

博白镇幼儿园成立于 1936 年，占地面积 5000 多平方米，建筑面积 7000 多平方米，近年来，在上级各有关部门的关心支持下，经过历届镇幼人的奋力拼搏，已获得自治区卫生学校、自治区“家庭教育先进单位”、自治区餐饮服务食品安全示范单位，玉林市示范幼儿园、玉林市“绿色幼儿园”等光荣称号，是博白学前教育示范窗口。

图 2-49　标志释义

图 2-50　幼儿园品牌形象

(2)文化品质建设

博白镇幼儿园为博白镇公立幼儿园，办学传统深厚，在长达数十年的办学积淀中，形成了“博爱、博彩、博雅、博乐”的园所文化品牌。在教学中，博白镇幼儿园坚持“博爱”的理念，围绕学生发展核心素养，通过丰富多样的公益活动，提高幼儿与社会发展的衔接能力，培养幼儿的爱心和责任心。打造了“博乐”为导向的课程体系，以趣味化、游戏化教育内容形式，使得幼儿在快乐的情境中茁壮成长，提高了幼儿的活动、学习积极性，进而提升了幼儿教育水平。

博白镇幼儿园的 VI 系统以“博白”两字的首字母为原型，通过变形设计，使得“bb”具备了俏皮的形象，并在两个 b 的中心处刻画了心形。加上清爽明快的红蓝黄三原色，使得整个 LOGO 给人以简约、轻快、舒适的视觉感受，充分体现了博白镇幼儿园“快乐教育”的园本理念。

【温故知新】

桃李水悦龙湾幼儿园如何在文化品牌创建方面打造“生态、体验、健康”的品牌特色？

【拓展检测】

假设有一所新建的幼儿园，请你帮助这个新建的幼儿园设计园标，并解释园标的含义。

第三单元

幼儿园户外环境创设及案例评析

【情境导入】

伴随着幼儿园蓬勃发展，幼儿园建设也呈现百花齐放的姿态。有的幼儿园在依据《托幼机构建设标准》的同时，也一味地追求漂亮、投入。例如，某个幼儿园原来有一片青草地作为户外场地，因养护需要人力、财力，结果全部改成了硬地，铺上高档的户外地板，防滑美观。可年复一年之后，绿色生态消失，地板反复维修仍需更换。又如，某个幼儿园原本只有大片平坦的空地，为了营造山坡、树林、拱形等不一样的地貌，特地找来石拱、门洞等材料设计了多样可变的户外场地。究竟现代幼儿园的建设理念是怎样的？现代幼儿园户外场所设计要如何思考？成为本单元详细学习的一个内容。

【单元聚焦】

幼儿园户外环境；幼儿园户外环境内涵；幼儿户外游戏；幼儿自主游戏

第五课

户外场地“没有规矩不成方圆”

【学习目标】

1. 知道幼儿园户外环境规范的要求，明确户外环境创设的基本思路。

2. 基本掌握户外环境中门厅、运动场、种植园、建构场、沙水区等各个类型的创设要点。

【学习准备】

1. 阅读预习

李季湄，冯晓霞.《3—6岁儿童学习与发展指南》解读[M]. 北京：人民教育出版社，2013.

教育部基础教育司.《幼儿园教育指导纲要(试行)》解读[M]. 南京：江苏教育出版社，2017.

《幼儿园(托儿所)建设标准》

鄢超云等. 低成本有质量的幼儿园环境创设[M]. 北京：教育科学出版社，2013.

2. 思考求解

① 幼儿园户外环境占据幼儿园环境创设的重要性体现在哪些方面？

② 幼儿园户外环境的规范与特色两者之间是什么关系？

3. 自我预检

您知道依据《幼儿园设计规范标准》(2019年版)幼儿园室外环境规范的要求是什么吗？它制定的依据在哪里？主要包含哪些标准？

参考答案：幼儿园室外游戏场地应满足一定的数据标准，根据幼儿的班级人数达标，并应考虑设置：游戏器具、30米跑道、沙坑、洗手池、贮水深度不超过0.3米的戏水池，幼儿园宜有集中绿化用地面积等。

【学习领航】

《幼儿园工作规程与条例》指出：创设与教育相适应的良好环境，为幼儿提供活动和表现能力的机会与条件，要有计划地绿化园地，重视幼儿的环境布置，要使幼儿生活在明朗的、愉快的、富有教育意义的环境里。”因此，在幼儿园的整体规划中，要创设良好的户外环境，让幼儿在潜移默化中接受美的教育，促进身心全面发展。

《幼儿园教育指导纲要（试行）》中明确指出：“开展丰富多彩的户外游戏和体育活动。”“保证幼儿每天有适当的自主选择和自由活动的时间。”“幼儿在园的户外活动时间要保证两小时。”这都为幼儿园创设户外环境提供了指导性要求，特别在学前教育质量提升的当下，很多幼儿园如何因地制宜创设适合自己园所的户外环境？如何让户外环境既体现自己园所的课程特色又要规范创设？如何让幼儿在户外活动中获得有益经验？本节课期望通过不同的案例，让读者见一叶而知秋。

【学习支持】

案例1：醒目的门口

【案例导读】

幼儿园大门是幼儿园给外界的第一印象。清楚地界定大门范围可以引导人们的行为、传递信息、向幼儿和家长介绍幼儿园的作用，同时最重要的是确保幼儿园安全、安静及起到卫生防疫的作用。幼儿园的大门启闭形式多种多样，比较常见的形式有：平开式、推拉式、折叠式、伸缩式等几种，其中他们也包含了电动式和手动式两种。

【案例描述】

图 3-1　富有传统文化色彩的园门

图 3-2　具有生态气息的园门

图 3-3　充满童趣的卡通园门

【案例评析】

1. 幼儿园的园门蕴涵丰富的内涵和信息。时至今日，幼儿园的园门样式造型多元，有生态造型、卡通造型、园林造型等，但是无论采取哪种设计样式，园门的造型、色彩和寓意等都应与幼儿园的整体环境、建筑风格、园所文化相协调。既符合幼儿的审美特点，又能引起幼儿的兴趣和喜爱，还应体现幼儿、家长、教师的多方参与。（图 3-1 至图 3-3）

2. 幼儿园的外墙和园门共同构成统一的整体外观，两者相辅相成。有的可以起到封闭安全的作用，有的可以和周围的小区、街道融合，有的可以做适当的艺术处理，展示幼儿园的课程特色、文化导向以及园所历程等。

（此案例图片由广西实验幼儿园、南宁市西乡塘区衡阳西路第三幼儿园提供，付丽君撰写）

案例 2：多变的门厅

【案例导读】

幼儿园门厅最关键的是园所定位，它是一所幼儿园的重要展示空间，主要功能是接待家长和孩子，是一个吸引人的场所。无论是什么风格的门厅，都是园所文化和理念传递的“第一脸面”。传统幼儿园门厅主要起到过道式展示、交通枢纽的作用，而幼儿园门厅的现代创设中更拓展了各个细节功能的划分，如：家长接待区、阅读区、文化墙、儿童游戏区、休闲茶吧等，让进入之人感受到幼儿园的魅力。

【案例描述】

一个门厅可以体现幼儿园的历史、背景、办园思路、教育理念、节庆活动等重要特色（图 3-4），也可以在同一个门厅内根据实际需要开展多变的创设。幼儿园的门厅既要考虑空间的使用，也要考虑时间的推移。既有固定的区域进行创设，也要展现相应的区域变化。这样才能体现门厅宣传性、多元性、安全性等几大特点。

图 3-4　将园所荣誉与传统文化结合

我们来看看以下这些图片是如何展现变化多样的门厅。

图 3-4 至图 3-11 中，同样的大厅，根据新学期开学、新年迎新、春季阅读节等各类活动，经过设计、装饰，融入幼儿的参与、教师的互动，把大厅通道的两侧用不同风格创设，时而浓烈热闹，时而清新淡雅，让走入的每一个人流连忘返(图 3-5 至图 3-11)。

图 3-5　迎新纳福门

图 3-6　新学期欢迎门

图 3-7　传统文化

图 3-8　艺术特色

图 3-9　传统文化

图 3-10　立体阅读展

图 3-11　书香幼儿园一景

幼儿园的门厅除了根据幼儿园的实际活动，遵循幼儿参与的原则创设多变的环境，同时也可以大胆融入运动、通行、趣味等功能，将门厅入口错层设计为孩子们最喜欢的滑梯、攀爬、上下楼梯的区域。在功能多样的运动环境中，在层层交错的白色光线下，大人和孩子们都能够兴奋、愉悦地进出门厅，既能将紧急疏散的入口发挥到极致，也能把童心、童趣、童味体现得淋漓尽致。(图 3-12)

图 3-12　功能性与趣味性结合的门厅

图 3-13 中走进门厅就像走进了一个充满梦幻气息的图书馆。全开放式的阅读门厅可以让孩子们轻松自主地进行阅读，墙面上的固定书架可以随时更换藏书，方便幼儿取

放。台阶式的设计，既保证孩子阅读时可以就地而坐，自然舒服，也可以在开设小型阅读活动时，作为观众席设置，还可以作为门厅接待时表演区的台阶设置，一举多得。门厅中间圆形的书柜和移动式地垫设计，可以灵活调整位置，家长和孩子都可以畅游书海，功能化的门厅跃然纸上。

图 3-13　充满阅读氛围的接待门厅

【案例评析】

1. 门厅环境创设是整个幼儿园的点睛之笔。幼儿园门厅是幼儿家长、教职工以及宾客们每天的必经之地，是向外界展示幼儿园特色的窗口，是幼儿园整体环境创设的焦点所在，也是幼儿园的教育理念和品位集中体现的地方。一个创意独特、寓意丰富的门厅环境，可以把幼儿园积淀多年的文化，巧妙地融合并加以提升，使幼儿园既美观漂亮，又具有文化内涵。

2. 幼儿园门厅作为通道之外，还有更丰富的功能，包括宣传园所动态，展示教职工风采、文化特色、各类作品，开展家园互动等。因此，门厅的设计应注重多板块、多手法结合，最大限度地发挥其多功能的作用。只要走进门厅，就能感受到这是一个团结向上、朝气蓬勃、勇于创新的集体，来到这个幼儿园幼儿得到的不仅是健康和快乐，更会得到创造和发展。

（此案例图片由广西实验幼儿园、美吉瑞幼儿园提供，付丽君撰写）

案例3：巧妙的楼道和长廊

【案例导读】

环境是会说话的老师，幼儿园的公共楼梯、墙面能够充分体现幼儿园的教育目标、教学内容以及课程特色。有的幼儿园借助设计师的手法来创设功能、审美俱佳的墙面，有的幼儿园重视儿童参与，制造留白的墙面展现孩子的学习过程。

【案例描述】

楼道和长廊可以体现幼儿园的课程内容，也是传递幼儿园美术创设的最佳位置，将幼儿的主题活动以小板主题图依次展示。中国风、民族风、国际风等不同形式的美术作品使人感受到一所幼儿园的独特魅力。

图 3-14 充满童趣的走廊

图 3-15 充满艺术气息的走廊

图 3-16 楼梯展示中国传统文化元素

图 3-17 楼梯展示幼儿园主题活动

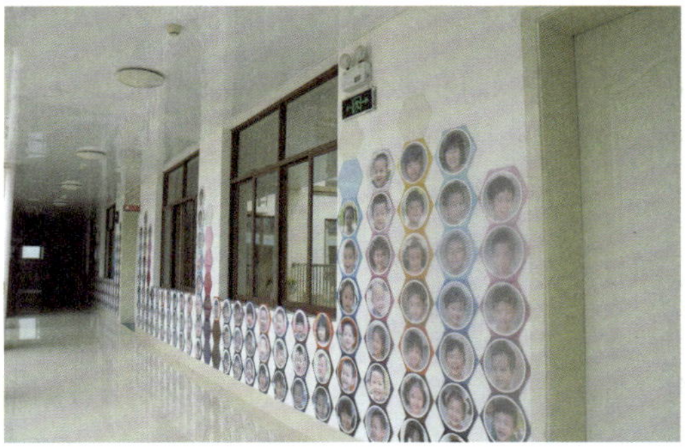

图 3-18　楼梯创设幼儿笑脸墙 1

图 3-19　楼梯创设幼儿笑脸墙 2

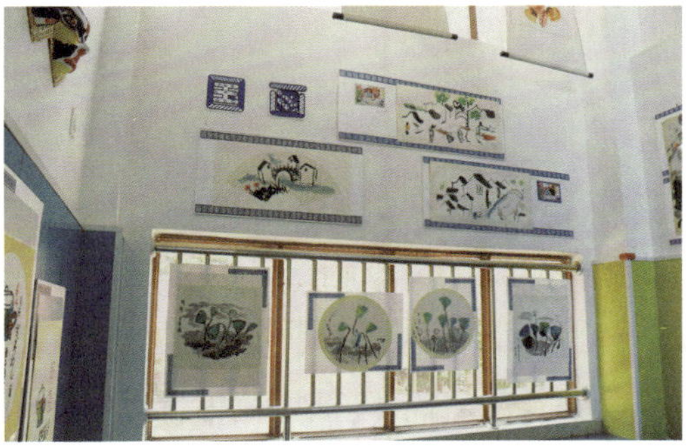

图 3-20　楼梯展示幼儿美术作品 1

图 3-21　楼梯展示幼儿美术作品 2

图 3-22　充满童趣的走廊

【案例评析】

1. 走廊和楼梯是连接幼儿园各个场地和功能活动区域的通道，科学合理地安排设计能够使人员交流便捷顺畅，巧妙地利用走廊和楼梯，能增加幼儿园活动空间，这是幼儿园环境创设的突出特点之一。

2. 走廊可以贯通一起，保证足够的联通空间。当足够宽大时，在不影响通道功能的前提下，可以适当安排活动区域，两边的墙面也可以根据需要进行相应的布置。体现环境是会说话的老师，将儿童化、教育化融为一体。如：作品展示墙、触摸墙、操作墙等。

（此案例图片由广西实验幼儿园、南宁市直属机关保育院提供，付丽君撰写）

案例4：青涟溪诞生记

【案例导读】

绿化工作在幼儿园户外环境创设中起着至关重要的作用。《幼儿园工作规程》第三十五条明确指出：“幼儿园应创造条件开辟沙地、水池、种植园地等，并根据幼儿活动的需要绿化、美化园地。”良好的绿化可以净化空气、减轻噪音、降低风速等，对幼儿的身心大有益处。而幼儿园环境的创设还应兼顾教育性，提倡在潜移默化中实现教育目的，鼓励、允许幼儿融入其中。如何挖掘绿化环境里更多“育”的功能？如何处理户外环境中“点”“线”“面”的关系？下面这则案例也许可以给我们一些启示。

【案例描述】

1. 从一条美美的通道说起

绿化设计在幼儿园环境创设中起着至关重要的作用。幼儿园的绿化能使园区环境生机盎然，并起到净化、美化环境和降低噪音等作用，进而促进幼儿身心健康发展。

我园在创园初期就非常重视园区的绿化工作，我园教学楼的背面对着园外的马路，中间设有半开放的围栏隔断园区和马路。经过园区环境的整体设计，我们在教学楼的背面至围栏的区域规划了一片绿化区，绿化区的围栏一侧种有树木，围栏的墙角种有三角梅将围栏包围起来，旨在隔断园区与马路，除尘降噪。

此外，我们还在绿化区沿着楼面的长度规划了一片种植区，种植区里规划有每个班的小菜地，各班可根据本班兴趣和实际情况种植喜欢的蔬菜。（图3-23）

图 3-23　围栏边的种植区

呈长条分布的菜地和教学楼间留有一条通道，我们精心设计，在这条通道上架起了拱门状的支架，并种上爬藤类植物——炮仗花，让炮仗花的藤蔓沿着支架生长开花。通道下铺有石砖路，路边空地铺设草皮，使之形成一条集遮阴纳凉、净化空气、降低噪音、美感欣赏等功能为一体的美美通道。孩子们经过通道都可以欣赏和认知美丽的炮仗花，夏天还可纳凉。（图 3-24、图 3-25）

图 3-24　炮仗花通道

图 3-25　老师引导小班幼儿认识炮仗花

2. 改变，从发现问题开始

美丽的炮仗花通道陪伴老师们和孩子们走过了几个春秋，通道依然发挥着它应有的作用，与此同时，我们也发现了不足：(1)炮仗花通道发挥的遮阴纳凉作用并不大。种植园的一侧为教学楼背面，另一侧为幼儿园与道路隔断的围栏，围栏外有几棵较高的树，一定程度上已对通道有了遮阴的效果。

(2)炮仗花通道的教育功能发挥有限。幼儿园环境的创设不仅在于美，更在于最大化地发挥其教育功能，才能更好地突出环境的实用性和教育性。而我们发现，在实际生活中，炮仗花通道更多的是发挥观赏、纳凉等作用，其教育功能的发挥有限。

(3)炮仗花限制了种植区植物的生长。炮仗花是一种比较消耗养分的植物，特别是花开的季节，会消耗掉土壤中大量的养分，需要经常施肥。如果肥料不足，炮仗花花根会深扎、延展寻找其他地方的养分，导致旁边的菜地养分不足，蔬菜长势不佳。

3. 整体思考，深入剖析，改进种植园

基于以上的不足，我们决定对这条通道进行改进。那么，如何改进这条通道才能使整个绿化区最大化地发挥其作用和价值呢？我们对绿化区乃至周边环境进行了整体审视与剖析。

首先，在方位上，种植园位于教学楼的背面，种植园的一侧为阳光花房，另一侧为戏水池，戏水池的旁边是雨水收集系统。种植园的炮仗花通道连接着阳光花房和戏水池。(图 3-26)

种植园旁边的戏水池是一个浅浅的、封闭式的水池，夏天孩子们在里面尽情地玩水。(图 3-27)旁边的节水系统可以收集雨水，经过处理形成可循环利用的水灌溉种植园。种植园另一侧的阳光花房里种有很多花花草草，孩子们可以进行植物多样化的认知、观察、艺术创作等。

图 3-26　教学楼后方平面图

图 3-27　种植园旁边的戏水池

最后，在教育价值发挥上，我们希望种植园在发挥其原有的绿化、美化、净化空气功能的基础上，能与周边其他区域联动起来，最大化地发挥它的教育功能，使之更好地服务孩子的学习与游戏。《3—6岁儿童学习与发展指南》指出：“幼儿建构经验的主要方式是直接感知、实际操作和亲身体验。”这意味着幼儿园的环境创设要尊重幼儿的学习特点，回应幼儿的学习方式，体现开放性、互动性、挑战性等特点，以激发幼儿的探索欲望，支持幼儿获得各种感性经验。所以我们期望改进的种植园具有较强的趣味性、探索性、可操作性和挑战性。

3. 以溪为线，连通孩子探索、游戏、创作的乐园

经过整体思考、深入分析、征集意见，结合相关理论指导，我们对种植园进行了一系列改造，改造的重点围绕那条美美的通道进行。

第一，移除拱门支架上的炮仗花，改种另一种攀缘植物——冬瓜。冬瓜同样具备遮阴纳凉、绿化美化作用，也更好护理，而且冬瓜是幼儿常见的果蔬之一，更接近幼儿的认知和生活经验，成熟后还可采食，更能激发幼儿观察、探索、护理、采摘的欲望。（图3-28）

第二，将拱门支架下的石砖路改成一条水泥砌成的小溪，结合幼儿园的园文化，取名“青涟溪”。（图3-29）

图3-28　通道上改种冬瓜

图3-29　改造后的通道——青涟溪

小溪的一头新增一座小假山景观，连通戏水池，把戏水池的水变“活”，孩子们可在假山处取水进行游戏。（图3-30）

另一头连通阳光花房附近，在该区域新增两座可供幼儿自由泵水的出水井和一座小拱桥，整个“青涟溪”连通的区域形成“小桥流水”“青山绿水”的景观。并且在“青涟溪”上新增活动水闸、运水装置等，便于幼儿多方式地探索水的流动性。（图3-31）

图 3-30　青涟溪上的小假山景观

图 3-31　青涟溪靠近花房一侧的平台

第三，将“青涟溪”靠近教学楼一侧的泥地改建成木平台，更方便幼儿日常走动，另一侧的菜地保持功能不变，菜地与幼儿园围栏的一边留有石砖小路，便于幼儿日常护理菜地。

第四，将种植园与水循环系统联动起来，在水循环系统箱周边用透明的、半圆柱体状的水管种上各种水生植物，利用箱内的循环水进行养护。(图 3-32)同时在附近的墙面开辟科普墙，用幼儿看得懂的形式介绍水循环系统，把看似复杂高深的水循环系统变得生动、直观。

经过改进后的种植园整体环境美感大大提升，不仅更好地发挥了种植园原本的观赏、教育价值，而且更好地联动了周边的游戏区域。

孩子们夏天的戏水空间从一个小小的池子延伸到了蔬果飘香的种植园，结合水闸、运水装置、泵水井，以及其他材料(水桶、水管、树叶、纸船等)，可尽情地感知水、探索水、戏水等，提高了幼儿的探索、操作能力。(图 3-33)

图 3-32　教师引导幼儿观察雨水收集系统边上的水生植物

图 3-33　孩子在青涟溪上探索水的流动性

冬天不便于戏水时，孩子们在水循环箱旁认真观察、探索水生植物的生长变化，还可以在这个片区进行写生活动、就地取材开展艺术手工创作等。(图 3-34) 以“青涟溪”为线改进的种植园周边区域成为孩子最喜爱的探索、游戏、创作的乐园。

图 3-34　冬日里在青涟溪旁写生

【案例评析】

在这个案例中，该幼儿园能巧思环境创设中“点”“线”“面”的关系，使用“动静结合”的方法将环境中的“绿”与“育”融为一体，使其更好地美化环境，服务幼儿发展。

1. 最大化地发挥户外绿化环境“美化”“净化”的作用。

绿化设计，特别是户外绿化设计在幼儿园的环境创设中意义重大，它是净化幼儿园空气的重要保障，也是幼儿园的重要门面，优美的绿化设计能养眼、养身、养心、养品行。该幼儿园在教学楼的背面开辟了一片绿化区，合理利用和规划设计树木、爬藤植物、假山、各类瓜果蔬菜等，使之形成一片四季有绿、植物多样化、优美自然的绿植园，既美化了幼儿园的环境，又较好地阻断了马路上的噪音、灰尘等对幼儿园的影响。同时也能使幼儿拥有较好的审美体验。

2. 充分挖掘绿化环境中“育”的功能。

幼儿园任何环境的创设都应兼具教育功能。该幼儿园对以“青涟溪”为线的周边几个环境“点”进行改进后，各个环境“点”都充分发挥了其教育的功能。幼儿园中的“点”是实现“美”与“育”的基础平台，“点”的设计，以满足使用需求为主、视觉需求为辅，该园注重各个环境“点”的内部打造，紧密围绕幼儿的兴趣、学习习惯，以及课程活动需求，对环境“点”进行建构。如：拓宽戏水池的区域，使其功能从戏水体验拓宽到观察、实践、探索水以及周边生态环境；将雨水循环系统的功能具象、可视化，供幼儿欣赏、观察等；将通道拱门改种贴近幼儿生活经验的瓜果，使其与菜地种植相辅相成，幼儿更有观察、养护的欲望。并且能灵活根据季节、课程活动等的变化，调整环境“点”

的教育功能。此外，每个环境点的改进也不忘美感设计，使其与整个教学楼背面片区环境融为一体，营造清新活泼的绿野氛围，使其在视觉心理上愉悦幼儿的心情，提高幼儿活动的积极性。

3. 整体设计，构建融探索、操作、游戏、审美为一体的乐园。

单调的活动是乏味的，单纯的学习是无趣的，该幼儿园通过“点”“线”“面”的整体规划改造，将整个教学楼背面的区域融审美、探索、游戏、操作等功能为一体，引发幼儿探究大自然奥秘、享受美好游戏时光，陶冶情操，体验更丰富，更有层次性和延续性，使幼儿身心获得更好发展。

（本案例由广西实验幼儿园郭梦兰提供）

案例5：趣玩沙水区

【案例导读】

沙水游戏作为创造性游戏，由于材料本身极具可变性和探索性的特点，深受幼儿的欢迎。华爱华教授指出：“沙水游戏具有探索与表现的双重特点，对幼儿来说是一种具有多样性探索的综合性游戏材料。正因为其材料简单，可配合任何辅助材料，所以探索的价值大，获得的经验多，幼儿园应当特别重视这个区域。”

【案例描述】

幼儿不仅喜欢玩水也喜欢玩沙，为了更好地利用沙水游戏中材料开放、利于幼儿自由表现的特点，支持幼儿在自主游戏中进行探索和学习，我们开展了幼儿园户外沙水区的创设。（图 3-35）

图 3-35　幼儿园趣玩沙水区

第一阶段：扩大面积，改建沙水区

幼儿园原有的玩沙池只有沙没有水且面积较小，幼儿玩耍时比较拥挤，经常因为互相干扰而产生争吵。邻近沙池有一处草坪，草坪上种植着罗汉竹，但因为种植没有经过规划，观赏性和教育性都欠缺。因为玩沙游戏限制性较高且容易和伙伴起冲突，幼儿对这个活动区的兴趣不大。为了激发幼儿玩沙的兴趣，提高沙池的利用率，我们对玩沙池进行了第一次改造。（图 3-36、图 3-37）

图 3-36　改造前的沙水区

图 3-37　改造后的沙水区

首先是扩大了沙池的面积，把部分草坪改造成沙池，扩大了幼儿的活动空间，以便减少游戏时幼儿互相间的干扰。为了突出沙水游戏的特点，让沙子变得更具可塑性，还在沙池的边上安装了两个洗手盘，既方便幼儿取水玩沙，用湿沙塑形和玩沟渠游戏，也方便幼儿在游戏结束后进行冲洗。同时设置了沙水材料区，在靠近沙池的靠墙处设置了两层的材料架，把投放的塑料玩沙工具进行存放。同时考虑到上下台阶较高，不利于幼儿的活动，也把台阶进行了改造，方便孩子上下活动。原来的较为凌乱的罗汉竹改成了桂林地区的代表——桂花树，并在草坪上放上了一些与整体景观更为协调的石墩，方便幼儿休息，在提高美观性的同时也增加了实用性。

经过初次改造，沙水区初步成形。扩大了面积的沙水区可以容纳更多的幼儿自由游戏，同时因为水的加入，沙水区变得更具可变性和操作性，幼儿活动的积极性变高了。

第二阶段：关注细节，改善环境

经过改造的沙水区受到了幼儿的喜爱，自主游戏时越来越多的幼儿希望来到沙水区玩耍。同时在对幼儿的游戏观察中发现，幼儿对沙水区活动有了更高一个层次的探索欲望，开始关注沙的流动性、沙和水的互动性等。为了进一步支持幼儿的探索，我们又开始对沙水区进行新一轮的调整。（图 3-38、图 3-39）

图 3-38　关注细节，沙水互动

图 3-39　轮胎装饰，提升美感

为了满足更多幼儿的游戏需要，我们再次把剩余的草坪扩建成了沙水区的一部分，给予幼儿更宽松的游戏空间。为了夏天时能有部分遮阴，避免幼儿游戏时阳光直晒，保留桂花树。同时在游戏中我们观察到仅有的两个洗手台无法满足幼儿在游戏时的用水需要；幼儿在游戏时容易把沙子弄到沙池的四周，破坏周围环境的整洁；结束后因为脚部得不到冲洗，沙子会跟着幼儿的鞋子散落到外围，幼儿手脚和身上散落着大量的沙子也会不舒服。针对这些问题，我们把原来仅有的两个洗手台扩张成了一整排的洗手池，多加了可旋转的水龙头，并在洗手槽的外围做了一条排水渠，并铺上鹅卵石防滑。在解决多名幼儿同时用水的问题时，也保证了游戏结束后可对脚上和手上残留细沙的冲洗，既避免了沙子被带出沙池外，也保障了游戏后的卫生。原来的砖墙也利用废旧轮胎种上了绿植，增加了美观性。

在材料的投放上，增加了 PVC 管、竹管等玩水工具和沙筛、木铲等更偏自然材质的木质玩沙工具。在丰富玩沙玩水方式的同时也让整个沙水区的游戏更偏向自然。同时材料的丰富让幼儿与沙水有了更多的互动，幼儿在游戏中有了更多发现和解决问题的机会。(图 3-40) 如如何使用材料组合把水流往某一方向引，不同沙筛工具筛的快慢和沙子的区别等。

图 3-40　提供多样化材料

第三阶段：丰富材料，支持探索

随着幼儿在沙水区自主游戏的进行，我们发现现有的材料已无法满足幼儿的游戏需要，幼儿开始利用周边的自然物，如桂花树的落叶、树枝等进行游戏；尝试多种材料的组合，游戏和探索开始从简单化走向复杂化。因此为了更好地支持幼儿的游戏和探索，我们在原有的基础上进一步丰富材料，如大量长短不一的竹管、竹筒、竹片、竹铲、木板、贝壳等自然物和常见的家用葫芦水瓢、厨房用具等，材料的选择更亲近自然也更贴近幼儿的生活。(图 3-41) 丰富多样的材料增加了游戏的多样性和复杂性，提高了幼儿游戏的创造性。

图 3-41　材料的进一步丰富

同时我们也注意到材料进一步丰富后，原有的铁制收纳架已无法满足材料存放的需要，且二层的高度偏高，不利于幼儿的自主取放。因此我们把原有的贴纸收纳架换成了木质收纳棚。整体上风格更为和谐，且更方便幼儿自主取放材料，既增加了美观性也增加了实用性。(图 3-42)

图 3-42　收纳架的调整

【案例评析】

1. 调整从反思开始

从一开始的纯玩沙到沙水区的改造，突出了教师对幼儿游戏舒适度与愉悦感的关注。沙水区的每一次改造都展现了教师对幼儿游戏的观察和问题的反思，并在此基础上不断地完善细节，从而让整体环境更具美观性和实用性，更好地支持幼儿的游戏。

2. 材料的丰富促进幼儿游戏的探索

由冷门区到热门区的转变，突出了沙水区整体环境的改造和变迁。由面积狭小局促再到扩建完善，通过环境的整体改造和材料的逐步丰富培养幼儿对活动的好奇心，帮助幼儿在游戏中获得愉悦感，支持幼儿的探索与创造。环境就像是一位无声的幼儿游戏引导者，老师们就是通过对幼儿游戏现状的观察与分析，利用精心设计的自然游戏空间和丰富多样的材料支持幼儿游戏水平的提高和在游戏中的探索。

3. 环境的改造与自然相结合

沙水区的整体环创和材料投放能更多地考虑与自然物的结合，如桂花树能为幼儿的游戏带来清香，为幼儿带来阴凉，桂花树的花、叶、树枝更能作为游戏的材料。在第三次改造中教师选择的材料也更多是源于自然，源于生活，既体现了《指南》在说明中指出的：“要珍视游戏和生活的独特价值”，也凸显了幼儿活动与自然环境间的和谐，从小在幼儿的心目中种下一颗亲近自然的种子。

（此案例由阳朔县幼儿园提供素材，黄舒静撰写）

案例6：快乐水趣园

【案例导读】

喜欢玩水是幼儿的天性，水对于幼儿来说是一种具有可变性、多样性的游戏材料，能充分激发幼儿的好奇心和探索欲。在与水的互动中幼儿可以获得各个领域发展的综合经验。《幼儿园工作规程》指出：“幼儿园应当有与其规模相适应的户外活动场地，配备必要的游戏和体育活动设施，创造条件开辟沙地、水池、种植园地等，并根据幼儿活动的需要绿化、美化园地”。

【案例描述】

幼儿园一开始是没有预设专门的戏水区的，但在日常的游戏观察中发现沙水区的简单戏水活动无法满足幼儿对戏水游戏的欲望。幼儿喜欢全身心地投入与水的互动中，特别到了炎热的夏天，幼儿会喜欢在沙水区进行泼水、喷淋等，难免会影响玩沙的幼儿。因此，根据幼儿园的实际情况，我们对戏水区进行了以下创设与改造。

第一阶段：从宣传栏到水趣园

改造前的戏水区原是幼儿园户外宣传栏和草地。(图 3-43) 经过改造，戏水区设计成下沉 20 厘米，宽 1.5 米左右的溪流，并铺上大小不一的鹅卵石。除了美观性，鹅卵石的选择还突出了健康教育的功能，幼儿在戏水时可以顺便进行脚底按摩，而且鹅卵石的不平整性还可以防滑，提高了幼儿活动的安全性。在出水口处，为了增加美观性和神秘感，我们把出水口设计成假山的样式，水从假山上分层流出，突出了水的流动性。在溪流的另一头设置了观赏用的水车和高低不一的竹筒，并种上莲花，在增加观赏性的同时也让幼儿通过观察感受水车通过自身的转动带动水移动的原理。为了让整个水趣园的风格更为协调，突出戏水的特质，我们把原来的宣传栏变成了更为贴近自然的仿石文化墙，在墙上设计了一些水罐，水罐口可以往下出水，幼儿可以观察不同大小罐子出口与水流大小的关系，取水也不用局限于溪流。在靠近出水口的走廊处，设置了材料存放区，投放了水枪、切边的 PVC 管、竹筒等戏水工具。同时在靠墙处还设置了一排挂钩，用来悬挂长雨衣和水鞋。(图 3-44)

图 3-43　昔日的宣传栏

图 3-44　改造后的水趣园

第二阶段：整体规划，水趣横生

改造后的戏水园成了幼儿的快乐天地。但在对幼儿游戏的观察中发现，部分小中班的幼儿不敢直接跨过溪流到对面的防石墙去接水。为了让更多的幼儿可以走到溪流的另一边游戏，我们在小溪流上架了一座小木桥，更好地营造出了小桥流水的意境。为了给予幼儿不同地面材质的体验，我们还在原来的绿地上增设了一条石板小路(图 3-45)。

图 3-45　戏水材料的整齐摆放

图 3-46　添加了小桥与石板的水趣园

在调整整体环境的同时，我们还考虑到了秋冬季节幼儿戏水游戏的需要，因此我们摆放上长雨衣、水鞋供幼儿穿着。同时还添加了垂钓的材料，如不同规格的漏斗、竹筛、网兜、塑料软管、拼接透明水管、可用于在水渠上搭建的木板、竹梯，还有幼儿收集来的大小不同的瓶子、不同材质的物品等（图 3-47、图 3-48），进一步丰富幼儿的戏水活动。让幼儿在不同工具和材料的使用中探索水的流动与材料之间的关系，感受水的体积、水压大小的变化，物体的沉浮等。水趣园经过整体改造，环境更为美观协调，材料更为丰富，幼儿的游戏方式也更为多样化。

图 3-47　丰富的戏水材料

图 3-48　接水引流的 PVC 管

第三阶段：游戏中探索，快乐中学习

水趣园的改造为幼儿的探索带来了更多的可能性。根据幼儿探索的深入我们开始考虑，如何让幼儿的游戏留痕和探索有迹。根据《指南》科学探索里不同年龄段的目标和幼儿的发展情况，我们特意在沙水区提供了不同规格的量杯、滴管、天平秤等材料，并尝试在大班的戏水活动中尝试主题探索游戏，每次游戏会根据需要准备相应的材料。如开展沉浮主题探索时，会准备不同材质、空心的和实心的材料，让幼儿在游戏中开展自主探索，逐步把幼儿的游戏学习从随意逐渐走向系统。同时，在水趣园的草地上会设置一块适合中大班的记录区，提供相应记录表、油性笔等，方便幼儿在进行探索活动后进行即时的记录。如中班探索水的流动，大班认识水的重量守恒等探索活动时都可以进行即时的记录。记录让幼儿的探索活动变得更有目的性，同时也让探索活动更具延续性和深入性。

图 3-49　快乐游戏与探索

【案例评析】

1. 亲自然的环境满足了幼儿的探索欲

案例中，幼儿园能根据幼儿活动情况的需要把沙水区和戏水游戏进行分离，分离后幼儿的游戏需要得到了更好的满足，且让戏水游戏对幼儿成长的促进作用更为凸显。既充分体现了户外戏水对幼儿的吸引力，也说明了戏水环境对幼儿发展的重要性。每一次的调整都能让幼儿有所发展，老师也在考虑如何在此基础上运用环境的作用让幼儿获得提升。户外的游戏活动让幼儿能更亲近自然，也让幼儿的游戏更加地充满可变性和探索性，而环境就是其中吸引幼儿参与和探索的重要因素。

2. 无声的环境有迹的学习

《指南》指出：幼儿的学习是以直接经验为基础，在游戏和日常生活中进行的。要珍视游戏和生活的独特价值，创设丰富的教育环境。幼儿通过游戏进行学习，而环境就是用来支持和满足幼儿通过直接感知、实际操作和亲身体验获取经验的。案例中幼儿园对戏水环境的改造不只停留在视觉美观和身心愉悦的感受上，考虑的更多的是如何利用水趣园这个对幼儿有着巨大吸引力的区域整体环境去促进幼儿在自主游戏中进行持续探索、系统学习，帮助幼儿达到最近发展区，让无声的环境帮助幼儿的游戏有痕，学习有迹。

（此案例由南宁市西乡塘区衡阳西路第三幼儿园提供素材，黄舒静撰写）

资源链接（扫描二维码）：水趣区

【温故知新】

1. 一所幼儿园门厅、楼道创设的主要因素有哪些？
2. 举例说明玩水游戏促进幼儿哪些能力？

【拓展检测】

拓展探讨：如何打造一所生态幼儿园？

参考答案：

现在大家都倡导“让孩子回归自然”，在自然中探索、在探索中发展。在建设幼儿园时要运用好以下设计打造自然生态的幼儿园，让孩子不被钢筋水泥的世界围绕。

一是环境打造。1. 创设自然草坪，足够的绿化。2. 果蔬。幼儿园种景观树不如种果树。有高有低，层次错落，孩子可以采摘，可以观察，可以养护，获得不同的体验。3. 种花。幼儿园较大面积地种花，四季花开，让幼儿自然感受最真实的教育。

二是游戏体验。自然元素是大自然赋予儿童的美丽、神奇的玩伴。泥土、水、沙石、木头、草叶、花朵都是孩子们嬉戏的材料。成人尊重儿童，理解儿童，支持儿童，就会有生机盎然、和谐共生的幼儿园产生。

第六课

户外场地“因地制宜彰显特质”

【学习目标】

1. 提升幼儿园特色户外环境的重要认识，明确特色户外环境创设与组织的步骤。
2. 深化了解幼儿园特色户外环境创设中常见的问题和应对策略。
3. 明确特色户外环境创设要点与儿童发展的关系。

【学习准备】

1. 阅读预习

雷湘竹，冯季林，蒋慧. 学前儿童游戏［M］. 上海：华东师范大学出版社，2012.

王薇丽. 幼儿园区域活动——环境创设与活动设计方法［M］. 北京：中国轻工业出版社，2017.

戴文青. 学习环境的规划与运用［M］. 南京：南京师范大学出版社，2005.

［日］山田纯也，柘植 Hiropon，长井美树，内村光一，永井弘人. 配色大原则［M］. 南京：江苏凤凰科学技术出版社，2017.

2. 思考求解

幼儿园户外环境的创设促进幼儿哪方面的发展？请列举一二。

3. 自我预检

举例分析幼儿园户外环境中运动环境如何培养幼儿的身心发展。

【学习领航】

特色户外环境的创设源于户外游戏的发展。幼儿园户外游戏活动是指：幼儿在建筑物的室外(包括走廊)等范围所进行的游戏活动。幼儿园户外游戏活动源于我国幼儿教育实践，从缘起到发展，经历了近百年的历史。户外游戏作为一种促进幼儿全面发展的手段，具有不可替代的重要意义，已经成为先进幼儿园的重要标志，并得到普遍重视。

特色户外环境的创设能够支持户外游戏的发展，促进幼儿的游戏水平。

【学习支持】

案例1：户外建构游戏区

【案例导读】

建构游戏是深受幼儿喜欢的一种游戏形式。户外大型建构游戏可以为幼儿提供广阔的空间、丰富多样的游戏材料，激发幼儿的游戏欲望，支持幼儿持续而富于想象的游戏行为，从而促进幼儿的有效学习。(图3-50)

图3-50　户外大型建构游戏

【案例描述】

户外建构游戏可以让幼儿在足够大的空间里，发挥想象，动手操作多种材料，创造性地反映周围的生活。幼儿在这一过程中不仅获得了认知的发展，也获得了社会性的发展。为了让幼儿在建构的过程中进一步通过直接操作丰富感知经验，在与同伴的协商、合作分享中收获成功与挫折的体验，从而实现幼儿的全面发展，我们开展了户外建构活动，并在活动过程中根据幼儿的游戏发展需要对户外建构环境进行了分阶段的调整。

第一阶段：建构材料单一常规化，难以满足幼儿的游戏需要

户外建构的场地我们选择了一块宽敞平整的空地，保证幼儿足够的搭建空间。创设初期，我们投放了一套具有防腐防虫功能，不易变形，稳定性高，适合户外存放搭建的大型碳化积木，这套积木共440件，以空心积木为主，同时配备了少量的单元积木和三种不同长度的木板，包含不同规格的长方形、正方形、三角形、枪型、弧形、扇形、半圆形、圆柱体等各种形状，幼儿可以根据需要进行自由搭建。为了方便幼儿取放，在场地的一端设置了开放式的两层积木架，把碳化积木按形状、大小分类摆放好，并做好相应的标识。(图3-51)同时还配备了运送积木的小推车。有了小推车，幼儿就可以一次性拿取足够的积木块，在离存放区一定距离的地方搭建。这样幼儿搭建空间的选择更自由，减少了频繁取放的难度和对其他幼儿搭建活动的干扰，且小推车的投放也提高了幼儿取放积木的安全性。(图3-52)

图3-51　户外建构投放了大型空心积木

图3-52　利用小推车运送积木

第二阶段：建构材料丰富多样化，支持幼儿自发自主的游戏

为了更好地支持各年龄段幼儿的搭建，特别是大班幼儿普遍已有经验丰富，创造欲望强烈，动手能力强，操作专注，能合作完成搭建较大型的标志性建筑物。我们对建构材料的投放和整体的环境规划进行了新一轮的调整。

1. 增添数量充足的、功能性更为突出的单元积木。单元积木以精确的比例设计了“基本块”“双倍块”“四倍块”等积木，积木之间存在着一定的比例和组合关系，不同比例的积木可以转化成其他形状，幼儿在搭建的过程中可以更好地理解整体与部分，平衡、对称、大小、长短等数理关系。单元积木的投放，进一步满足了幼儿对积木数量的需要。(图 3-53)

图 3-53　添加了数量充足、功能性突出的单元积木

2. 增添生活中常见的低结构材料和回收材料。如不同尺寸和长度的 PVC 管，各种型号的接头、软水管、木板等，还有家长和幼儿共同收集来的长短不一的木板、奶粉罐、易拉罐、纸箱、鸡蛋托等材料。(图 3-54)

图 3-54　生活中常见的低结构材料和回收材料

3. 增添辅助材料。如交通工具模型(玩具)、仿真小动物玩具、交通标志、树木、草地等。

由于材料更丰富了，幼儿在建构的过程中也增加了材料组合的更多可能性。如幼儿会用两个鸡蛋托组合来搭建房子的屋顶；用奶粉罐来搭建大桥的桥墩，斜坡的支柱再配上长木板作为桥面；纸箱和圆形积木组合成车等。多样化的材料更好地满足了幼儿自主主题搭建的需要，进一步激发了幼儿在游戏中的创造性，幼儿的搭建场景更具情景化和立体化，更好地激发了幼儿进一步创作的欲望和灵感，促进了幼儿表征能力和解决问题能力的发展。

第三阶段：区域材料联通共用，推进幼儿游戏深入、持续地开展

随着幼儿建构水平的不断提高，幼儿对建构作品有了美观性和功能性的要求。如在搭建龙船的过程中，有幼儿提出龙船积木搭出的龙头不够形象，且很多龙船的船身上是有红色的鳞片装饰的，可是目前建构区的材料无法表现。又如在搭建城市建筑的同时，有幼儿希望自己搭建的汽车可以动起来。这时候单纯的搭建材料已经无法满足幼儿的游

戏需要，为了进一步支持幼儿的持续探索与创作，在环境和材料上我们又进行了新一轮的调整。

1. 增设“材料超市”。

根据幼儿游戏的需要，我们创设了“材料超市”（图 3-55），里面会不定期地根据幼儿游戏的需要存放能更好体现作品美观性、功能性，增加游戏丰富性的材料。“超市”的材料投放可以是老师有针对性的投放，也可以是幼儿根据所制订的游戏计划来投放。如在端午龙船主题建构的过程中，教师会在超市投放各种颜色的卡纸、笔、剪刀等美工用品，幼儿可以利用这些材料对龙船的船身进行装饰。

图 3-55　材料超市

2. 配备不同材质、容量、形状的收纳工具。

考虑到方便幼儿游戏，随时随地取放的需要，我们增加了移动式的“建构小屋”和收纳建构材料的“移动小车”，使得幼儿的收纳过程也是一种学习。（图 3-56）

图 3-56　移动式建构材料收纳屋

3. 增添户外塑料大型建构游戏材料一套。

这套材料含单元砖(长方体积木)、空心砖(基础长方体积木、双倍宽长方体积木、双倍长和宽长方体积木、基础三角柱、双倍边长三角柱积木)、工字砖(单卡口拼插积木、双卡口拼插积木、双卡双层拼插积木、三角拼插积木)、万能结(方形万能积木、八面万能积木、圆柱插管积木、方形插管积木、插管连接积木)等,配备角色背心、披风、套裙、翅膀、方向盘、包裹、帐篷、绳网、滚筒刷、百变布景、标识等服装、饰品和道具,进一步满足了幼儿对积木数量的需要和开展游戏的需要。(图 3-57)

图 3-57 户外塑料大型建构游戏材料

4. 区域材料互通。

幼儿游戏时,只要有需要,材料可以来自不同的区域。如搭建城堡时,幼儿想到运动区的滚筒大小高度适合做立柱,于是就把滚筒用上。如建构"我的家",幼儿可以把运动区的体操垫用来装饰成家的地面。(图 3-58)

图 3-58 多区域材料互通

5. 保留幼儿作品，支持幼儿持续、深入游戏。

为了避免在进行主题建构时每次都耗费大量的时间进行重复搭建，在原基础上探索不同材料的组合与运用，提高幼儿搭建热情和创造性，因此投放了栅栏和绳子。每次搭建的作品会征求幼儿的意见，是否需要留下来，并说出理由，鼓励幼儿说说下次的设想。下次搭建就可以在原基础上开展，更好地促进了幼儿作品完整性的呈现和幼儿的持续游戏。（图 3-59）

图 3-59　保留幼儿作品

通过一次次场地的改造、材料的丰富，幼儿的建构活动更具游戏性、情节性，同时也进一步激发了幼儿在搭建游戏中的持续探索，游戏从原有水平向更高水平发展。

【案例评析】

1. 从单一材料的投放到材料的多样化、整体区域功能的明确再到搭建场景的情景化、游戏化，案例中三个阶段的调整充分体现了幼儿园户外建构环境对幼儿的教育意义，和老师在这个过程中如何通过环境的调整在鼓励幼儿自主游戏的同时支持幼儿游戏中的探索和持续性的学习。户外建构游戏是充满着创造性的游戏，因此户外建构环境不应该是模式化和固定式的，而是应该具有开放性、可变性和适宜性的。

2. 案例中的户外建构环境能根据幼儿的活动情况和需要去进行调整，充分体现了以幼儿为本的教育理念。从场地的选择到功能区域的划分再到材料的投放，都是从幼儿的游戏需要出发，以环境调整作为指导策略，减少了教师的无效介入，较好地推动了幼儿在自主建构游戏中有效学习。

（此案例由南宁市西乡塘区衡阳西路第三幼儿园甘丽琼、黄舒静提供）

案例2：我的战场我说了算(野战场)

【案例导读】

陈鹤琴先生说过：“给儿童充分的娱乐和游戏。娱乐和游戏对于儿童身心的发展是有重大意义的。它可以给儿童丰富的经验，也可以给儿童学习怎样控制情绪和怎样与人相处，还可以发展身体的技能，启发儿童的智力。”野战场是社交性活动中特别具有代表性的户外活动之一，孩子在这样活动场所的游戏过程中会慢慢学会如何躲避隐藏自己，学会与“战友”并肩作战，学会关心他人等，不仅提升了身体素质，还促进了社会性交往技能、语言表达能力等各方面的提升。

【案例描述】

为创设一个符合孩子兴趣的、能提升孩子发展的野战场，我们主要经历了以下几个阶段。

第一阶段：初步创设野战场，重“营造环境氛围”，轻“幼儿需要”

结合园内的户外场地分布以及本活动区要给孩子达成的运动目标，选择园内滑梯与围墙之间的大草坪进行改造。设置了小山坡，山坡上插有供高地争夺的小红旗，山坡的坡体中间还挖了一个横穿的小隧道，供孩子们发展爬、钻、斜坡跑等动作能力。(图3-60)

山坡下面是一条长长的沙池，两边用观赏植物把大沙池和野战场分开。山坡的另一边还设置了吊环、平衡桥等体能训练的场地，让孩子在游戏中锻炼手臂力量、平衡能力等。(图3-61)整个环境看上去，就是战地氛围十足的野战场。

图 3-60 野战场全貌

图 3-61 体能训练区

起初，孩子们拥有了自己的野战场，非常开心，每天在野战场里除了拿枪对战外，还会在坡地上奔跑、过吊环、走平衡桥等。但是没过多久，新的问题出现了，由于野战场太小，孩子们根本施展不开手脚进行游戏。孩子说：野战场就只能打仗，没有别的了，不够好玩。所以常出现孩子把“战火”“蔓延”到了隔壁的沙池区和野餐区的情况，打扰到了别人的游戏；有的孩子说：打伤了都没有医院治疗，很快就会死掉了，所以玩了一会就觉得没劲，离开了；还有孩子说：我不想玩打仗的游戏，我想自己在里面玩。

从种种迹象以及孩子的话语可以看出，野战场的游戏区域小，情境、玩法单一，不能让孩子保持游戏的热情和持续。于是，我们针对以上情况进行调整。

第二阶段：环境改造与幼儿兴趣相结合，拓宽游戏区域，增设野战医院、绳索、沙袋，丰富游戏装备

《幼儿园工作规程》第二十五条提出“游戏是对幼儿进行全面发展教育的重要形式，应根据幼儿年龄特点选择和指导游戏，应因地制宜为幼儿创设游戏条件（时间、空间、材料），游戏材料应强调多功能性和可变性”。为了能让游戏环境及其设施、设备、材料等各种条件的整体效能发挥，最大限度地满足幼儿的需要，并使幼儿在游戏过程中得到多元发展，我们根据实际游戏过程中出现的问题以及与孩子针对野战场调整的讨论结果，做了以下几方面的调整：

1. 撤掉隔挡野战区和沙池的观赏植物，拓宽游戏区域，让大沙池与野战场联系起来，增添枪、防弹衣、防弹头盔、手榴弹和工兵铲等野战设备。（图 3-62 至图 3-65）

图 3-62　防弹衣

图 3-63　突击步枪

图 3-64　钢盔

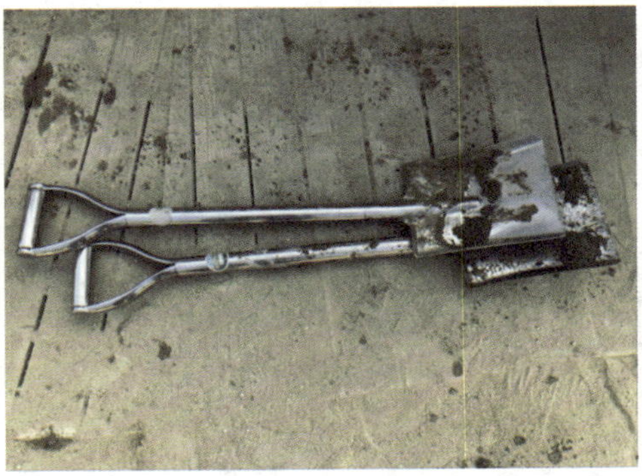

图 3-65　工兵铲

2. 结合战地情境，增设符合野战场景的医院，增添医生、护士服装以及急救箱和担架等医用工具，丰富幼儿的情景体验和游戏设备。（图 3-66 至图 3-68）

图 3-66 野战医院

图 3-67 医护人员搬运伤员

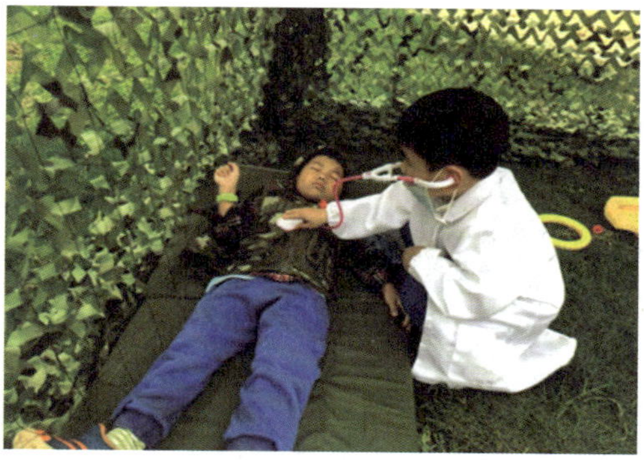

图 3-68 医生抢救伤员

3. 增添绳索、沙袋，提升训练场难度和丰富训练内容，让幼儿有更多的选择性。（图 3-69、图 3-70）

图 3-69 在训练场上做攀爬练习

图 3-70 在训练场上练习拳击

经过第二阶段的环境调整，幼儿的野战游戏渐入佳境，老师观察时发现，很多幼儿会模仿战争片里的场景利用野战场里的一些遮挡物掩护自己，有的甚至还想爬到树上。

教师：你想做什么？

幼儿：我想爬上这棵树。

教师：为什么要爬上去？

幼儿：这样我就可以看到所有敌人，还可以把自己藏好。

经过几次谈话验证，老师了解了孩子的游戏需求，于是进行了第三阶段的环境调整。

第三阶段：根据幼儿的游戏水平，不断新增材料满足其游戏需要

根据幼儿游戏需要以及充分利用环境空间的原则，增设直梯、绳索等可爬树的工具，充分利用野战场上部的空间，供幼儿游戏时在树上狙击瞄准，在高处侦察敌情；在地面上，增设轮胎、油桶、沙袋、绿网等掩体供幼儿在游戏中掩护自己的身体。（图 3-71 至图 3-74）

图 3-71　利用梯子进行空中狙击

图 3-72　隐藏于树中进行狙击

图 3-73　躲避在油桶后面射击

图 3-74　利用绿网掩护射击

通过这次调整，从环境上看，梯子、油桶、绿网、沙袋、轮胎的加入，让整个野战场的“硝烟”味更浓了，战斗的氛围也更强烈了。从游戏上看，丰富的游戏材料的加入，让游戏更具有挑战性和吸引力，孩子们的参与性提高了很多。

第四阶段：支持幼儿的想法，增加区域联动，进一步提升幼儿野战游戏质量

野战场处于野餐区和沙池区的中间，通过一段时间的游戏，我们观察发现有些孩子会拿上沙池区的工具挖沙，经过询问发现，他们想埋地雷，做好防线；也有的孩子会跑去野餐区，参与野餐区的烹饪，制作食物，补充能量。于是我们就新增了仿真地雷、铁铲、水管等，供幼儿在游戏时埋雷、修筑防御工事等，同时也把野餐区变成战地食堂，让野战场和沙池区、野餐区自然地联动起来。（图 3-75 至图 3-78）

图 3-75　挖水渠

图 3-76　埋地雷

图 3-77　小厨师送饭菜

图 3-78　共享美食

经过几次调整，野战场的氛围更加浓烈了，环境的调整、区域的扩大、材料的增添提升了整个游戏的趣味性，也让孩子近距离接触和感受属于战地的独特风景和战地的别样美，孩子们更喜欢这样的野战场。

【案例评析】

该案例体现了教师在户外环境创设上、材料投放上的层级性突破：

1. 从“重环境氛围的营造”向“以幼儿需要为主的环境创设和材料投放”转变

幼儿是游戏的主体，教师的任务在于为幼儿游戏活动创设安全的物质环境和提供适宜的游戏材料。野战运动具有激烈、惊险、刺激的特点，在环境的创设上突出这些特点能让孩子一眼看出其游戏内容，但是环境氛围的营造并不能让孩子保持游戏的持久性。而在幼儿需要的基础上进行的环境创设和材料调整，则会让孩子感受到游戏环境会随着自己的需要变化而变化，让幼儿参与游戏的持久性增加，真正成了游戏的主体。

2. 从“注重单个区域开发”向“促进多个区域联动”转变

《指南》指出：儿童的发展是一个整体，要注重领域之间、目标之间的相互渗透和整合，促使幼儿的身心全面协调发展，而不应片面追求某一方面或几方面的发展。单个区域向多个区域联动转变，就是单一的游戏形式向游戏的多元化转变，这让游戏的趣味性得到升级，也让孩子的游戏有更多创造性的可能，而不是局限于单个区域的游戏功能体现。

（本案例素材取自广西实验幼儿园）

资源链接（扫描二维码）：野战区：医护人员为伤员包扎

案例3：阳光花房里的“大自然”

【案例导读】

幼儿园特色户外环境的创设需要结合幼儿园园本资源、特色课程以及幼儿的发展需要等。大自然是幼儿发展十分宝贵的教育资源，自然环境对幼儿的全面发展作用是巨大的，而在这个社会飞速发展、城市化进程不断加快的时代，自然环境却离我们越来越远，甚至花草树木对于一些孩子而言都是陌生的。幼儿园（特别是城市幼儿园）应该重视自然生态环境的打造，但幼儿园的户外场地往往寸土寸金，如何利用有限的空间和资源打造最有价值的、最大化亲近自然的户外环境，充分发挥大自然对幼儿的教育作用，是值得每一位幼教工作者思考的问题。

【案例描述】

阳光花房位于我园教学楼南侧与围墙之间，它的前身是一个植物迷宫，但孩子们对这个植物迷宫兴趣不大，植物还需要较大的精力进行打理。于是，我们综合考虑幼儿园

环境整体规划、幼儿能力发展以及教育资源利用等因素，决定将植物迷宫改建为阳光花房。(图 3-79)

图 3-79　阳光花房正面

阳光花房整体是一间玻璃房间，除了地面，花房四面以及屋顶通透的玻璃可以让阳光充分照射进房间，所以取名“阳光花房”。花房的前后均设门，增加空气的对流，屋顶的电动遮阳棚可在阳光明媚时收起，让房内植物充分接受阳光的照射，在室内炎热时打开，有效隔离太阳的直射，保持适宜的室温。

我们在花房内部、周边种有各式各类的植物，并根据植物种类、大小等特点进行有设计的摆放。

如：藤蔓植物一般采用创意悬挂方式，或插上杆子使其自由爬藤；开花的盆栽植物放置在桌面或架子上。(图 3-80)

图 3-80　藤蔓植物多采用悬挂形式

阴生植物会创设一个小角落布置成室内微景观；使花房整体设计空间更有层次感、立体感，极具美育价值。(图 3-81)

图 3-81　阴生植物在地面陈设

阳光花房是幼儿园功能活动室之一，投放有放大镜、小锄头、小铲子、洒水壶等观察、养护植物的工具，每到功能室活动时间，孩子们会来到阳光花房里认识和欣赏各种植物，还可以给植物浇水、松土。(图 3-82)

图 3-82　孩子们拿着小工具给花圃松土

但随着时间的推移，老师发现，花房里的一些植物很快就死掉了，来阳光花房的孩子也越来越少，而且持续时间不长。总结原因发现主要是孩子们来花房除了简单地认识植物和照顾植物外，没有别的事情可做了，而孩子频繁、轮番地浇水、松土也导致一些脆弱的花花草草死掉了。“怎样在阳光花房较好地开展自然教育和生命教育呢?”这是园长和老师们一直反复思考的问题。

为此，老师们广泛征集孩子们的意见，并结合孩子的发展需求对花房的功能进行分区改良：

1. 植物养护区。投放小铲子、小锄头等各类种养植物的小工具，并设置植物养护学习墙，孩子们可以根据提示，对花房及周边花圃不同科别的植物进行不同方法的照顾。(图 3-83、图 3-84)

图 3-83　植物养护区

图 3-84　设置植物养护墙

2. 艺术创作区。投放小剪刀、彩色笔、不同种类的纸张、双面胶等，孩子们可以剪下花房门口的珠帘进行发型编织游戏，可以捡来落叶、落花创作拼贴画或制作花草纸，还可以拿着写生本在花房附近进行写生。(图 3-85)

图 3-85　艺术创作区

3. 插花区。投放花泥、花篮、花盆、剪刀、新鲜的鲜花、插花提示图等。孩子们可以进行插花活动。(图 3-86) 随着活动的开展，我们发现每次购买鲜花进行插花耗材量太大，聪明的孩子们想出办法，每次活动时去捡花工剪下的花枝、藤条来插花，还可以用假花代替，我们支持孩子们的想法，把鲜花改成了假花。

4. 昆虫观察区。投放普通放大镜、昆虫放大镜、昆虫夹等，孩子们在花房及周边发现感兴趣的昆虫时可以进行观察。(图 3-87)

图 3-86　小朋友插花

图 3-87　孩子们拿着放大镜观察动植物

同时，我们还利用家长资源，在植物专家的指导下，在阳光花房和教学楼后面的青涟溪(种植园)之间的空地种上了各种各样常见的中草药，变成一个小小的中草药园，里面种有艾叶、马齿苋、锦绣苋、薄荷等常见中草药。(图 3-88)

图 3-88　阳光花房后的中草药园

我们还在对应的中草药地插上介绍牌，简单介绍草药名称和功效，附有二维码，手机扫码即可获得该草药的更多的相关知识，丰富老师、家长、孩子的认知。(图 3-89)

同时，结合中华传统文化，孩子们可以在合适的节气和老师们一起采摘合适食用的中草药进行美食制作和品尝，将食育与阳光花房的自然教育较好地融合起来。(图 3-90) 同时，拓展出的中草药园与教学楼后面的清涟溪连为一体，巧妙地将花房与青涟溪(种植园)联动起来。

图 3-89　草药牌

图 3-90　清明时节，孩子采摘艾叶制作糍粑

阳光花房经过一步步地改进至今，已经变成一个兼具自然教育、生命教育、美育、食育功能为一体的幼儿喜爱的活动场所。小小的阳光花房里(含周边附带区域)容纳了几百种植物，并进行精心地摆设和规整，大大丰富了孩子对植物的认知，也让孩子沉浸在自然之美的熏陶中，无愧为“小花房里的大自然”。(图 3-91)

图 3-91　植物丰富的阳光花房后院

【案例评析】

案例中的幼儿园能基于幼儿发展，勤于思考，精心规划，将教学楼侧面与围墙之间的小小区域开辟成一方有花有草、有美有育的“自然乐园”，可见其良苦用心。它作为一个户外特色环境创设的案例，有以下几个优点：

1. 精心陈设，善构造型，提升空间立体感和美感，给予幼儿“美”的熏陶。

该幼儿园根据花房植物的不同特点，对其进行三维立体空间的构建和规划，巧妙在花房上、中、下三维空间中规划植物的位置，使花房整体空间更有空间层次感、立体感，并在每个小角落精心陈设植物，形成精致的微小景观，使幼儿在视觉上具有极大的美感享受，潜移默化地感受自然之美。

2. 立足幼儿兴趣与发展，挖掘可利用资源，明确功能分区，使花房充分发挥“育”的作用。

教师能及时发现幼儿对花房失去兴趣的情况，立足幼儿的兴趣和能力发展，挖掘花房的动植物资源，拓展并合理规划花房的功能分区，投放合适的支持材料，支持幼儿的游戏与学习。如：在植物养护区，幼儿通过播种、观察、浇水、施肥等种植活动，直观地认识各种不同的植物，了解生命循环的过程，经过教师引导了解简单的因果关系，例如知道浇水太多、松土太频繁等情况下植物的生长结果等。在昆虫观察区，幼儿通过正确抓取、观察昆虫，萌发对昆虫生长的兴趣，知道哪些是害虫，哪些是益虫，如何保护益虫等，这些是良好的自然教育、生命教育的契机。再如艺术创作区，利用周边的植物叶子、藤条、花朵等进行艺术创作，使孩子充分发挥想象力和创造力，进一步提升幼儿创造美的能力。

3. 合理利用资源，扩宽花房及周围环境的功能与教育价值，使花房与其他区域进行联动。

幼儿园的环境创设不仅要考虑区域本身，还应充分挖掘和利用周边环境的价值，使之更好地发挥“美”和“育”的作用。幼儿园能充分利用植物专家的家长资源，把花房后面的空地拓展出一片中草药园，拓宽了花房中华传统文化教育和食育的功能，还能巧妙地与其他区域联动起来，可谓是最大化地发挥阳光花房的教育价值了。

（该案例由广西实验幼儿园郭梦兰、花芬提供）

案例4：挑战迷宫

【案例导读】

喜欢探秘是幼儿的天性，户外迷宫是孩子开展探索和游戏的场地。迷宫有助于培养幼儿的方向感、观察力、逻辑能力、推理能力和判断能力。

【案例描述】

第一阶段：立体迷宫初步形成

最初的迷宫设计是由草地上的梅花桩演变而来的。一开始是孩子利用梅花桩和石头等自然物玩起了自发性迷宫游戏，慢慢地根据孩子的游戏需要，我们在梅花桩的原地上砌起了一米左右高的红砖墙迷宫，并利用木桩作为隔断，形成了一个由砖、木、塑料多种材质组成的混合迷宫。立体迷宫增加了幼儿游戏的难度，幼儿再走迷宫时不再像平面迷宫一样可以从一开始就一览全局，而要自己深入其中，边走边尝试做标记，判断分析适合的路径，以确保能以最快速度找到出口，顺利闯关。（图 3-92）

图 3-92　户外迷宫

第二阶段：迷宫变身综合游戏区

渐渐地幼儿在迷宫中的玩法不再局限于闯关，而是探寻到了更多的新游戏。大班的幼儿尝试利用迷宫作为掩体，与旁边的冒险岛连成一片玩起了野战游戏。除此以外，迷宫也是幼儿练习攀爬、投掷、跨越、平衡的场所，小中班的孩子也把娃娃家搬进了迷宫，迷宫成了一个综合性的游戏区。（图 3-93）

图 3-93　户外迷宫演变成综合性游戏区

第三阶段：迷宫中的芭蕉林

为了增加迷宫的探索性，与旁边的冒险岛更好地融为一体，结合本园所处亚热带地区的特色，幼儿园决定在迷宫的外围种上芭蕉树。芭蕉树长成后迷宫的功能性更具隐秘性，闯关游戏变得更有难度。幼儿的攀爬不再局限于 1 米高的矮墙，延伸到更高的芭蕉树。芭蕉树的叶子也可以为夏天的迷宫带来遮挡和一丝清凉，枯黄落下的芭蕉叶也成为幼儿开展角色游戏的材料。同时，芭蕉树也可以引发孩子对自然物的探索。如孩子会观察芭蕉树从开花到结果的变化，记录树上的芭蕉是如何长大、成熟的。探寻如何才能摘到高处的芭蕉，品尝芭蕉的味道。小小迷宫不仅让幼儿的思维得到了锻炼，动作得到了发展，还引发了幼儿对自然现象一系列的探究。（图 3-94、图 3-95）

图 3-94　迷宫外围种上芭蕉树

图 3-95　迷宫外的芭蕉树结果了

【案例评析】

迷宫因其神秘感备受幼儿的喜欢。案例中的幼儿园能根据儿童的兴趣和游戏发展水平在原有基础上对迷宫进行改造，让其更具神秘感，更加吸引幼儿的兴趣，在户外环境创设的过程中能追随儿童的脚步，帮助幼儿提高游戏的水平。在同一个环境中，儿童会创造出不同的游戏玩法。儿童是一个充满想象的群体，随着游戏水平的提高他们会对游戏提出更高的要求。因此，在开展户外环创的过程中除了要关注活动趣味性的增加更要考虑如何在现有的基础上增加游戏的探索性，帮助幼儿游戏水平不断提高。

（此案例由玉林市幼儿园提供素材，黄舒静撰写）

案例5：好玩的跑道

【案例导读】

塑胶跑道是一个空旷、平坦的运动场地，它是幼儿园户外环境的重要组成部分，正是因为它空旷、平坦，才有了开展各种运动的可能性，走、跑、跳跃、攀爬、平衡等运动都可以在这里进行。如何创设条件去挖掘出幼儿在塑胶跑道运动最大的可能性？这就值得我们去好好思考了。

【案例描述】

为了增加幼儿户外运动的趣味性以及多样性，园内组织开展了"户外混龄自主游戏"活动，塑胶跑道就是要着重开发和利用的空间，我们经过了以下几个阶段的尝试和调整。

第一阶段：综合经验和安全两方面考虑，主要由教师规划、设计"运动场"和"游戏区"

第一次划分，我们出于对场地以及幼儿游戏安全性的考虑，把场地划分为运动区和游戏区。运动区设置在塑胶跑道上，以跨栏、轮胎、拱门、圈、平衡木等运动器械来开展活动。每隔一条跑道设置游戏障碍，主要锻炼孩子走、跑、跳、平衡的运动技能（图3-96）；在跑道外，我们以滚筒、气球锤设置了"打地鼠"游戏区，让孩子在游戏中提升身体的敏锐感、躲避能力。（图3-97）

通过一段时间的游戏，孩子们对塑胶跑道的游戏逐渐失去了兴趣，甚至出现塑胶跑道只有零星小朋友游戏的情况。针对这样的情况，我们对孩子进行了采访，有的孩子说：这里太简单了，我一下子就玩完了；有的孩子说：天天都是这样，我都不想来这里玩了；有的孩子说：我也想跟着老师一起摆东西，有时候老师摆的不好玩。从孩子的话语中，可以看出塑胶跑道原先创设的游戏环境存在游戏简单、缺乏层次和变化，玩法没有创新，教师主导游戏等问题。

图 3-96　运动区

图 3-97　游戏区

资源链接(扫描二维码)：好玩跑道：形式单一的游戏场地

第二阶段：以游戏理论为引领，支持幼儿个性化游戏

《学前儿童游戏》指出：“游戏是幼儿自主自愿的活动；游戏是幼儿在假想情景中的虚构性活动；游戏是幼儿在愉悦体验中的活动。”以专业理论为引领，我们做了如下几方面的调整：

1. 制作游戏展板，把教师想说的话、想说的规则都融入展板中，弱化教师在游戏中的主导作用。(图 3-98)

图 3-98　向幼儿说明游戏展板

2. 增添新的低结构材料：长椅、凳子、滑板等，鼓励和支持幼儿自主性游戏，创造个性化玩法。(图 3-99 至图 3-104)

图 3-99 幼儿运用水管制作障碍跨栏

图 3-100 运用垫子制作拱门

图 3-101 运用长凳、木板制作滑梯

图 3-102 运用长凳制作独木桥

图 3-103 制作凳子独木桥

图 3-104 运用滑板互动游戏

通过这次调整，放大了孩子的自主权，缩小了老师的主导权。孩子们自由发挥自己的想象力，自由运用可用的游戏器械进行组合，成为游戏场上设置障碍和挑战难度的主人。这次调整吸引了更多的孩子加入游戏中，在塑胶跑道上也能看到更多孩子快乐游戏、合作游戏的身影。但是经过一段时间游戏后，我们发现几个问题：

1. 参与自主组合器械游戏更多的是中大班孩子，小班孩子较少，而且中大班孩子设置的难度也较大，并不适合小班孩子。

2. 孩子在组合器械时都主要注重单个游戏障碍的设置，哪里有空地就往哪里放，整个场面看上去杂乱无章。

3. 出现了孩子坐着滑板到处乱跑的现象，影响了其他活动进行。

如何在支持幼儿个性化游戏的情况下更好地利用空间，让大中小班幼儿都能得到相应的运动锻炼和发展是我们下一阶段的调整目标。

资源链接(扫描二维码)：好玩跑道：幼儿自主进行器械组合游戏

第三阶段：场地空间设计优化，保证大中小班孩子全面发展

结合第二阶段出现的问题，我们决定把滑板撤掉，然后与孩子一起讨论重新规划塑胶跑道的使用。与孩子讨论，我们主要抛出两个问题：(1)应该为小班的弟弟妹妹设置什么样的游戏障碍才能让他们加入进来？(2)塑胶跑道怎么规划才能让大家一起玩起来又不拥挤呢？就着这两个问题，孩子们纷纷说出了自己的看法，有的孩子说：我们可以设置一些简单的障碍物给小班的弟弟妹妹玩；有的孩子说：一个障碍可以固定一个地方，然后连起来，就不会乱了。

结合与孩子的讨论，借鉴《指南》以及《学前儿童游戏》，我们对塑胶跑道做了如下的修改：(1)设置运动大循环，让运动器械组成一个循环圈，孩子可以从任意一个地方加入游戏；(2)固定小班游戏路线，并设置相应的游戏内容。(图 3-105)

图 3-105　运动大循环

经过这次调整后，整个环境看上去比较整洁有序，功能分区明显，孩子游戏不拥挤，减少了安全问题；小班幼儿加入游戏的次数增多，甚至个别能力强的孩子还会加入中大班的挑战中。另外，孩子们依旧可以根据自己的能力和游戏需要再调整障碍的设置，增添难度或者器材等，这不仅让游戏丰富多样化，也保持了孩子游戏的自主权。

【案例评析】

从上面的案例，我们可以看出：

1. 游戏环境的创设要素应多元并富于刺激。儿童喜欢在多变的环境中游戏、玩耍，因此在游戏场地的设计中，活动材料和游戏空间的多样性是调动幼儿兴趣和参与度的有效手段。塑胶跑道空旷、平坦，游戏环境单一，这样的环境没有办法吸引幼儿进行持久性游戏。投入多样化运动器材，并鼓励支持幼儿自由组合设置游戏障碍，这不仅增添了游戏的多样性、挑战性和乐趣，也让幼儿真正成为游戏的主人。

2. 游戏环境应适合幼儿参与并能使幼儿积极开展游戏。幼儿具有个体差异性，在游戏过程中要根据个体发展水平的不同设置和投放相应的材料。同样的环境下要支持大中小三个年龄阶段幼儿的共同游戏，就要根据三个年龄段的发展特点来规划场地和投放相应的材料，平衡三个年龄段的需要和发展。

3. 成人视角向儿童视角的转变。儿童才是游戏的主体，教师必须要牢记这一观念，这样才能在游戏开展的过程中真正地做好“管住嘴”“放开手”，让幼儿有更多个性化和创造性的游戏。

（该案例由广西实验幼儿园张沥丹老师提供）

【温故知新】

1. 试着描述幼儿园建构区创设时材料投放的注意要点。

2. 尝试分析户外操场可变化的游戏内容对幼儿发展的影响。

【拓展检测】

1. 拓展探讨：在户外环境创设中，如何基于幼儿的游戏创设有特点的环境？举例说明。

参考答案：幼儿园的教育要“以游戏为基本活动，寓教育于各项活动之中”。幼儿的各种能力是在游戏中获得的，创设游戏环境首先是物质环境，包括游戏空间、时间及玩具材料。其次是精神环境，包括游戏中的平等关系、互动关系、和谐关系，既是师幼之间的，也是同伴之间的。

例如要让幼儿自主活动、自由表现，主要有以下几点做法：一是把游戏主动权还给孩子。二是变被动游戏为主动游戏，也就是“要我玩”为“我要玩”等。

2. 理解并掌握幼儿园户外环境创设的理论基础，知道幼儿园户外环境创设的规范性要点和特色性亮点。

3. 尝试基于幼儿游戏的特点创设一个具有特色的户外环境。

【资源链接】

雨水收集系统

雨水收集系统就是将雨水根据需求进行收集后，并对雨水进行处理达到符合设计使用标准的系统。雨水收集可分五大环节，即通过雨水收集管道收集雨水—弃流截污—PP 雨水收集池储存雨水—过滤消毒—净化回用。收集的雨水经过过滤净化，可用于补充地下水，还可用于景观环境、绿化、洗车场用水、道路冲洗、冷却水补充、冲厕等非生活用水用途，可以节约水资源，大大缓解我国的缺水问题。在我国有些地区，收集的雨水经过雨水系统的过滤净化以后可以达到饮用水标准。雨水收集系统在当代智能城市的建设中充当着重要的角色。

（资料来源：搜狗百科 https://baike.sogou.com/v56802317.htm? fromTitle=雨水收集系统）

第四单元

幼儿园室内环境创设及案例评析

【情境导入】

根据幼儿园空间布局划分，幼儿园场地有室内和室外两类，幼儿在园一日活动依赖于室内和室外空间，并通过两者完成教学活动、游戏活动、生活活动等一系列教育教学过程。从幼儿园一日活动计划表中不难发现，大多数幼儿园里的孩子在室内活动的时间基本是室外活动时间的两倍，环境对幼儿学习与发展的促进作用在室内尤其凸显。该现状与我国目前幼儿园园所规划建设情况相关，需要我们在不断提倡让幼儿“走出去”，走进自然户外学习环境的基础上，更进一步思考并利用好室内环境及空间的教育价值。针对室内空间的功能划分，基本可以分为生活环境、教学环境、游戏环境，这三类环境的打造是否有基本的标准和要求，是否都需要教师精心设计布置或是师幼共同参与，如何才能更好地发挥美与育的双重功能，这是本章需要与大家共同学习和探讨的内容。

在一次幼儿园教研会上，教师们针对本学期班级室内环境创设评比进行讨论及总结。

教师 A：我是第一次担任班级班组长，我们班的室内基本分为了三个空间，一个是寝室空间、一个是盥洗空间、一个是区域游戏空间。班里三位教师共同讨论决定，根据小班幼儿的年龄特点和活动情况，将班级生活教育作为这个学期环境创设的重点，所以我们设立了较大的盥洗空间，在班级区域中也创设了“我会动手”的生活区角游戏，让幼儿练习扣扣子、穿衣服等。

教师 B：我们班也是小班，班级里的空间主要创设了娃娃家、美工区、建构区等区角游戏空间，这些环境的创设是班级教师在开学前进行布置打造的。由于小班幼儿规则意识不强，区域材料损耗较多，这个让我们很头疼，我们也知道游戏材料少、单一的问题，但实在有些力不从心，不知道怎么做更好。

教师 C：室内环境还是很重要的，我们班是先确定森林风的基本色调和材料进行布置，比较注重环境视觉的整体性。因为中班的孩子已经有了一定的美术美工能力，所以班级里的布置基本都融入了幼儿的参与制作。让幼儿利用绿色材料、竹木等物品进行绘画制作，这样整体很和谐。不过有时候这样一致的色系会让幼儿产生审美疲劳，如果幼儿不喜欢、不感兴趣了该怎么办？

教师D：在这次环境创设的评比中，我们将五大领域的学习内容和能力发展要求融合到区域里面，考虑到了年龄发展特点的问题。但区域活动如何根据教学内容的开展进行变化和更新呢？教师精力有限，如果让我们随时根据教学内容进行环境变化，真的有很大难度。

教师E：我们班是大班，我们这个学期尝试解决环境与教学结合的问题，一是在环境中呈现出幼儿主题学习的内容，比如教学活动“我们的身体信号”中，班级里利用盥洗室墙面设计了“我来判断”，让幼儿根据尿液颜色信号，自己判断并主动喝水。比如主题活动“热闹的商场”里，我们在班级创设了小超市的区角，将里面的称重、买卖计算等放进了角色游戏。不过怎么让环境促进幼儿的学习，这方面我们还是遇到很多问题，教师如何引导才不会影响幼儿自主学习呢?

教研活动还在继续，教师们不断产生新的问题。从以上发言中我们看到，随着对幼儿园环境作用的不断重视和挖掘，教师对室内环境已经有了初步认识，甚至出现了创设室内环境的基本思路和框架。在室内环境的打造中，游戏空间的创设占据教师大量的时间和精力，基本以教师的创设布置为主，游戏环境与教学环境、生活环境的融合并不充分，幼儿参与环境创设的机会少。同时，游戏环境出现了模式化的现象，基本以美工区、益智区、建构区、角色区等区域的打造为主，打造的环境容易出现千篇一律的现象。在创设过程中教师缺乏对环境“美育”价值的关注，仅有部分教师在自身的审美意识影响下有所重视，绝大多数的教师在“美”的认识上，仅仅停留在色彩运用和卡通化的打造上，缺乏审美教育真正的内涵。

【单元聚焦】

1. 幼儿园室内空间环境创设对幼儿学习与发展有不可替代的作用与价值。
2. 幼儿园室内空间要结合各项活动的开展进行创设，满足幼儿游戏、生活等多方面的需求。
3. 幼儿园室内空间的创设要兼具审美价值和教育价值，充分发挥环境育人的功能。

第七课

活动室空间"常设与机动"兼顾

【学习目标】

1. 了解活动室空间创设的基本要求，从案例分析中梳理活动室空间创设的基本途径与方法。

2. 尝试为一个活动室空间进行环境创设。

3. 乐于通过查阅图片或实地观察了解分析幼儿活动室创设的情况。

【学习准备】

1. 阅读预习

从实习或见习的幼儿园中收集一个班的活动室环境创设案例，分析该活动室环境创设的内容及其优缺点。

阅读书籍：《3—6 岁儿童学习与发展指南》；《儿童视野的幼儿园环境创设》(作者：王海英等，人民教育出版社，2019 年版)。

2. 思考求解

幼儿活动室空间都是由围合式的玩具柜组成吗？不同区角应如何划分空间较为合理？

3. 自我预检

通过《3—6 岁儿童学习与发展指南》学习，请谈谈对室内环境的认识。你认为在儿童的学习发展中室内环境应发挥怎样的价值？

____

____

____

参考答案：《指南》中指出，"要珍视游戏和生活的独特价值，创设丰富的教育环境，合理安排一日生活，最大限度地支持和满足幼儿通过直接感知、实际操作和亲身体验获取经验的需要"。儿童的学习离不开环境的支持，"丰富的教育环境"让幼儿在游戏和生活中逐步获得体验、操作、感知的机会。《指南》中还特别强调游戏的价值，班级中区域游戏空间的创设是室内环境创设的重要内容之一，不仅让幼儿获得发展的机会和可能，还通过各种丰富的环境让幼儿的学习自然发生。

【学习领航】

幼儿园班级活动室作为幼儿一日活动的重要场所，在空间创设上有丰富的内容与深刻的价值。目前，幼儿活动室基本存在两种形式，一是独立活动室，二是教寝合一。独立活动室按照幼儿一日活动内容基本分为生活空间(如盥洗室、卫生间、书包间、饮水区等)、教学活动空间、游戏活动空间(即班级区域)，其中以游戏空间的创设最为突显。根据幼儿园现有室内区域活动的要求，活动室游戏空间基本分为美工区、阅读区、建构区、角色区、益智区等。区角之间不是围合式的布置，而应将活动室空间进行充分利用，让环境为幼儿游戏提供支持，强调区域间的互通、联通。各个区域的创设应依据该区域的特点，明确核心发展指标，由此延伸出符合该年龄阶段幼儿特点的游戏主题、游戏内容、游戏规则、游戏材料及操作，实现幼儿在游戏中自愿自主、有乐有发展。

【学习支持】

案例1：青秀书院

【案例导读】

虽然班级阅读区是幼儿发展听、说、读、写能力的重要环境载体，但阅读区也容易成为幼儿最不愿意“玩”的区域，成为教师创设环境最困难的区域。单一的阅读书架和环境布置，图书数量少且不符合幼儿阅读需求，无法激发幼儿阅读的兴趣，反而会使幼儿将其变成玩具，不利于幼儿良好阅读习惯的养成。本案例以大班阅读区为背景，通过阅读区环境的调整与改变帮助幼儿更好发展语言能力，为进入小学做好准备。

【案例描述】

第一阶段：以经验为导向，重“美观”“舒适”，轻“幼儿发展”

大班阅读区第一次创设时，我们结合区域环境整体规划的经验，选择了采光较好的靠窗位置，色彩以鲜艳的绿色调为主，旨在营造温馨、愉悦的环境氛围，提高幼儿心理舒适性(图4-1)。

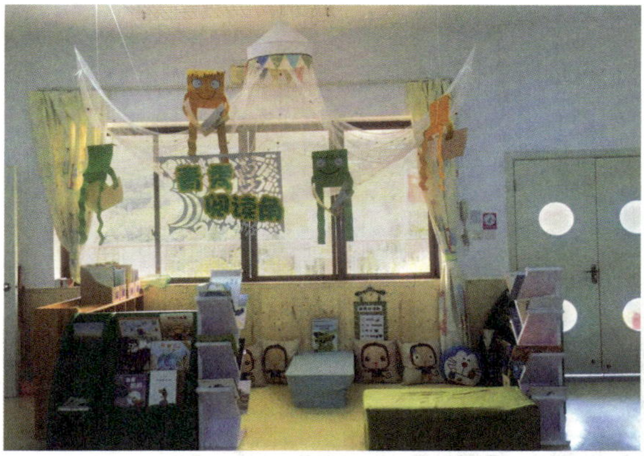

图 4-1 第一次调整的阅读区

幼儿实际开展区域活动一段时间后，我们发现阅读区的设置存在一些不足：材料较单一；区域空间较小；功能分区不明显，未能结合《3—6 岁儿童学习与发展指南》(下文简称“指南”)中对大班幼儿语言能力发展的需求进行分区设置；未能充分利用墙面环境促进幼儿的学习。为此我们对阅读区进行了调整。

第二阶段：以《指南》为引领，明确功能分区，同时提升美感体验

针对实际操作中存在的问题，结合《指南》中语言领域和艺术领域对大班幼儿的发展目标和教育建议，以及幼儿园的课程主题“我是中国人”的推进，我们对阅读区进行了以下调整：

1. 扩大区域空间。调整区域位置至同样光线充足但空间更大的教室另一侧，使之能容纳更多的幼儿。

2. 明确功能分区。按照幼儿听、说、读、写四大语言能力，将该区域细分为视听区、表演区、书写区，其中书写区是新增的小功能区，旨在提高幼儿的前书写能力。细分后每个小区域的游戏和学习目标更明确。(图 4-2)

图 4-2 更换位置后的阅读区

3. 统一风格基调，优化美感。结合“我是中国人”的课程主题，我们将教室的环境基调定位为蓝调的中国风，以“书院”为主题风格设计和布置区域的吊顶、吊饰、墙面、桌面等环境，同时将该区更名为“青秀书院”。几个小功能区分别为“视听阁”“表演阁”“书写阁”，进一步统一风格基调，萌发幼儿对中国文化的兴趣，提升幼儿的美感体验。(图 4-3)

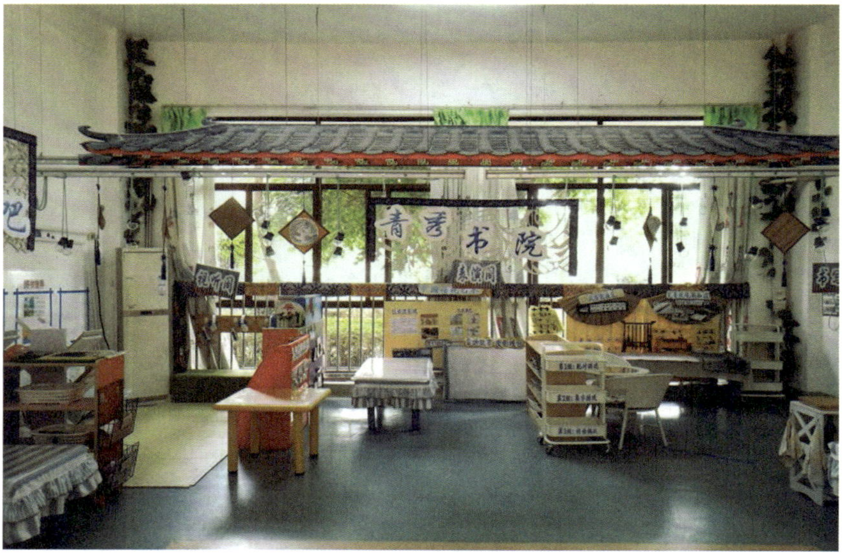

图 4-3　青秀书院全景

调整区域后，幼儿在青秀书院却依然“玩不起来”，经过观察和总结发现，我们忽略了幼儿与材料的互动，我们投放的材料依然太单一，并且不符合大班幼儿的发展特点，无法支持幼儿现阶段的学习与发展，为此，我们再次对该区进行了调整。

第三阶段：着眼幼儿发展，丰富区域材料，提高幼儿与材料的互动性

我们继续对照《指南》，结合我班幼儿实际听、说、读、写的能力，以及“我是中国人”的课程主题，在每个小区域新增了学习材料。

视听阁增加配有音频的中国经典文学名著《西游记》，该套书分为若干个短小的故事，故事内容完整精炼，音频与画面吻合，再辅以耳麦、音频播放器，幼儿在边听边看中，感受作品的语言美、画面美、情感美、意境美。

表演阁增加中国民间传统艺术“皮影戏”戏台和相关游戏材料。幼儿模仿皮影戏演员进行皮影表演，不仅提高了语言表达能力、艺术创造能力，更提高了对皮影艺术的感知。

图 4-4 视听阁新增视听材料

图 4-5 表演阁新增皮影台

书写阁增加了文房四宝，笔、墨、纸、砚。桌面摆放速干型写字布，幼儿可用毛笔蘸清水进行写画，有毛笔字的效果，水干后，画布随即干净。幼儿可先在布上练习再使用宣纸，这大大减少了宣纸材料的消耗。同时，幼儿对毛笔字的书写探索使他们前书写的兴趣和能力大大提高。

书写阁按难度层级新增了一些文字游戏材料：如：文字配对游戏主要是引导幼儿将常见事物图片与相应文字进行匹配；集字游戏主要投放若干版常见字，幼儿找到自己认识的字用剪刀剪下来，贴在自己的集字本里，收集得越多，孩子的获得感越强。

图 4-6 书写阁的笔墨纸砚

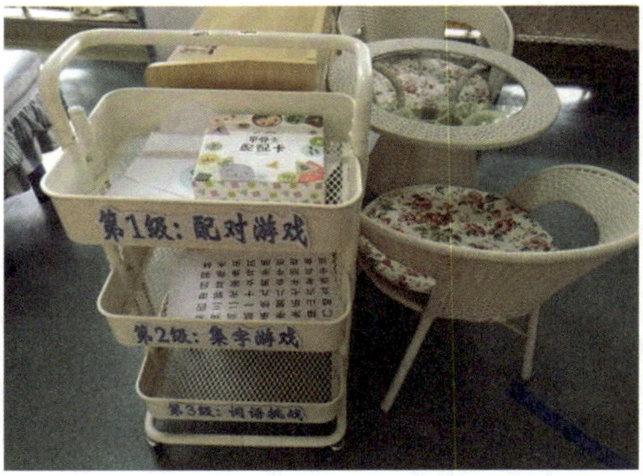

图 4-7 书写阁的文字游戏材料

经过几次调整后，青秀书院空间拓宽了，功能分区更明确了，材料更丰富了，同时环境的美感体验有了更进一步的提升，幼儿都非常喜欢进入青秀书院游戏和学习。

【案例评析】

该案例较详实地反映了教师在环境创设观念和能力上有三个方面的突破：

1. 从“重美感轻幼儿发展”向“教育、美感两手抓”转变。幼儿园环境创设具有独特的审美功能和教育功能。环境创设不仅是装饰，更是一种教育手段和工具，在考虑“美”的同时，更要突出其实用性与教育性，这样才能更好地实现环境的“静”（美感体验）与“动”（使用功能）的有效结合，从而在本质上实现环境对幼儿身心健康、能力发展的促进作用。教师最初更注重环境的美感、舒适度等，经过反思调整，教师能做到“环境、美感”两手抓，这是比较大的突破。

2. 注重整体规划，将课程主题与环境有机结合。教师根据当下的课程主题“我是中国人”，以蓝色调为主，以飞檐、中国传统纹样作为环境布置的基本元素，整体规划设计教室的区域环境，提升了环境的整体美感。同时在材料的投放上，能结合课程主题投放与中国优秀传统文化相关的学习材料，做到在环境创设中关注教学与活动的需求，助推幼儿的主题课程学习。

3. 环境创设观念从“经验”走向“科学”。教师摒弃惯用的“经验”思维，立足幼儿的发展，通过观察幼儿的实际游戏，找出每个环境调整阶段出现的问题，并对照《指南》，结合本班幼儿的实际发展水平以及即将进入大班的能力发展需要进行调整，提高幼儿与材料的互动性，促使幼儿运用各种感官去体验、去操作，在这过程中获得了认知和经验的提升。

（该案例由广西实验幼儿园廖晓斐、郭梦兰老师提供）

案例 2：“万里长城”的建造之旅

【案例导读】

建构区不仅蕴含幼儿对物质材料的感知过程，更是幼儿在空间、平衡、数量等方面的学习过程。幼儿在游戏中并非单纯的平铺与垒高，需要在建构核心经验上获取不同层次的发展，发展想象力和创造力。

【案例描述】

1. 搭建“长城”的缘起

在主题活动——《我们的城市》不断推进的过程中，孩子们关注到了城市的丰富多样，并纷纷将自己去各大城市旅游的照片拿来和同伴分享。在分享中大家对不同城市里形态各异的建筑产生了浓厚的兴趣，常常在饭前或是晨间来园的时候和同伴们热烈地讨论自己见过的有趣建筑；也会和爸爸妈妈一起收集在旅游中看到的风格迥异、造型独特的建筑物图片。

图 4-8　区角的主题墙中，幼儿在中国地图上展示自己旅游的照片，以及不同城市里特色建筑物的图片

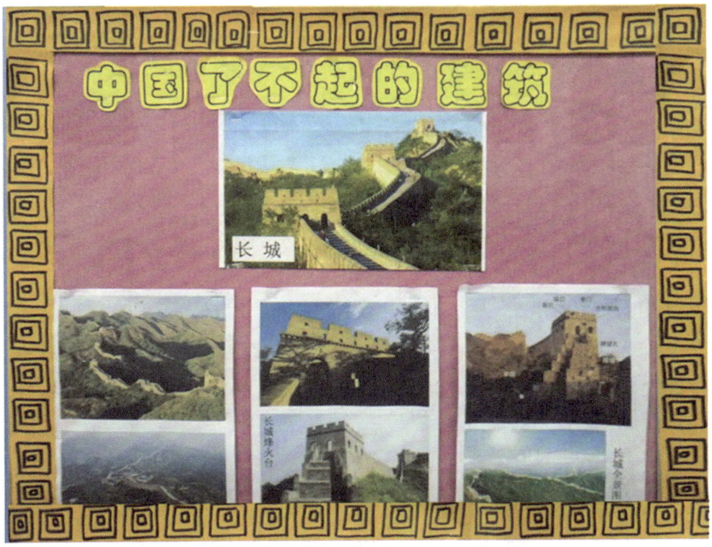

图 4-9　主题墙中长城的各种角度和不同形态的照片展示

一天早上，匀匀和俊俊刚来到教室就去观察墙上的照片，匀匀指着墙上的长城说："你看，这个是长城，我和爸爸妈妈一起去过那里旅游。"俊俊说："我也见过，我在电视上看到过，但是我没有去过长城，我爸爸说长城是为了防御敌人的。"匀匀说："不是吧，长城是为了传递信息吧，你看长城上有很多很多的烽火台。"两个人的热烈讨论吸引了陆续来园的小朋友们，大家纷纷七嘴八舌地发表自己对于长城的看法。这时玮峻说："长城真长啊，要是我们教室里也有一座这样的长城就好了。""那我们可以用积木来搭建呀。"匀匀跟着说。大家纷纷同意匀匀的想法，于是搭建长城的目标就这样定了下来。主题墙的图片展示引起了孩子们的关注，激发了他们对于长城的讨论，勾起了搭建的欲望，可以说长城各种形态的图片就是推动幼儿搭建的驱动力。为幼儿创设一个蕴含各种特色建筑物的环境和氛围，目的是让幼儿欣赏不同建筑独特的造型美，同时用搭建的方式将建筑的特点表现出来。《指南》中指出：幼儿的学习是以直接经验为基础，在游戏和日常生活中进行的。而建构游戏可以综合提高和促进幼儿认知、语言、空间感、社会性、思维能力、想象力、创造力等能力的发展。在对各种中国特色建筑的认识中，再现建构是一种可操作性强、自主性高的学习方式。能促使幼儿主动地观察、了解以及分析建筑的特点，并且幼儿能在游戏中自主选择材料，自由选择合作同伴，运用想象力和空间思维力来进行设计和搭建，以表达自己对建筑相关形象的理解和认识。

2. 搭建"长城"的全过程

第一次搭建："万里长城"雏形初现

孩子们在对长城图片仔细观察之后就模仿图上的样子开始了他们的第一次搭建。只见匀匀先拿来了许多长方形的积木块连成了长长的两排，还在上面放了正方形的积木块，他边搭建边说："你看，这就是我搭建的长城城墙啦。"正在搬积木放在两排积木中间的玮峻说："哦，有城墙还不行的，你看，长城上还有烽火台。""对的，对的，我们来搭 3 个烽火台吧。"浩宸边说边去和玮峻一起搭建起了烽火台。在四位小朋友的合作下，不一会儿他们的长城就搭好了。俊俊邀请我来看他们搭好的长城："老师你看，这是我们搭的长城。"我赶紧将他们的作品用相机拍照记录了下来，并对他们的作品表示了肯定，说："哇，真不错，你们观察得很仔细，把长城的城墙和烽火台都搭建出来了。"与此同时我又提出了新的问题："可是你们观察一下，长城是不是长长的呢？"听完我的问题之后，玮峻说："是的，老师我去看过，长城是很长很长的，我们下次搭建一个很长很长的长城出来。"自主搭建游戏让孩子们在共同合作中将自己对事物的观察用搭建的形式表现了出来。

图 4-10　幼儿第一次搭建长城的雏形

第二次搭建：“万里长城”粗具规模

到了第二天的进区时间，四位小朋友又来到了建构区里搭长城。有了第一次的经验之后，他们看着昨天搭建的作品照片，带着“如何搭建一个长长的长城？”的问题先进行了小小的讨论。匀匀说：“如果要长城很长的话就我们要先搭建什么呢？是城墙吗？”玮峻指着墙上长城的图片说：“是的，你看，而且城墙还要高一些哦。”俊俊看了看图片说：“我发现其实烽火台是和城墙连在一起的，并不是分开的哦，之前我们搭建时都分开搭了。”大家七嘴八舌地讨论一番之后就开始了第二次搭建。他们先是把长城的入口搭建好，然后再用长方形的积木将长城的城墙不断地延长。

图 4-11　两个幼儿边看着主题墙上的长城图片，边商量如何在有限的场地上搭建长城

图 4-12　幼儿正在合作进行第二次长城的搭建

图 4-13　第二次搭建出的长城

搭建的过程中遇到了场地不够大的问题，但也难不倒他们，经过商量他们决定给长城的城墙转一个弯。最后还在城墙中搭建了一个高高的烽火台，烽火台和城墙连在了一起。不一会儿，一个很长很长的长城就搭建好了。他们非常兴奋地邀请我过来看，说："老师你看，这回我们的长城够长了吧！就像我们的万里长城一样长。"我将他们的作品拍照记录后，仔细地欣赏了这座蜿蜒的长城后说："是哦，确实是和我们的长城一样长。你们经过仔细的观察后搭建出来的长城，比昨天搭建的更符合长城的特点。"我在对他们的进步表示赞扬后又继续向他们提出新的要求："可是呢，我觉得还是少了点什么？怎样才能更好地体现出长城的高大曲折？这个像是在平地的长城哦。你们今晚回家和爸爸妈妈看看有关长城的视频，找找更多的图片看看，可以欣赏一下别人是如何搭建的哦。"四位小朋友异口同声地说："好呀，今晚我们回去找资料，明天继续改进它。"在第二次搭建的过程中，孩子们提升的不仅仅是对于长城搭建的技巧，更多的是对事物的观察、分析以及对物体主要特点的归纳总结，并将其特征表现出来。而在此过程中会有遇到困难、意见有分歧的时候，孩子们都能在商量中将问题逐个解决，发展了与同伴合作、协商的人际交往及团队协作能力，这就是自主游戏的魅力所在。

第三次搭建："万里长城"环山屹立

四位小朋友在回家翻阅了资料后，都迫不及待地想试一试。第二天一大早他们就来到了幼儿园，有个小朋友把他收集的资料图片给我看，兴奋地说："老师你看，我发现这个长城是建在山上的，所以会有高和矮的地方。"我接过他的图片看了看说："你观察得很仔细，发现了长城依山而建的特点。快去告诉你的伙伴，和他们商量看如何搭建出高高低低的长城吧。"到了进区的时间，四位小朋友又结伴开始了长城的搭建。他们先搭了高高的一个烽火台，然后他们沿着烽火台的两侧搭建城墙。他们有意识地让城墙从高到低进行搭建，呈现出了城墙高矮的变化。还没等他们的邀请，我就走过来欣赏他们搭好的作品，我说："哇，这个长城有了高高低低的感觉了哦，像是一条建造在山上的万里长城。唉？长城的中间可以让人行走吗？”玮峻说：“我知道，我知道，可以走的，我和爸爸妈妈去爬过长城。”匀匀看了看自己搭建的长城后说：“好像我们的只有城墙，还走不了人呢。”“那怎么办呢？”我接着问。俊俊马上说：“我们可以多加一个给人们走的阶梯上去。”说完小伙伴们就动手搭建起来。

图 4-14 第三次搭建的环山长城

第四次搭建：“万里长城”有模有样

图 4-15 幼儿在不断地调整后搭建出的作品，高度还原了长城的模样

我把前三次他们搭建的长城作品都分别拍照贴到了墙上，让他们去观察和分析每次搭建的进步及缺憾在哪里，找出问题和需要改进的地方，制定接下来搭建的策略。在第三次搭建的基础上，四位小伙伴开始给长城加上人们行走的阶梯。加着加着发现无法放积木上去，而且也不平整。经过协商，他们打算推倒重建。说干就干，他们将原来搭好的长城推倒后，将长方形的积木平铺在地下，铺出高低不同的环山阶梯；然后在阶梯上搭建出城墙的形状，还加上了两个高矮不同的烽火台，整个作品呈现出长城环山屹立的雄壮姿态。在搭建好后，四位小伙伴还拿着图片和他们的作品进行比较。这时伟俊突然像发现新大陆一样激动地说："你们看，长城的城墙上会有一些洞洞哦。我们搭的没有，这些洞洞是做什么用的呢？"他们把目光转向了我，我看了看说："是哦，你们观察得很仔细，发现了城墙上的小洞洞，老师也不知道它们是用来做什么的，你们可以回去和爸爸妈妈一起找找资料，然后把找到的答案告诉老师哦。"大家异口同声地说好，俊俊还说："老师，我们还要再搭建长城，这次我们长城的城墙上也要有小洞洞。"我笑着说："好的，我期待你们的作品。"

由于长城是孩子们见过的建筑，因此对其有着丰富的前期经验和浓厚的搭建兴趣。孩子们在一次次的搭建中，不断地对材料和建筑物之间的关系进行探索。随着搭建不断地深入，孩子们从第一次老师引导发现问题，到观察思考发现问题，最后到在三次搭建作品的对比和分析中发现问题；并且在发现问题后运用了收集资料、查阅绘本等不同的方式去了解改进的方法。最终在一次次改进搭建策略的过程中搭建出了完善的作品，呈现出充满童真和惊喜的"哇时刻"。让我们感受到孩子们在自主游戏中合作、观察、探索、比较、发现等多种综合能力的提升；感受到他们在把自己的计划慢慢实现的过程中，把自己的作品不断完善的专注和执着。这些"哇时刻"都是孩子们在游戏中呈现出来的独特魅力。

【案例评析】

纵观整个案例，我们看到其蕴含的策略和值得借鉴的价值意义有：

1. 重视环境与幼儿学习之间的关系。环境和幼儿的学习两者之间是不可分割的相互关系。教师所做的有准备的、有目的的环境创设，都是促进幼儿主动学习的内在驱动力。环境即教育，一个好的环境，能促使幼儿主动学习，激发幼儿探索和操作的欲望，正如本案例中，教师并未要求幼儿去搭建长城，只是创设了一个与长城有关的主题墙来激发幼儿对于长城的关注和兴趣，从而唤起搭建的欲望。同时，富含教育意义的环境也是教师推进幼儿深度学习的一种行之有效的方式。教师对于幼儿的学习既是支持者也是推动者，因此教师应该为幼儿创设能推动其学习和发展的环境。

2. 环境也是幼儿学习过程的展现和回顾。幼儿每次操作的过程，教师都应该帮助他们用照片或视频等不同的形式记录和展示出来，给幼儿随时阅览的机会。将幼儿的学习过程展示于环境中，能触发幼儿的关注，以及对自己学习过程的回顾，使幼儿在回顾中发现问题，总结经验。这也是学习中很重要的一环。

3. 建筑的美育功能与建构游戏相结合。每个名建筑的设计都有其独特的美，教师可以借助环境的力量触发幼儿去欣赏和感受不同建筑的外形和构造所呈现出的空间美。对于物体空间及造型美的感知恰恰是幼儿在日常活动中比较容易忽略的，这时，教师就可以巧妙地利用环境创设有目的地集中呈现出不同的特色建筑，将建筑的美育自然而然地渗透在环境中，有意识地引领幼儿去对比、观察、发现、感受建筑的美，同时激发幼儿将自己对美的认识和感受在建构游戏中表现出来。

（该案例由广西大学第一幼儿园陆晓慧老师提供）

案例3：会说话的主题墙

【案例导读】

幼儿园教室中创设主题墙这个环境空间，展示幼儿近期学习的内容与过程。部分幼儿园主题墙为装饰性墙面，教师制作一个背景，将幼儿的手工及绘画作品进行粘贴展示，不仅未能较好呈现幼儿的学习成果，也忽略了主题墙的独特价值。通过一面墙的改变能让幼儿爱上“主题墙”，更能实现环境对幼儿主题学习的支持。

【案例描述】

幼儿园主题墙环境是幼儿探索与学习的重要形式，通过主题墙环境的设置和操作，可以较为有效地促进幼儿体验、感受、经验、情感、认知、社会性能力的发展，具有比较深远的教育目的和意义。幼儿的学习是在与环境之中的人、事、物不断相互作用过程中产生和发展的。主题墙是幼儿园课程实践的一个载体，透过主题墙环境，我们可以直观地看到幼儿学习的过程、方式、教师的工作状态和策略以及幼儿园课程实施的形态，从一定意义上讲，主题墙创设是幼儿学习和感受环境的构建、教师教育环境的构建与幼儿园课程体系的构建三个方面的综合体现。怎样让幼儿真正成为环境的主人？我们针对本班级主题墙的环境创设进行了以下四个阶段的调整。

第一阶段：主题墙环境融审美与教育于一体

我们结合已有的主题墙环境创设的经验，融合班级环境创设的色调、色系的搭配，运用简单的板块进行点缀和修饰。材料采用了较为容易收集的卡纸、彩色纸和不织布。墙面呈现以图文并茂的形式展示了幼儿学习过程中比较精彩的部分，旨在用美观、舒适

的布置凸显孩子的学习活动。(图 4-16)

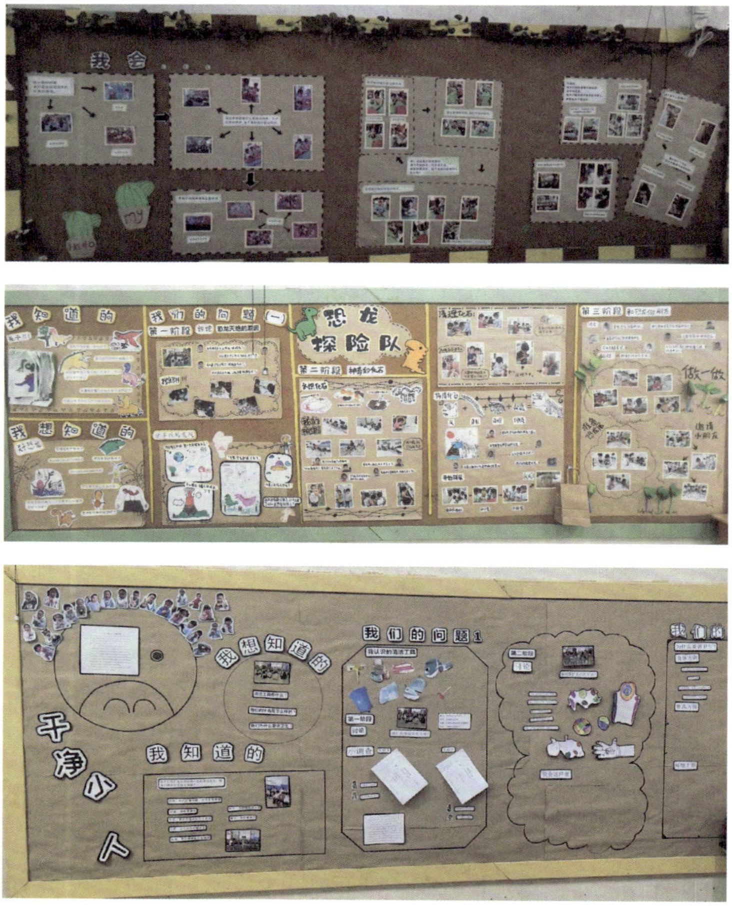

图 4-16 班级主题墙初创设环境

但在主题墙具体布置的过程中，我们发现主题墙面设置存在一些不足：(1)主题墙面不够美观，色彩搭配不合理；(2)主题墙内容呈现缺少主线，孩子难理解；(3)机械化统一的表征形式，缺少丰富性。(4)墙面互动性、可操作性不强，无法给予幼儿更多生活经验。主题墙设置未能够很好地结合《幼儿园教育指导纲要(试行)》中环境创设对幼儿发展的教育功能，为了能够充分利用墙面环境促进幼儿的学习与发展，我们对班级主题墙面进行了反思和调整。

第二阶段：以幼儿为主体，凸显学习印记

针对实际运用中出现的问题，结合《幼儿园教育指导纲要(试行)》中环境教育的建议，以及班级主题课程的推进，我们对主题墙进行了以下调整：(1)整体布局构图、装饰搭配重新设计，色彩之间的搭配注重深浅、明暗的调和。调整幼儿学习活动的表征方式、排版与空间的留白等，使之更符合幼儿年龄特点，且具有艺术性，能潜移默化地提升幼儿审美能力。(2)明确幼儿角色定位，让幼儿成为环境的主人，将主体归还给幼儿，旨在提高幼儿参与、探究及动手操作能力。(3)主题墙面合理规划、结合美育教育，凸显孩子学习印记。

结合主题课程推进，我们重新将幼儿学习分为“我知道的”“我想知道的”“我们的发现”等几个维度进行呈现与展示。(图 4-17 至图 4-19)

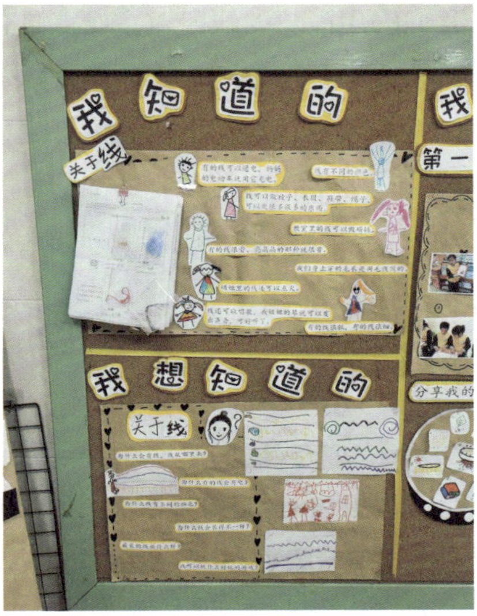

图 4-17　主题墙“我知道的”版块

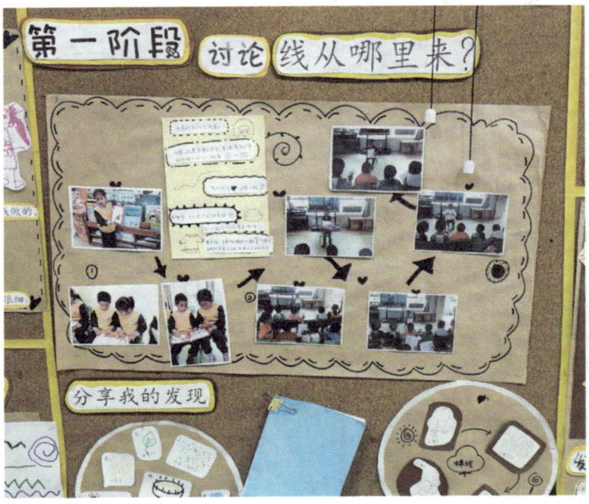

图 4-18　主题墙“第一阶段”版块

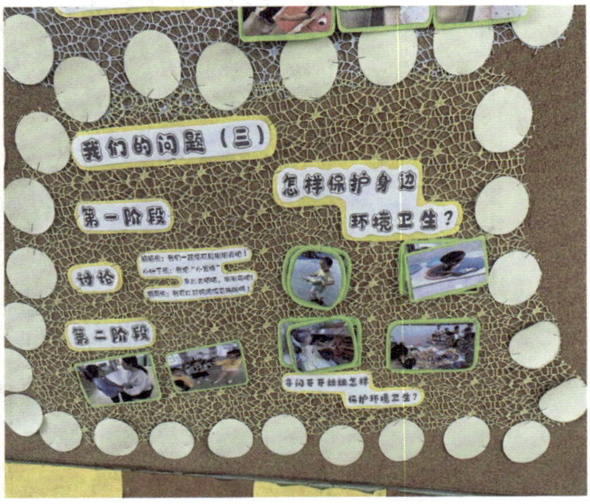

图 4-19　主题墙“问题讨论”版块

主题墙面经过初步调整后，幼儿在实际的操作过程中对主题墙的兴致不高，每每只是看几眼，没有交流与讨论。通过观察发现，幼儿对主题墙内容的呈现并不理解，看不明白。表征方式不能够凸显孩子的学习痕迹。

于是我们再次对主题墙进行梳理调整，通过观察和总结发现，我们忽略了幼儿的参与性，孩子是主题墙的参与者和设计者，我们应把主动权归还给还给幼儿，让幼儿成为环境的主人。在与幼儿讨论中了解到，我们投放的材料太过单一，并且不满足幼儿的发展需要，无法有效支持幼儿现阶段的学习。幼儿决定增加一些自己喜欢的活动和表征形式，为此，我们再次对该区进行调整。

结合幼儿发展需求后，我们采用简单的线条对主题墙进行区域区分，色调选择与底色相邻的颜色，融入立体作品装饰，合理搭配、摆放及规划学习内容等，让幼儿的学习活动能够真正地体现，让幼儿也加入主题墙的讨论和设计之中，旨在让幼儿成为参与者与实施者。但在调整后，我们再次观察到还是只有少部分幼儿参与其中。经过一段时间的操作，幼儿纷纷提出活动呈现太少，只能看到少部分幼儿的图片和作品。于是幼儿讨论增加更多幼儿动态的、多元的作品表征，主题墙里的布置也逐渐变得不受欢迎。

第三阶段：主题墙活动呈现丰富性

于是我们再次对主题墙环境进行重修和调整，融合亲子、投票、设计类的活动让主题墙面学习轨迹得到完善，幼儿学习方式也慢慢地变得丰富起来。简单的线条、立体的手工作品丰富了主题墙的饱满度，不再是机械的平面，更便于幼儿观看和翻阅，幼儿的关注度也在日益改善。从起先的无人问津到每日必看一次或几次，幼儿对自己参与的创设十分满意。（图 4-20 至图 4-22）

图 4-20　主题墙增设投票活动形式

图 4-21　主题墙增设趣味性

图 4-22　主题墙增设游戏性

但此时我们发现幼儿对有操作性的墙面兴趣较为浓厚，对只能观赏的墙面兴趣较低，因此我们又根据幼儿的需求对主题墙面环境进行调整。

第四阶段：主题墙面的可欣赏、可触摸、可操作

结合主题课程的推进，家长也加入了幼儿学习的过程中，与幼儿共同收集、制作主题相关的作品。家长的参与也给课程的推进带来积极的效应。幼儿之间的话题也渐渐多了起来。操作材料的投放也逐渐丰富和饱满。我们再次结合《幼儿园教育指导纲要(试行)》《3—6 岁儿童学习与发展指南》要领，让美育、教育功能较为完整地融入主题墙呈现之中。幼儿与墙面的互动概率也越来越高，通过幼儿之间墙面操作、交流讨论、回顾学习等，主题墙逐渐凸显出教育的功能。(图 4-23、图 4-24)

经过几次对班级主题墙环境的调整，教育功能更明确了，布局构图更明朗舒适了，幼儿学习的表征形式从平面走向立体，从机械的、统一的表征走向丰富的呈现，从幼儿自己游戏走向亲子游戏。幼儿的美感体验也得到了进一步的提升，幼儿喜欢和同伴、教师一起讨论主题墙的故事了。

【案例评析】

该案例较翔实地反映了教师在主题墙创设上三个方面的突破：

1. 从成人视觉的审美影响，潜移默化地转变为幼儿美育的渗透。幼儿园环境创设具有独特的审美功能和教育功能。主题墙环境创设是一个不断改变和改进的过程，要根据幼儿学习的实际推进以及活动开展的需要合理安排空间架构。主题墙设置要在显性和隐性、平面和立体、整体和局部、架构和美感的关系中最大化地发挥其使用价值，从中提升多维度的教育影响。

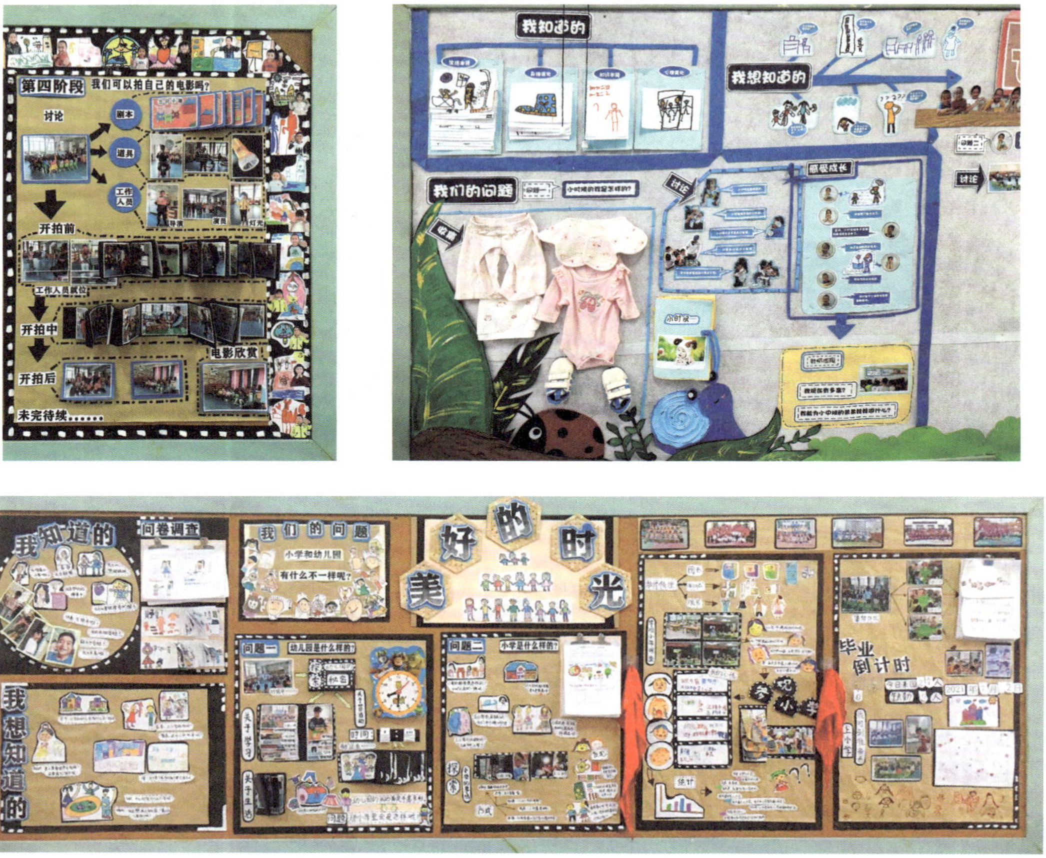

图 4-23　主题墙活动呈现丰富性、立体感

图 4-24　主题墙呈现亲子互动性

案例中，教师从“美育”角度出发，以色彩、色系的搭配，逐渐融入画面构图、留

白等艺术技巧，最后是从平面到立体化的呈现，以多方面艺术形式唤醒幼儿心中的缪斯，从而提升幼儿的艺术素养。

2. 注重幼儿学习印记、以幼儿为本的发展理念。关注幼儿视角，充分尊重幼儿学习需要和方式，将课程主题与环境有机结合。教师发现幼儿学习的意趣，在幼儿主观能动趋向与教育价值之间寻找契合点，将体现幼儿年龄特点的核心经验自然地隐含在主题墙的演绎与创设中。幼儿在自由、自主、愉悦的氛围下学习，更容易获得身心健康发展。

3. 尊重幼儿发展需求，让幼儿以主体身份参与到其中。有准备，有吸引力的环境，更利于激发幼儿主动学习的兴趣和热情。能胜任的学习环境更容易获得接纳感、归属感，更能激发幼儿的自信心和成就感。幼儿在与同伴的合作中获得欣赏与肯定，积极的自我评价和适度的挑战能足以让幼儿享受更多的学习乐趣，获得更多创造学习的高峰体验。

（该案例由南宁市南站路幼儿园余思倩老师提供）

资源链接(扫描二维码)：会说话的主题墙

案例4：会“跑”的水

【案例导读】

在“为祖国点赞”大主题背景下，孩子们在沙水区搭建“港珠澳大桥”时，发现被水浸湿的沙土姿态万千。由此，孩子们对水的秘密产生兴趣，加之孩子天生喜欢玩水，水能给南宁的夏天带来一丝丝清凉感，由此生成了“水世界”的小主题。幼儿进入大班后，具有强烈的求知欲和探索欲，引导幼儿根据常见物质(水)的特性，生成会“跑”的水主题活动，合作思考材料的吸水性、水“跑”的速度与材料的关系，尝试简单的推理和分析，用喜欢的方式进行记录，与环境互动，感受美和创造美。同时，提升孩子的前书写能力，为顺利进入小学做准备。

【案例描述】

第一阶段：初探“水世界”——材料的吸水性

1. 讨论生成“会‘跑’的水”主题活动，创设环境。

这是“水世界”主题下的第一次探究活动，在孩子们前期的兴趣讨论下，我们将“会‘跑’的水”活动加入分主题“好玩的水”里进行探究。

李李：水能弄湿沙子，我们搭的东西就能定型！

可乐：水能溶解盐、糖、颜料，还能制作奶茶，作用可大啦！

小喵：我画画的时候，水里的颜料混合起来会变成其他的颜色！

我们从布局、色彩、气候、展现形式等方面把握整体空间的美感。益智坊与藏书坊之间有互通性，幼儿可以在藏书坊进行图书翻阅，在益智坊展开主题探索，有充足的空间，适合小组探究活动，通行流畅。大班孩子需要比较沉稳的暗示，加之南宁位于北回归线南侧，受亚热带季风气候影响，炎热天气较长，蓝色给人以清凉舒适的感觉。所以，我们班级主色调为蓝色，区域牌设计为蓝白相间，字体装饰由孩子设计，边框带有一丝中国风元素，与主题呼应。墙面选择棕色凉席和牛皮纸，棕色有耐劳、沉稳之情，与展示柜颜色相呼应，家具色彩搭配与教室环境相互协调，均为蓝调。（图 4-25）

图 4-25　区域环境创设

2. 主题探究：水怎么“跑”？

主题探究将儿童“学”与“玩”的多种行为结合起来，形成自由的儿童活动空间。在丰富幼儿相应审美经验的基础上，充分挖掘环保废旧材料（用过的奶茶杯）和自然材料（水）的教育价值。我们给孩子提供三个透明奶茶杯、三原色颜料、纸巾和绘本《水真神奇啊！》，前期孩子们可在藏书阁进行自主翻阅和分享，对水的秘密有初步印象。在活动前，教师先给孩子抛出问题：水是怎么“跑”的？带着兴趣，孩子在益智坊分组进行会“跑”的水探究活动。

图 4-26　操作材料尝试

小雨：水可以进行水墨画哦！水在纸巾上“跑”了起来！
柏屹：水要“跑”到颜料里了吗？
教师：有什么办法用这些材料让水“跑”到空杯子里？
柏屹：直接把杯子里的水倒进另外一个杯子里，很快就“跑”进去了呀！
小雨：挤纸巾！让水先“跑”到纸巾上，再用手拧纸巾的水到空杯子里！
猜想 1：水在纸巾上如何“跑”？
前进：对折压一压，“桥”面是平的，没有阻碍，水才好“跑”到另一个杯子里。
翰翰：我把纸巾卷一卷，中间戳个洞就像水管一样，水通过管道“跑”过去！
仔仔：我把纸巾揉一揉，没有镂空，吸的水应该会更多。

图 4-27　幼儿自主探索“搭桥”的多种方法

猜想 2：水怎么通过纸巾“跑”到空杯子里？
“桥”面出来了，孩子们开始自主尝试搭桥的方法，探索水怎么通过纸巾“跑”到空杯子里？

宝妹：我把纸巾变成一座拱桥，连接两个杯子，加满水就能“跑”过去啦！

前进：桥都是有底座的，我们想平着架在杯子上面，加满水，纸巾吸水之后水就能“跑”过去了！

孩子们将红黄蓝颜料分别放入三个杯子中进行观察，孩子们结合生活经验“遇水搭桥”，发散思维，尝试各种“搭桥”的办法。

图 4-28　幼儿分工进行“桥梁”搭建工程

猜想 3：“跑”过去的水发生什么变化？

在整个探究过程中，教师始终是幼儿活动的支持者和引导者，以有效的开放式提问激发孩子的好奇心和探索欲望。我们从孩子的兴趣中敏锐地捕捉到了有价值的“水”信息，围绕幼儿熟悉并喜爱的水生成主题“水世界”，引发层层递进的探究。

笑笑：纸巾具有吸水性而且很软，会融在水里。

柏屹：纸巾会被染色，是因为有颜色的水“跑”到纸巾上了！

恩恩：杯子里的水会“跑”到中间的杯子里，因为纸巾就像水管一样能够把水传送过去！

翰翰：两种颜色的水会“跑”到中间合在一起变成新的颜色！

图 4-29　幼儿以绘画形式进行语言记录

在主题活动中，孩子能进行初步的判断和推理。所以，我们在创设环境前的身份由“台前”转向“幕后”。观察间，小雨提出了疑问：“我觉得水不会‘跑’到中间的杯子里，因为纸巾是弯的，中间有个弯道，水是从高往低流，怎么可能‘跑’得上去呢？”孩子们各抒己见，以自画像的方式投票猜想。

图 4-30　幼儿小组观察、讨论

图 4-31　以自画像形式进行猜想投票

第二天通过验证得出：纸巾有吸水性，水可以从纸巾低处往上“跑”，受重力影响，顺着纸巾的方向又往下“跑”到空杯里。

孩子们在主题互动中交流，学习的过程以照片、绘画、投票的形式直观、形象且有层次地展示在墙面上。卡通元素渗透其中，可为墙面色彩搭配提供重要的素材，发挥幼

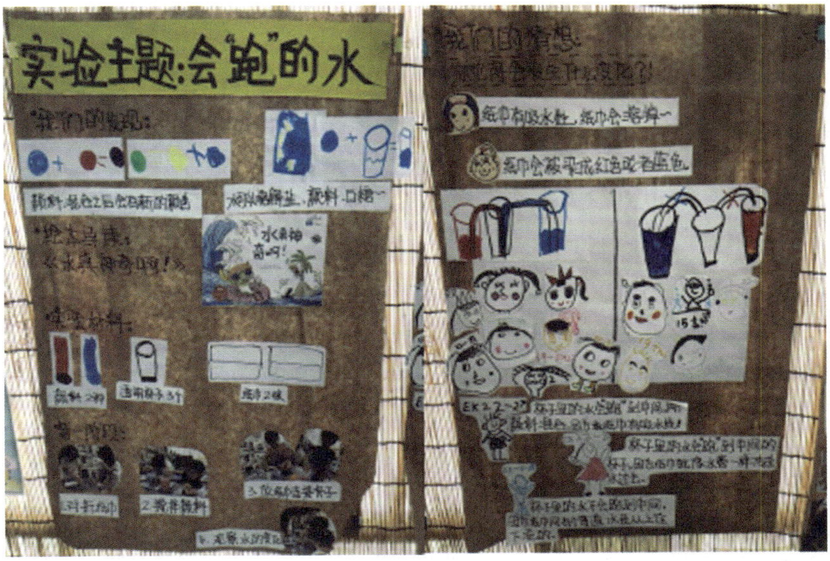

图 4-32　“水世界”学习痕迹记录

儿与环境相互交往的教育价值，激发艺术感受力。通过记录观察建立事物之间的联系和分享发现，营造出充满交流和互动气息的环境，满足幼儿的好奇心与成就感，在一种兴奋的状态下，幼儿的课程兴趣更强，便于开发幼儿的思维。

但是，在主题活动探索中，还存在一些不足：虽然有有效的引导语，但孩子的讨论具有碎片化特点，缺少教师对孩子讨论内容的及时反馈、归纳和小结；颜料色彩过于鲜艳，幼儿观察的重点偏离到颜色的混合上；五大领域融合度不够，区角互通性不强；多种感官参与游戏活动的频率和范围较小；主题活动的扩展性有待延伸；为此，伴随着孩子的兴趣，继续展开第二次会“跑”的水活动。

第二阶段：细探“水世界”——水“跑”的速度与材料的关系

针对实际操作中存在的问题，结合《指南》中五大领域对大班幼儿的发展目标和教育建议，以及幼儿园的课程主题“水世界”的推进，我们对“会‘跑’的水”活动进行了以下调整：(1)教师对幼儿的探讨过程及时地反馈、小结。(2)选择一、两种颜色鲜艳的颜料放入水中进行观察即可。(3)教师可鼓励幼儿进行多区角互动，遇到幼儿出现材料数量不足或缺失的情况，引导幼儿考虑在其他区角寻找可替代物，实现区域间的相辅相成。(4)调动多感官参与，多看、多想、多听、多讲、多摸、多嗅，手、口、脑并用，五大领域渗透其中。(5)《指南》中提倡：5—6岁幼儿能够通过观察、比较与分析，发现并描述不同种类物体的特征或某个事物前后的变化。由主题探索第一阶段的同一材料延伸到第二阶段探索不同材料，水“跑”的速度变化。

从美育视角看幼儿学习过程的陈列，除了排版上的整洁、有序外，其更难得的价值在于它与幼儿的感受、理解、行动、生活紧密地连接在一起，帮助师幼回顾主题过程，产生新的主题活动。孩子们关于寻找新材料的讨论应运而生：水能不能在其他材料上“跑”起来呢？

前进、仔仔：毛衣可以吸水，上面还有很多毛，吸水应该很快！

偶然：用湿巾，湿巾本身就有水在上面，和纸巾一样能吸水。

蛋哥：我觉得湿巾不吸水，它本身就有水，没地方吸了！

偶然：我们可以用不同颜色的颜料放进去，就能看到湿巾上的水。

开心：我觉得毛巾吸水性很强，平时我们用毛巾擦椅子，很快就能弄湿了。

菡菡：纸巾有个巾字，毛巾、湿巾也有个巾字，纸巾能吸水，毛巾、湿巾肯定也能吸水啦！

教师：这些材料可以在教室的哪些地方找到？

孩子们自主分成小组开始在班级各区角寻找具有吸水性的材料，由小组代表记录。因为毛巾偏大，起初考虑用铁桶，但是操作中发现造成材料的浪费，于是孩子们决定将一个铁桶换为透明奶茶杯，这样既能支撑住毛巾又能观察毛巾上的变化。

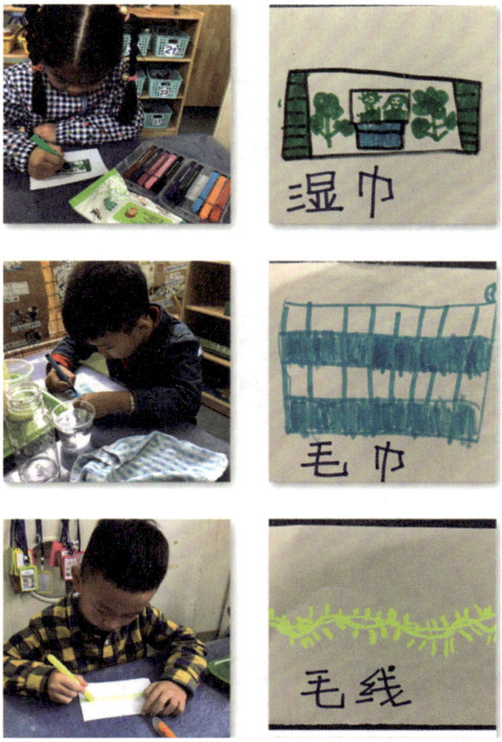

图 4-33 小组代表对新材料(湿巾、毛巾、毛线)进行记录

图 4-34 实验操作物品摆放

图 4-35 通透的空间方便幼儿直观操作、讨论

孩子们兴趣盎然，但是不同材料水“跑”的速度存在实时变化，较难让小组成员知晓，不便于活动延续。

第三阶段：有效记录，提升幼儿主题探索能力和有效性

哪一种材料上的水“跑”得快？孩子们尝试进行分时记录，加入了多感官参与。该阶段从色调的有效对比着手，选择一种蓝色和黄色进行新一轮的观察。幼儿的记录表用黑色笔记录之后，用蓝色表示水“跑”的情况，或者根据材料本身颜色用相应颜色表示，

能够更直观地呈现出材料遇水之后的变化，带给人一种视觉上的冲击，让空间更具趣味性。

表 4-1　区域活动记录表

现象讨论 / 时间及变化	1	2	3	4
12：00 毛巾、湿巾有变化（孩子试着用小手去感受水"跑"的速度，进行对比）	蛋哥、开心：水"跑"到毛巾上啦！毛巾都湿透了！毛线只有进水的地方湿了	蛋哥：湿巾这里水只"跑"了一半，是不是"跑"不上去了		
15：00（杯子里水量开始出现不同程度的变化）				
17：00 三种材料中，能让水"跑"得最多的是毛巾，接着是湿巾，毛线一直没有任何变化，只是进水的部分变色 讨论：为什么这三种材料让水"跑"的速度不一样？	蛋哥：因为毛线太长了，水在"散步"，还需要久一点的时间水才能"跑"到空杯里	仔仔：毛线上有很多螺旋，水"跑"上去花的时间长	菡菡：因为毛巾比其他两种材料大，吸的水多，水"跑"到空杯的速度就快	宝妹：水"跑"到湿巾上，湿巾上的水太满了就会"跑"到空杯里

图 4-36　摸、看、说感受水"跑"的速度

图 4-37　纸巾、湿巾、毛线的变化

结论：让水“跑”得最快的是毛巾，接着是湿巾，毛线一直没有任何变化，只是进水的部分变色。

在主题活动中，幼儿用行动改变了环境的样貌，更努力表达自己的想法，成为环境的主人。师幼共同把幼儿在“水世界”主题下的活动内容进行梳理，并有层次地呈现在墙面，幼儿能够有条理地了解整个实验过程，理清自己参与了哪些环节的布置。当幼儿集体交流时，其被唤起的审美感动，不仅来自布局整洁、表现大胆的图画内容，更是渗透了整个主题活动的美好回忆，以及探索能力的提升。在记录中，孩子使用喜欢的方式、符号做记号，促进了前书写能力发展。

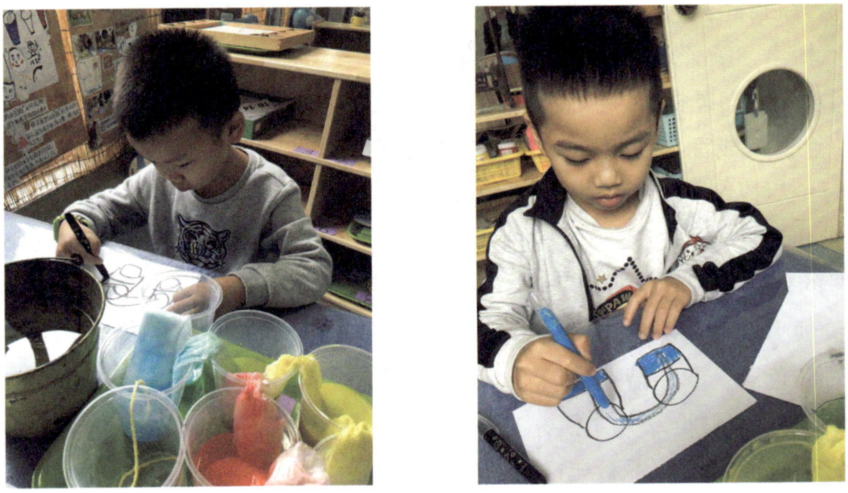

图 4-38　幼儿活动实时记录员

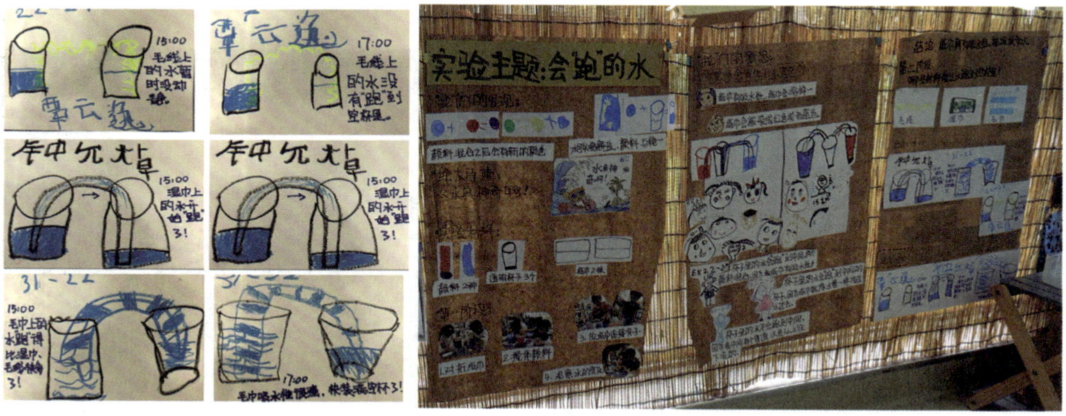

图 4-39 墙面展示幼儿完整记录过程

孩子们对“三种材料为什么会让水‘跑’的速度不同”的探索意犹未尽，教师也把问题抛给了孩子，鼓励幼儿带着问题与父母一起寻找相关资料、探索新发现，有利于孩子们主题探索兴趣的持续性。家园合作是幼儿园发展的重要因素之一，家长的参与可以深化主题活动对幼儿的作用，也可促进家长对于幼儿园主题课程的理解。

【案例评析】

该案例较翔实地反映了教师在主题课程创设和美育渗透上的提升：

1. 课程有法，美育有方。

教师带着课程意识去挖掘活动教育价值，推动“海豚式”班本课程开展，借鉴海豚“潜得越深、跳得越高”理论，其间渗透美育教学。在游戏化课程活动中，幼儿参与定课、讨论、探索、验证班本课程，幼儿有“感”参与，有“备”参与，有“惑”参与，形成以“兴趣引发——问题探寻——观察猜想——实践检验”为线索的课程循环模式。

(1)由点引线成面，主题造型构建和谐。在户外沙水区的搭建让幼儿对水产生兴趣，引发讨论后以“水”为线，积极建构课程“水世界”，围绕蓝调关注环境创设的动线，区角分明有相互联动，在班级益智坊进行会“跑”的水实验，丰富主题意境。整个“会‘跑’的水”的创建过程让幼儿获得了有关科学、艺术、社会、语言等多个领域的经验，单在美育价值上就有着深刻意义。一是“会‘跑’的水”点亮了班级环境，它的美不仅在于空间布置和色彩上的和谐性，而且充满童趣的记录也能更好地契合幼儿的审美需要；二是“会‘跑’的水”贴近幼儿生活，它不仅能够满足幼儿爱玩水的天性，还可以传递科学和生活常识，使得幼儿不断与这个舒适的空间发生关系，不断地在与之互动的过程中体验着它的趣味；三是“会‘跑’的水”实验活动是幼儿能量的印证，既包括艺术创作的能量，又包括追求美感与解决问题的能量，在参与其中的幼儿心中，产生了自信与满足感。

(2)遵循个性化的基本原则。结合幼儿年龄特点进行色彩合理搭配，获得理想的设计效果。在设计过程中，色彩搭配相对强烈，增强了色彩敏感度，主次分明。但色彩选择不宜超过三种，过多的色彩刺激容易使关注点偏离。同时，结合当地气候环境，根据节日或主题内容开展合理的色彩搭配，提升教师教育智慧和审美敏感度。

(3)关注环境育人，创设课程与美育相融合的“随时随地”幼儿空间。幼儿在游戏时要有课可依，有材可想，促进其更多的同伴行为，提高幼儿的社会交往能力。基于案例的探究与思考，将“趣味”“游戏”“活动”与美育结合，更符合儿童的年龄特点，而且更容易促进幼儿主动构建知识框架。首先，把承载美育活动的空间“碎片化”到对儿童影响重大的日常生活空间，如幼儿园、社区、家庭等，提炼出独立的主题和活动。其次，以活动、游戏的方式将每个小空间串联，形成不同环境间的互动，丰富审美经验。最后，通过卡通素材记录，将幼儿见到的事物通过观察、想象，转化为自己的思维意识，让幼儿感受生活的趣味，热爱生活，以潜移默化、日积月累的方式达到美育意义。

2. 审视“家园合作”效力，推动家园审美由“被动”向“主动”。

环境美育需要对美富有情怀的教师引导家长学会发现生活的美好，了解课程探索中的“幼儿美”。从美育视角看本次活动的布置和呈现，除了空间上的整齐、有趣外，更难得的价值在于它与幼儿的兴趣、理解、行动、生活紧密地连接在一起。水是幼儿时常玩耍的事物，是幼儿亲近自然的美好体验，在其一系列探究与操作的过程中，幼儿时刻专注于水。教师可在家园合作里将活动延伸至“珍惜水资源”的内容(水循环、节水行动等)，鼓励亲子活动怀着人性的温度和对自然的关爱成为一场“大美”行动。

3. 有效促进“成人美”与“幼儿美”融合发展。

教师不仅要考虑美的元素，还应时刻反思这一元素的呈现是否具有亲和力，是否能让幼儿产生亲近美的想法。教师对色彩表情的积累逐渐丰富，内心拥有美的情怀的同时促进幼儿在育“美”中进行美育。通过在“为祖国点赞”和“水世界”主题中寻找平衡点，教师将课程、环境与幼儿产生链接，并将幼儿的活动记录有序地呈现，在空间布置上适当留白，使幼儿在环境创设中更有存在感和参与感。在空间排版上可多把握“字间距小，行间距大”的原则，版面会更清晰、舒适。请幼儿参与环境创设，并不是越多越好，而应该追求“恰到好处”的状态，功能意义和审美意义两者皆需。在本次课程中，幼儿不仅用行动决定了环境的样貌，更认真记录自己的想法，让环境拥有了幼儿最需要、最认可的功能和意义。当幼儿驻足欣赏时，其被唤起的审美感动，不仅来自色彩艳丽、表现大胆、记录翔实的图画内容，更是来自参与整个“会‘跑’的水”过程中的美好回忆。孩子主动去探索“水世界”获得水“跑”的经验过程，他们感受着自然之美；孩子自主记录、讨论、展示，形成丰富多彩的思维世界，他们萌发出创造之美。在追求物质美化的视觉世界时，还应透过表象追求更丰富的美的内涵。这种美，是一种溢于言表，丰富又专属于幼儿的美。

（该案例由广西实验幼儿园莫英捷老师提供）

资源链接（扫描二维码）：会跑的水

案例 5：科学区的创设

【案例导读】

幼儿阶段是数概念的形成期，大班时期学习到的数学知识、科学探究是小学与幼儿园的重要衔接内容之一。为了提升幼儿的科学素养、科学探究以及数学认知的能力，为上小学做好准备，应重视科学区的创设及实施。

【案例描述】

第一阶段：营造舒适、清爽、科技感强的环境氛围

在空间布局上，我们根据区域规划的原则，把科学区定在靠窗的位置，让整个区域显得通透明亮，给幼儿舒适之感，实验操作桌由常见的长桌更换为圆桌，不仅有利于幼儿与幼儿间的相互交流，同时也有利于为幼儿提供最大化的行走、操作空间以及方便幼儿取放材料。

从图 4-40、图 4-41 中可以看到，在色系上，我们选择以原木色、白色等接近自然的

图 4-40　科学区空间全景

图 4-41　科学区内部全景

浅色系为主。这样的颜色搭配从整体上营造出一种舒适、简约以及清爽的感觉，不会让人感到压抑。在外环境上，主要运用灯管、灯泡等材料作为科学区“门面”的装饰，搭配常规以图片、区牌的“门面”装饰，这样的加入让科学区鲜活了起来，科技感氛围强烈。

在材料上，除了常规的放大镜、试管、量杯、卷尺等实验材料，还结合科学区的研究性质以及班级开展的主题增添了白色实验服、眼镜，以及天平、纸张、笔等材料，在结合主题投放初级材料的同时也增添了幼儿的角色代入感。（图 4-42 至图 4-44）

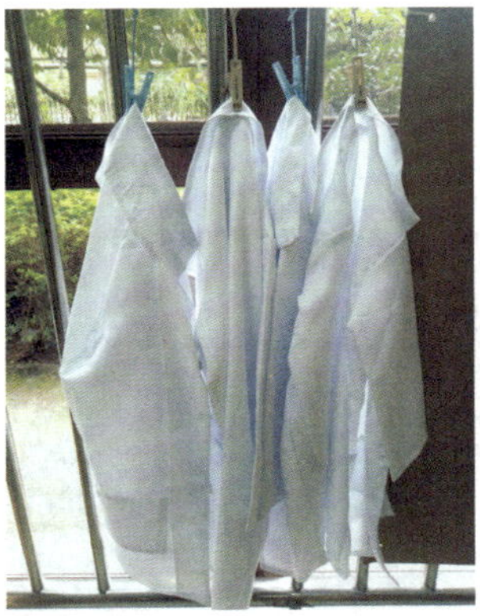

图 4-42　白色实验服

图 4-43　初次投放的天平材料

图 4-44　幼儿进行“称重”实验

通过一段时间的游戏后，我们发现：1. 结合“小超市”主题学习内容开展的探究学习不深入，材料单一，已经不能满足幼儿的探索需求；2. 学习记录墙面内容主要以活动照片为主，学习过程体现较少，未能起到环境促进幼儿学习的作用；3. 幼儿探索兴趣逐渐下降。

第二阶段：结合幼儿兴趣，紧扣课程主题，开展“称重”实验活动

在“小超市”主题学习活动中，孩子们开展了对超市的探究学习活动，发现超市里的零散商品、蔬菜、水果以及肉类处都有秤，秤用来计算斤两和价钱，由此引发了孩子们对秤的好奇。为了保证幼儿科学探究学习的持续性以及“小超市”学习主题的推进，结合第一阶段出现的问题，我们进行了以下调整：1. 根据实验主题以及幼儿的探索需要由浅入深地投放材料，完成由前期天平的投放到电子秤投放的升级(图 4-45)。2. 学习记录墙面内容更翔实。墙面主要内容为幼儿遇到的问题和解决的方法过程，以图片、记录表、文字呈现，纸张颜色主要为白色，白色与原木色相配合，让学习过程的记录显得更清晰。(图 4-46)

图 4-45 电子秤材料

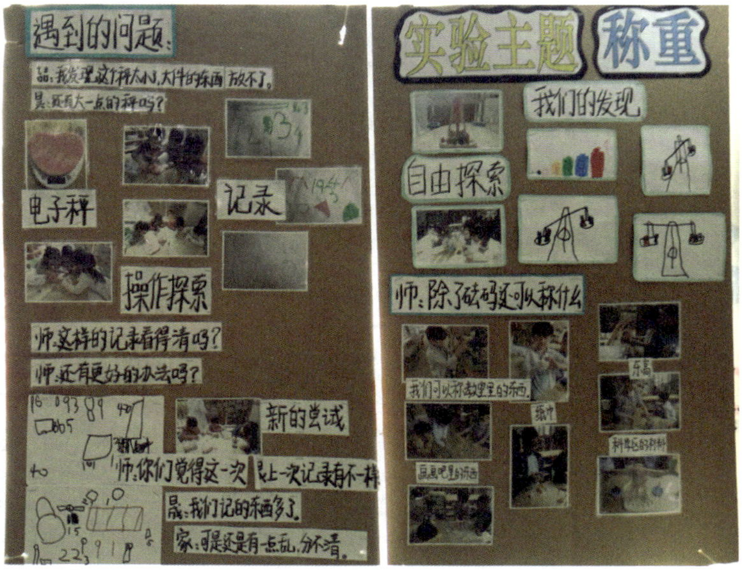

图 4-46 墙面学习过程图片

这一次的调整让科学区整体上的探究氛围更浓烈，学习记录墙面整齐划一，色调上的搭配构造出了浓厚、简约、严谨的实验氛围。另外这样的记录也让每一次新进到科学区的幼儿能通过墙面学习过程来了解实验活动的主题和内容、实验进行的步骤和层次，从而起到了环境促进幼儿学习的作用。

称重实验活动进行一段时间后，我们又发现：孩子记录方式比较杂乱、无序。前期投放天平时，幼儿的记录方式主要以具象绘画为主，记录的结果清晰明了；但是在后期电子秤投放后，则需要孩子自己有规划地运用绘画来进行记录，可是从案例里可以看到

孩子们并没有，并且还显得杂乱无章。（图 4-47）

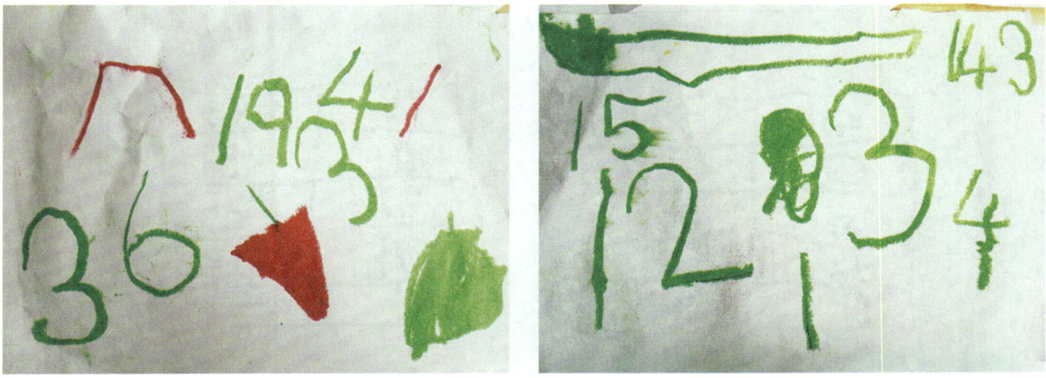

图 4-47　幼儿运用电子秤的实验记

第三阶段：结合《指南》，着重培养幼儿严谨的科学素养，通过教学活动提升幼儿记录方式的科学性

《指南》指出，教师要鼓励幼儿用绘画、照相、做标本等办法记录观察和探究的过程与结果，注意要让记录有意义，通过记录帮助幼儿丰富观察经验，建立事物之间的联系和分享发现。

对此，我们以第二阶段出现的问题发起了主题讨论。首先，记录者先不发言，让孩子们先进行观察和猜测，说一说记录表中的内容。但是，很多孩子都看不出来。其次，引导幼儿思考“如何能让记录看得更清晰明了呢?”孩子们七嘴八舌说了起来，“可以把数字写到称的东西的旁边，要挨近一点写”，“可以画一个框或者一个圆把称的东西和数量都圈起来”，最后孩子们决定使用画圆圈的形式来记录，简称“圆圈式记录”。（图 4-48、图 4-49）

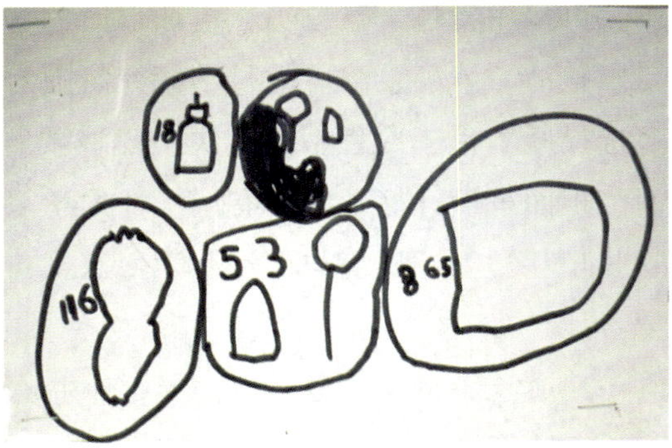

图 4-48、图 4-49　圆圈式记录

另外，我们也组织了关于学习统计的教学活动，让孩子认识和积累更多不同的记录方式，比如：表格式记录。（图 4-50）

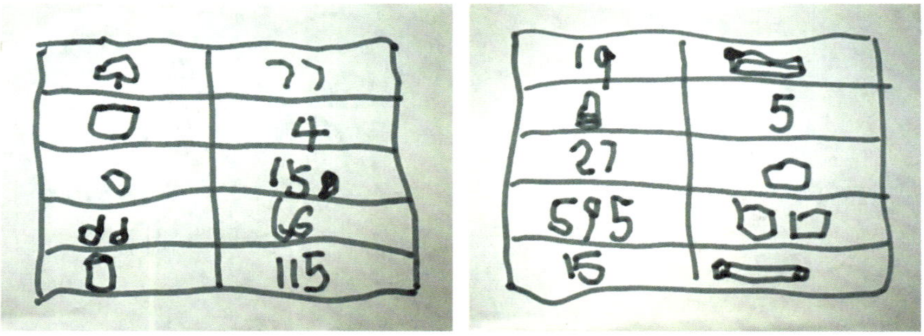

图 4-50　表格式记录方法

经过这 3 次调整，科技感强的实验氛围让孩子领略和提升了与别的区域不一样的审美能力，学习记录墙的呈现帮助幼儿提升了逻辑思维能力，记录方式的学习也让幼儿领会到了科学的严谨性，提升了科学素养。

【案例评析】

通过这 3 次调整，我们可以看到：

1. 从注重环境打造到以环境促幼儿学习的转变

幼儿教育是寓教于乐，寓教于环境，在与环境的互动中去学习。首先，在环境上我们要做到结合区域性质来打造相应的环境氛围，如：美工区应以多样的艺术作品来打造艺术气息浓厚的氛围。因为艺术作品色彩丰富，那么在初期大环境的打造上就要用简单一点的颜色，如白色、米色、灰色等淡色系；娃娃家应打造温馨、舒适的氛围，可多用粉色、黄色等，再加以白色、灰色或原木色调和。那么，科学区的环境应该以整洁、清爽、浓厚的科学探究氛围为主，色系上的选择就不要太过于花哨，可以多选择原木色、冷色系。其次，环境要与幼儿学习相结合，应充分运用区域里的墙面、柜面来设计好幼儿富有层次性的学习进程，不仅能反映幼儿的学习进度，还能让幼儿相互学习。环境与促幼儿学习双管齐下，才能让幼儿在提升审美的同时又能促进学习。

2. 学会有效运用区域来拓展延伸主题学习

区域不仅是幼儿在班级教室里游戏活动的空间，还是幼儿个别化学习的重要场地。如何有效地发挥区域作用辅助幼儿个性化学习，而不是漫无目的地让幼儿进去自由游戏？我们要充分结合主题对区域进行拓展延伸活动，例如：有计划地更换环境创设，有层次地投放学习材料，有针对性地增添学习内容，有规划地记录幼儿学习过程等，这些都能最有效地帮助幼儿个性化学习，也能让区域的学习功能最大化地体现。

（该案例由广西实验幼儿园张沥丹老师提供）

资源链接(扫描二维码)：科学区环境

案例6：我们的饮水吧

【案例导读】

喝水看起来只是幼儿在一日生活中的一个小环节，幼儿能否科学饮水、主动饮水，关系到幼儿一日生活质量和健康的大问题，因而也牵动着许多家长的心，“麻烦老师让小希多喝水”“梦梦嘴巴干干的，请老师提醒她多喝水噢”……教师也深知喝水对幼儿的重要性，在班上也会经常提醒幼儿喝水，但收效甚微。有的老师会让孩子们在同一时间喝水，但还是会出现“漏网之鱼”，因为孩子们在喝水这件事上还没有体现自主、主动，也没有掌握科学饮水的方法。《3—6岁儿童学习与发展指南》中也提出，中班的孩子应常喝白开水，教师应帮助孩子养成良好的饮食习惯。有没有什么好办法能让幼儿变被动为主动，自觉自愿地喝水并形成自主、主动喝水的习惯呢？

【案例描述】

第一阶段：创设温馨、舒适的“饮水吧”，引发幼儿关注，支持、满足幼儿的心理需求

为孩子创设一个温馨、舒适的环境和心理空间非常重要，有利于孩子个性化和社会性的学习。因此，我们在饮水区创设了一个区域“饮水吧”，运用具体形象的喝水步骤和一些图示，将喝水的教育信息体现在墙上，在“饮水吧”里提供各类关于喝水的绘本，提供休闲桌椅。“饮水吧”里采用了原木色的书架、桌椅，并为桌子铺上粉色的桌布，温馨而舒适；外环境上主要运用各种水杯、花草，营造一种绿色、休闲、轻松的氛围。班上有了“饮水吧”后，孩子们的兴趣都聚焦在这里了。（图4-51、图4-52）

乐乐：你看，好可爱的水杯。

辰辰：哇，好漂亮哦。我喜欢小鸭子，我每天喝水都能看到它。

图 4-51、图 4-52　“饮水吧”区域环境创设图

星星：这个绘本我看过了，是说人要多喝水，身体才能棒棒的。

一一：我们喝水的地方太棒了。

月月：对，我们班太美了。

……

“饮水吧”投入使用一个星期后，部分孩子们在环境的熏陶下逐渐能主动喝水了。（图 4-53）

图 4-53　幼儿在“饮水吧”主动喝水

第二阶段：跟随幼儿兴趣，渗透生活教育，开展饮水探究活动，师幼共同创设环境

探究阶段一：能量加油站

气候不同，每个人的活动量不同，身体状况也不同，如何让孩子自发关注饮水量呢？我们和孩子们来了一场讨论。

辰辰：老师可以帮我们记录每天喝多少杯水。

杰杰：怎么记录？人太多了，只有三个老师。

文文：自己记录也可以。

香香：我看见哥哥以前的班里有饮水的墙面，哥哥姐姐喝一杯水就把夹子挪一下。

教师：你的意思是把夹子挪到相应喝水量的数字吗？这个办法也不错，我们可以试一试。

于是，孩子们和老师开始忙着设计“能量加油站”。（图 4-54）

图 4-54　幼儿与教师共同制作“能量加油站”

但是，计划实施一个星期后，孩子们也发现了一些问题。

妮妮：有些小朋友根本没喝水，他也放饮水卡进去。

文文：对，我也发现了。

探究阶段二：选举小组长记录

教师：那可怎么办呢？有没有更好的、能准确记录的方法呢？

熙熙：可以让小组长记录，小组长帮忙看我们喝水，这样就不会有问题了。

坤坤：对，我们选一个小组长吧。

教师：嗯，也许这个办法能行。我们试一试吧。

于是，孩子们分组展开了激烈的讨论。最后，决定让花花、妮妮、杰杰、罡罡、君君5个小朋友当小组长，每个小组长记录6个人。（图4-55、图4-56）

图4-55、图4-56 教师与幼儿共同讨论饮水区记录问题

按照计划，孩子们第二天就如约开展了小组长记录活动。正如孩子们期待的那样，有小组长记录后，孩子们的喝水量提升了。（图4-57）

但是事事有矛盾，时时有矛盾。有的孩子发现……

图4-57 幼儿按照自己讨论的办法喝水

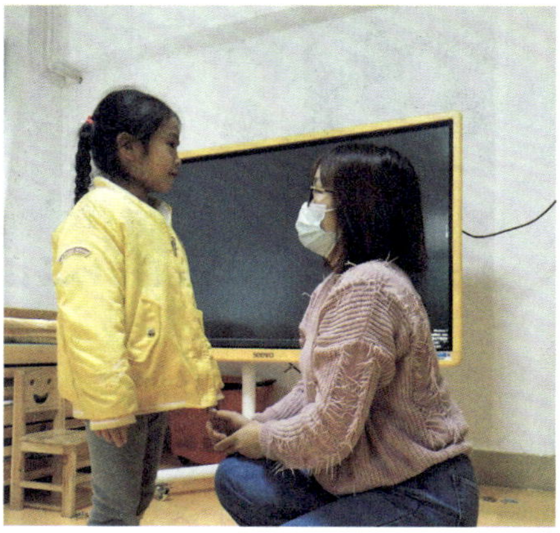

图4-58 幼儿提出疑问

瓜瓜：老师，有时候我不想喝水，因为我的身体不需要喝水。

师：哎？你是怎么知道自己的身体什么时候需要喝水，什么时候不需要喝水的呢？

瓜瓜：老师，妈妈说尿尿的颜色可以让自己知道要不要喝水。

第三阶段：聚焦“饮水信号”，幼儿根据尿液颜色，自己判断并主动喝水

当有的幼儿关注到尿液的颜色时，教师积极介入，开展了一次科学活动“小便的颜色”，让幼儿从生活中了解喝水的重要性。接下来，教师引导孩子认真观察自己的小便颜色：早晨起来第一次小便是什么颜色的？喝水以后小便变成了什么颜色？

辰辰：早上起来的时候，我的尿尿是黄色的，妈妈说是因为里面有细菌和病毒，喝水后就能把细菌和病毒冲走。

文文：对，我也是。但是喝水后，尿尿的颜色就变成浅黄色了。

经过讨论、分享，孩子们发现：如果自己的小便颜色是深黄色的，就说明身体缺水了，必须去喝水，不然该生病了；如果小便颜色是黄色的，就暗示着要多喝水；如果小便颜色是清澈的、浅黄色的，就说明尿液正常，可以自由选择喝水量。教师及幼儿根据探究结果，共同创设盥洗室的环境“我来判断”，表达幼儿对“饮水信号”——尿液颜色与饮水量关系的认识，进而自觉监测身体状况，调整饮水量。

图 4-59　幼儿参与科学活动“小便的颜色”的分组讨论

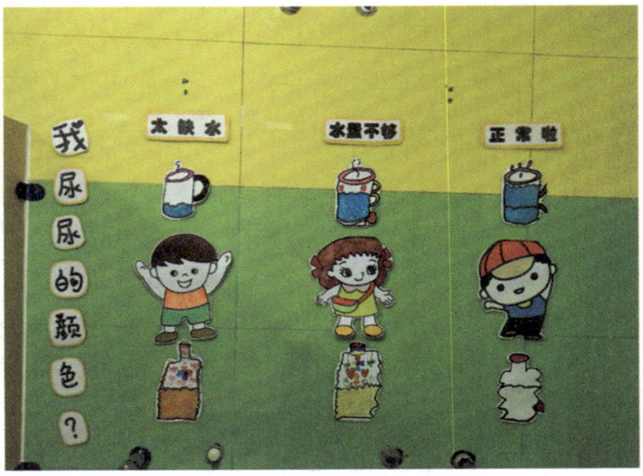

图 4-60、图 4-61　幼儿根据小组讨论结果参与“饮水信号”的环境创设

图 4-62　幼儿在小便时根据自己尿液的颜色监测身体状况并及时调整饮水量

【案例评析】

该案例翔实地记录了教师在区域环境创设中是如何将“美育”与“教育”相融合的。

1. 以“美”的环境激发幼儿的兴趣点，注重幼儿与环境有效互动。

《纲要》中指出：“环境是重要的教育资源，应通过环境的创设和利用，有效地促进幼儿的发展。”在教育中，我们也经常强调“美育”，而“美育”的目的是让幼儿学会发现美、欣赏美、体验美及创造美。在该案例中，教师为幼儿设置了一个饮水区域并将环境打造得温馨、漂亮，其中原木色物件干净、温和、百搭，质地轻盈，可塑性和灵活性很强，和该区域中的粉色元素物件搭配在一起，清新、自然，让人感觉置身家中。在材料的呈现上，该区域利用了书籍、休闲桌椅和水杯饰品等的组合，让人身心放松。在活动中，教师除了打造美的环境，也能做到真正走进幼儿的世界，倾听幼儿的想法并帮助幼儿作出正确的价值判断，为幼儿提供、选择适宜的表征形式，让幼儿在与环境的真正互动中获得发展。幼儿从发现“饮水吧”的美——欣赏“饮水吧”的一景一物——体验“饮水吧”的美给自己和同伴带来的惬意感受——根据探究学习的进程和教师、同伴一起创造美的环境，一步步是那么自然又不失教育意义。

2. “美育”与“教育”有机结合，注重区域探究学习教育。

在“饮水吧”区域环境创设过程中，教师充分调动幼儿的积极性，幼儿能想到的让幼儿去想，幼儿能做到的让幼儿去做，如幼儿将对哥哥班里饮水墙面的经验迁移到本班；幼儿尝试用小组长记录的方式解决记录是否真实的问题。让幼儿利用已有的知识经验，通过丰富的途径获取资源和信息，发展其解决问题的探究能力。

3. 与生活联系，注重亲身实践、观察。

生活经验的积累和亲身实践、观察能让幼儿更懂得科学地调整自己的行为和认识。“饮水信号”——尿液颜色，让幼儿主动监测自己的身体状况，从而做到科学、主动地饮水。

（该案例由南宁市文骅幼儿园黎伟玲老师提供）

资源链接（扫描二维码）：饮水吧

【温故知新】

1. 请说明班级室内空间应如何划分，教学、生活、游戏空间如何进行环境创设。
2. 请分析主题墙创设应具备什么特点，如何发挥主题墙支持幼儿学习的功能。
3. 请分享班级建构区、美工区、科学区等环境创设要求是什么。

【拓展检测】

拓展探讨：某幼儿园活动室空间较小，如何能满足多种类型区域游戏活动的开展？

参考答案：结合上述案例进行思考，可从活动室空间多样利用、区域游戏空间及材料相互融通共用等角度进行分析梳理。

资源链接（扫描二维码）：幼儿园活动室空间环境

第八课

功能室空间“专项与多元”联结

【学习目标】

1. 提升幼儿园特色户外环境的重要认识，明确特色户外环境创设与组织的步骤。
2. 深化了解幼儿园特色户外环境创设中常见的问题和应对策略。
3. 明确特色户外环境创设要点与儿童发展的关系。

【学习准备】

1. 阅读预习

雷湘竹，冯季林，蒋慧．学前儿童游戏［M］．上海：华东师范大学出版社，2012.

王薇丽．幼儿园区域活动——环境创设与活动设计方法［M］．北京：中国轻工业出版社，2017.

戴文青．学习环境的规划与运用［M］．南京：南京师范大学出版社，2005.

［日］山田纯也，柘植 Hiropon，长井美树，内村光一，永井弘人．配色大原则［M］．南京：江苏凤凰科学技术出版社，2017.

2. 思考求解

幼儿园户外环境的创设促进幼儿哪方面的发展？请列举一二。

3. 自我预检

举例分析幼儿园户外环境中运动环境如何培养幼儿的身心发展。

【学习领航】

幼儿园功能室作为室内游戏活动开展的重要场所，是幼儿游戏活动实施的重要硬件保障。幼儿园根据自身规划建设情况，一般设有 3—5 个功能室，根据游戏内容分为美工室、科探室、建构室、阅读室等。部分幼儿园由于自身园本文化及课程的需求，也会增设一些特色功能室，例如木工坊、陶泥坊、舞蹈室等。功能室空间创设不仅要体现该功能室游戏的特点，满足幼儿开展游戏的需求，更要兼顾美感，在室内色彩色调、空间布局、材料的搭配设计、展示功能的呈现上需要达到更高标准，以此激发幼儿参与功能室游戏活动的兴趣。同时，相对于班级游戏区域而言，功能室的空间创设一般采取划分小区的方式，讲求环境创设的统一性、整体性和审美性，其创设有更大的发挥空间。

【学习支持】

案例1：美术空间的“中国风”

【案例导读】

国画是我国一种具有悠久历史传统的民族艺术，是我国的国粹。国画蕴含着丰富的传统文化，在幼儿园开辟国画区，对传承传统文化，让幼儿在笔墨游戏中接触和感受传统艺术的精髓，从小培养幼儿对国画艺术的兴趣和爱好有积极的意义。那么，怎样培养幼儿的审美意识，让他们从对国画的一无所知到喜欢呢？我从创设水墨艺术氛围，开展绘画游戏等方面入手，引导幼儿走进国画世界。旨在充分利用美术空间，激发幼儿创作出别具生机与意韵的国画作品来表达自己的感受和想象，传承传统文化和发展幼儿的审美情趣。

【案例描述】

第一阶段：从《指南》出发

《3—6岁儿童学习与发展指南》指出要和幼儿一起感受、发现和欣赏自然环境和人文景观中美的事物，和幼儿一起发现美的事物的特征，感受和欣赏美。为此，我们在进行环境（特别是美术区）创设或艺术教育时，应该给予幼儿大量感知“美”、欣赏“美”的空间和时间。

我们开辟了国画区，在墙上布置了国画作品，有动物、人物、植物等。那简练生动的造型、变化丰富的用笔，深化酣畅的墨色，生动传神的画面，让孩子们感受到了国画的无穷魅力，从而被深深地吸引，兴趣盎然。同时，在国画区里设置工具区，整齐地摆放各种型号的毛笔、墨汁、专门的国画颜料、砚台、笔架、小水桶等。

还有材料区，收纳长方形、正方形、圆形、扇形的宣纸。（图4-63）

让幼儿了解到这些国画是不同于蜡笔画、水彩画、铅笔画的，是用毛笔、宣纸、墨、国画颜料画出来的，表现的是物的特征、意境。不断提高幼儿对国画的感性认识和审美能力。孩子们产生了“我也想画国画”的强烈愿望。让幼儿在艺术氛围中感受水墨韵味。将美术活动与游戏活动相结合，让幼儿感受绘制国画所带来的愉悦感。

图 4-63　材料区摆放的各类纸张

第二阶段：针对突出问题、及时反思改进

经过一段时间，“中国风”将美术空间的利用和活动带入一个新的创意阶段，但我们发现国画区的设置及活动存在一些突出问题。

第一，幼儿游戏的主动性强，但是计划性弱。能力相对强的孩子，其思维自主性强，活动更有目的、有计划，知道用计划指导行动，按照老师发起的计划，踏踏实实地进行国画绘制。而一些能力弱的孩子，因为先前接触国画的机会较少，所以每做一步都要问老师。

因此，我们在国画区制作绘画国画的步骤图，在绘画前与孩子一起学习，了解国画的基本步骤，幼儿自主游戏和学习时，如果忘记也可以通过墙上的图示来学习。(图 4-64)

图 4-64　墙面环境提示幼儿操作

第二，幼儿的国画作品表达单一，创意不足。部分幼儿绘画的内容比较随意，且构图意识较弱，常常用粗粗的毛笔绘画复杂的线条，导致整幅作品最后变成一团黑，既没画出自己想要的作品，也打击了自己的创作兴趣。

为此，我们在区域游戏分享环节时，应充分利用多媒体展示国画作画小视频和优秀作品照片，开阔幼儿的思维。

并结合课程主题，选择一些与主题相关的简单事物引导幼儿结合主题进行绘画。创作结束后，将幼儿的国画作品悬挂在展示区，既能起到相互学习的作品，又能增加幼儿继续创作的信心。（图 4-65）

图 4-65　展示区展示幼儿作品

第三，材料收整无序，游戏规则意识薄弱。幼儿来自不同的年龄班，对于美术馆不熟悉，材料区、工具区、更换围裙的地方无标志，收整时随地乱扔。

我们在相应的区域粘贴相应的标志，活动前提醒孩子做好物品一一对应的工作，增强幼儿的责任感。（图 4-66）

图 4-66　幼儿活动后将物品分类收整

第三阶段：国画区域小、艺术天地大

《幼儿园教育指导纲要（试行）》中明确提出："通过艺术活动，幼儿能够感受并喜爱生活、环境和艺术中的美。幼儿积极参加艺术活动，在活动中获得愉快、丰富的情绪。"基于第二阶段幼儿在国画区绘画的兴趣越来越浓厚，他们已经不局限于仅仅按照老师的要求去绘画，还把更多的节日感受、生活经验渗透到国画作品里面。

第一，丰富幼儿感受与欣赏美的体验。提供丰富多彩的大师作品，注重培养幼儿的审美情趣。欣赏是创造美的源泉，通过欣赏艺术大师们的国画作品，可以培养幼儿初步的感受美、表现美的情趣和能力。在开展国画活动期间，有孩子说，我家里的书房挂着一幅很大的国画，是《牡丹花》，还有的孩子说我家里有画"虾"的国画，是用墨汁来画的，虽然只有黑色，但是我觉得也很漂亮。孩子结合自己的生活经验展现出自己对艺术的理解，教师也需要不断地提高自己的艺术素养再对幼儿进行潜移默化的影响。如：欣赏齐白石等画家的水墨画时让幼儿了解黑白颜色可以概括和替代任何颜色的用色特点。在选择欣赏内容上要符合孩子的年龄特点，教师应选择幼儿熟悉的与花草树木或动物、人物形象相关的国画作品。如吴作人笔下的《熊猫》《熊猫竹石图》，能令人感受到作品中熊猫的憨厚、可爱，以及和谐、恬静之美。

大师齐白石的作品，都取材于现实生活中的鸟、虫、虾、蟹，其作品简练、清新、明朗，能给孩子带来生气勃勃的感觉，很容易让幼儿产生喜爱之情。（图 4-67）

图 4-67　墙面展示大师作品供幼儿欣赏

第二，注重给幼儿一个想象的空间。开展国画教学，其目的不是培养画家，而是丰富幼儿的情感，幼儿的世界是丰富多彩的，也是充满无穷想象的，幼儿在构思图画内容和布局时，必须进行丰富而活跃的想象，教师千万不可代拟主题、代定内容，而应去启发、引导孩子展开充分的想象。可以采取多种形式去引导幼儿，比如“添画”，教师用中锋画个圆，让幼儿在圆内或圆外添画出点、线等形状，有利于发展幼儿的想象。还可以开展更复杂的“主题画”，让幼儿围绕主题进行有意想象。如“美丽的三月三”“我喜欢的动物”等。“泼墨画”也是孩子们喜欢的，先将墨随意地泼到宣纸上，然后想象是什么样的意境，再进行添画，最后出来意想不到的画面效果，符合孩子们天真、爱幻想的特点。

第三，开展亲子作画活动，并布置成作品展。结合广西的风俗文化，在三月三到来之际，美术馆开展“我向大师学国画”的活动，选取吴冠中的水墨画为例，让孩子们与家长一起绘画。家长们纷纷表示对这样的活动很感兴趣，并发出感慨：在幼儿园里能陪伴孩子在国画世界里悠游，让孩子的画笔感受大师的视野，很幸福。还有的家长表示：感谢实幼提供这个平台，给孩子带来展示才能的机会，发挥自己的想象力与绘画水平。（图 4-68）。

图 4-68　亲子创作国画

孩子也分享了自己的绘画心得，李李说：“绿色的树和灰色的房子搭配在一起，太漂亮了！”涵涵说：“我学会用毛笔一笔画出房顶，那种感觉太美妙了！”

最后，孩子与家长把合作绘画出来的作品共同布置在活动室或美术馆的展示墙和艺术楼道，孩子和家长心中满满的成就感油然而生。

将幼儿日常创作的优秀作品按一定的分类、主题等进行装裱，悬挂展示在艺术楼道合适的位置，不仅起到美化环境和良好示范作用，创作者幼儿本人也会对自己的艺术创作产生极大的自信和满足感，这可大大增强幼儿继续进行艺术创作的兴趣。（图 4-69、

图 4-70）

图 4-69、图 4-70　将国画作品展示在楼道

第四阶段：展示的不仅是作品，也是艺术空间之童年

幼儿的美术创作不仅是为了创作出作品，更重要的是自己对作品的分享与表达。所以，注重倾听幼儿对自己作品的解读尤为重要。尤其是分享、交流环节，是对幼儿进行成功经验和成果分享的大好时机。好的评价能促进幼儿对国画学习的喜爱，激励他们不断进步。教师不以“像”与“不像”之类的说法来衡量幼儿的作品，对幼儿绘画中表现出的不真实、不合理性，都可以用一种开放的、现代的艺术眼光去看待和品评。

总之，幼儿阶段的美术教学应该是以感受美、表现美为核心的艺术启蒙教育，在美术馆开展国画活动，最主要的是在活动中引导幼儿善于发现和选择适合自己情感表现的自然美，抓住对象中最能激发自己情感而引起共鸣的精神本质，以达到寓意于物的创作愿望，创作出别具生机与意韵的国画作品来。

【案例评析】

通过这一案例，我们得到诸多借鉴，主要有：

1. 充分重视幼儿与环境互动的教育价值。幼儿通过主动参与、亲自布置美术作品活动环境获得更多的探索空间和锻炼机会，促进了审美能力的发展和美术创作能力的提高。

2. 充分发挥国画活动、环境美感熏陶和操作材料的共同支持作用。教师巧妙地将节庆以及幼儿喜爱的事物与国画相融合，丰富创作内容。运用多种有趣的方式引导幼儿正确抓握毛笔，进行国画绘画，让幼儿产生“我想画国画”的强烈愿望，在艺术氛围中感受水墨韵味的独特之美。同时，教师不断提升自己的审美素养，塑造自身良好形象，为创设良好适宜的环境空间奠定理论和实践基础。如绘画环境的舒适性方面，布置宽敞、互通的环境，了解儿童色彩心理，确认主色调，采取“大调和，小对比”的方法，形成整体统一调和、局部对比，突出重点画面；材料投放方面，注重材料的多样化组合和整齐摆放，把握整体空间美感等，通过这些操作，让幼儿感受国风之美、初识国风之魂，乐创国风之作。

3. 充分融合家长资源，共创有品位有温度的环境。教师利用节庆等契机，聚家长的力量共同开展亲子国画的活动，让家长及时亲眼分享孩子在美术馆快乐、自主游戏的情景，传递了正确的育儿理念，更好地促进了家园共育的时效性。亲子作品装饰环境也更能提升环境的美感，使得环境的创设更有人文的温度。

（该案例由广西实验幼儿园张凤老师提供）

资源链接(扫描二维码)：美术空间里的中国风

案例 2：绘本馆

【案例导读】

《幼儿园教育指导纲要(试行)》中提出：“培养幼儿对生活中常见的简单标记和文字符号的兴趣；利用图书、绘画和其他多种方式，引发幼儿对书籍、阅读和书写的兴趣，培养前阅读和前书写技能。”由此可见，幼儿园有责任为幼儿创建良好的阅读环境，开展早期阅读教育，所以绘本馆应运而生。色彩心理研究表明，色彩对儿童心理有着巨大的影响，它关系着儿童的情绪起伏、心情好坏。绘本馆是儿童阅读、学习、成长的场所，色彩是绘本馆室内环境设计给儿童的第一印象，如何营造舒适、美观的环境让幼儿愿意走进绘本馆，能自主选择自己喜欢的图书进行阅读，如何让绘本馆可以发挥的价值最大化，我们通过本案例进行深入探讨和学习。

【案例描述】

第一阶段：创设简单、大方、清爽、温馨的阅读环境

首先，门前主要以书架、书籍、墙面展板作为墙面装饰，让孩子通过书架、书籍等装饰了解这是什么地方。展板主要放置推荐内容，整体环境要简单、朴素，具有美感。

（图 4-71）

图 4-71　绘本馆的门前环境

室内确定以白色为主色调，再加以其他装饰颜色或者物品作为增添，如：天花板刷上了蓝色和黄色，让整个活动空间不单调；柜子的选择也以原木色为主，白色和原木色搭配更为和谐；地面上的桌椅以及地垫都以蓝色为主，与天花板色调相呼应；空中垂吊经典绘本里的卡通动物，为绘本馆增添了童趣；三面大的落地窗，也让绘本馆更加明亮。（图 4-72）图书主要以红、黄、蓝等颜色进行分类。（图 4-73）

图 4-72　绘本馆的室内环境

图 4-73　图书分类

经过一段时间的使用以后，我们发现了一些问题：(1)书架前摆放的桌椅影响到了孩子取放图书，也影响了正在桌椅上阅读的孩子；(2)书籍的分类不明显，无法让家长很快地找到自己需要的绘本，比如：家长想选择一些习惯培养或者适合提升亲子关系的绘本，但是不知道如何快速找到；(3)空间划分不够科学，基本上是全开放式，亲子阅读空间、独立阅读空间划分不明显；(4)纸质版登记的借阅卡不方便图书管理。

第二阶段：结合实际问题，进一步优化绘本馆环境以及功能分区

结合第一阶段总结的实际问题，我们做了如下调整：

1. 室外门前的设计更优化，着重凸显书香氛围。(图 4-74)

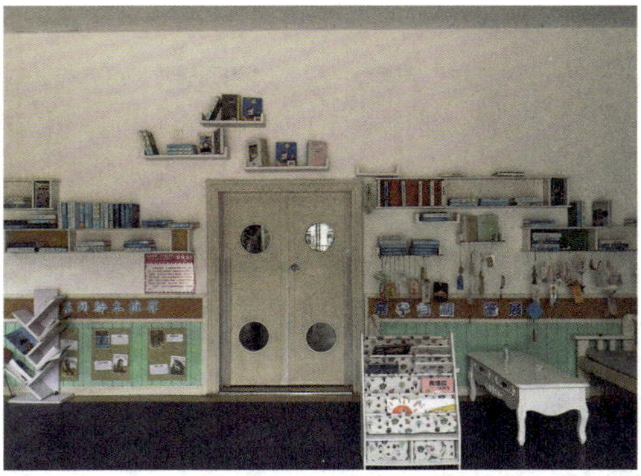

图 4-74　绘本馆门前的优化设计

增添书架、书籍装饰的数量，更明确地凸显绘本馆特性。墙面增添了绿色的学习展板，视觉上温馨舒适，作为绘本推荐记录墙。

另外，在门前还设置了休息阅读区，让家长在等待孩子的过程中也能静享阅读的

时刻。

2. 增添“智慧树”的装饰。(图 4-75)

从门口到“智慧树”为开放区，桌椅全都撤下，主要摆放随坐随看的书架以及地垫。

“智慧树”到窗户这一块为半开放区域，把桌椅都靠窗摆放，给家长和孩子一个亲密的社交空间。

图 4-75　二次调整后的绘本馆室内环境

3. 增添书籍类别提示牌。(图 4-76)

把同一类别的图书进行分类，让家长可以根据提示牌找到自己需要的绘本；另外，书架的第一层都以封面向外的方式展示图书，不仅能让孩子一目了然看到图书，也方便孩子取放图书。

图 4-76　图书分类、提示牌

4. 优化图书借阅卡，更换为电脑登记借阅的形式。(图 4-77)

电脑登记借阅不仅方便快捷，也提升了图书管理的科学性。

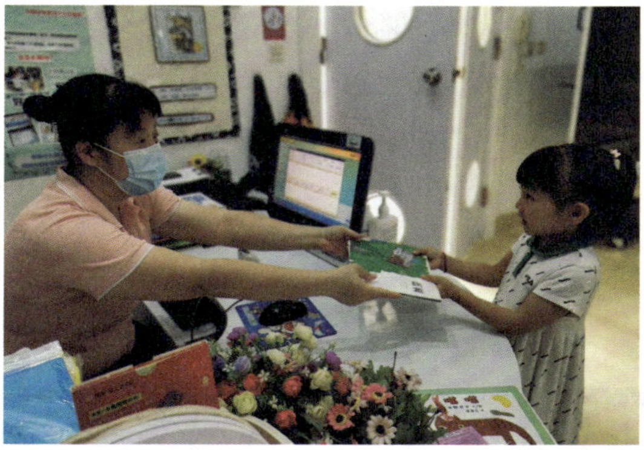

图 4-77 幼儿正在通过电脑登记自己借阅的图书

这一次的调整让孩子、家长和教师的借阅更方便、更科学了，环境上也令人耳目一新，舒适感和美感都有了很大的提升。但是，随着使用的增加，我们也有了新的思考：如何让我们的教育理念与绘本馆相融合？如何让家长也参与其中，体验和了解幼儿园的课程，从而优化家园共育质量？

第三阶段：结合园所理念设置图书管理员，让家长和幼儿参与其中，一起做绘本馆的“小主人”

1. 增设图书管理员。

幼儿园每周都有自选功能室体验活动，但是家长并不真正理解孩子从中能学到什么。所以，为了真正贯彻落实幼儿园理念以及让家长切实体会到幼儿园所开展的课程，结合绘本馆的性质，增设了图书管理员的职务。

全园按班轮值，每次值班为 3 个家庭，除孩子外每个家庭派一名家长做代表跟孩子一起值班。主要角色为：借阅登记员(操作电脑登记借阅)；秩序维护员(维护绘本馆内阅读氛围，不得大声喧哗)(图 4-78)；保安(提醒进馆的人消毒手，维护借阅的秩序)。(图 4-79)

图 4-78 认真的秩序维护员

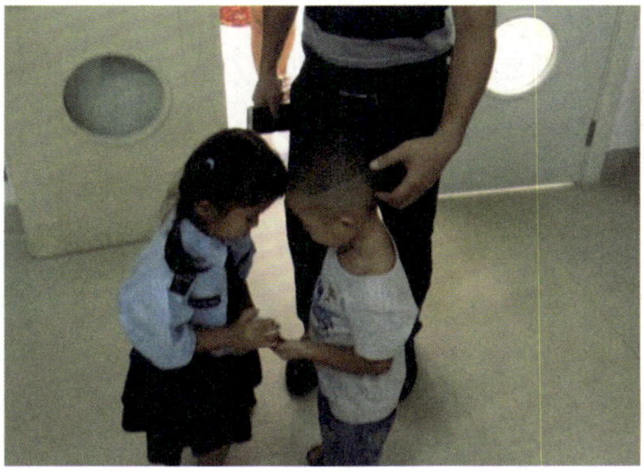

图 4-79 尽责的小保安

这样的活动也成了孩子们每周最期待、最喜欢的活动之一。每到值班的时候，轮到值班的孩子都会特别期待放学，然后赶紧拉着爸爸妈妈一起到绘本馆去值班。这让孩子不仅提升了主人翁意识，也增强了服务他人的责任感。

2. 增设了图书修补区和创编区。

每一本图书都是知识瑰宝，如何让孩子学会爱护书籍、保护书籍呢？没有什么比让孩子自己修补图书更有用了。（图 4-80、图 4-81）

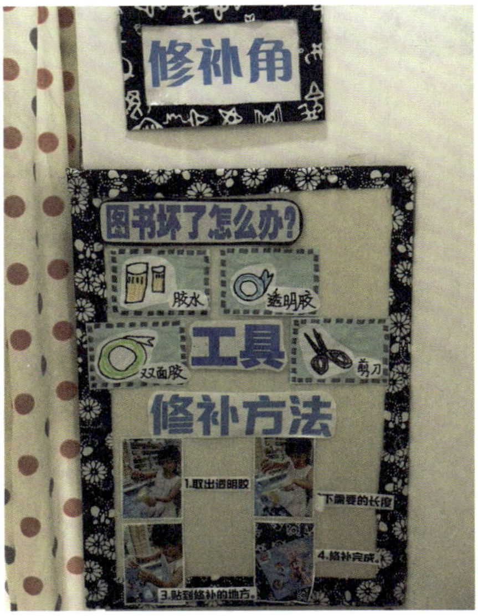

图 4-80　图书修补提示牌

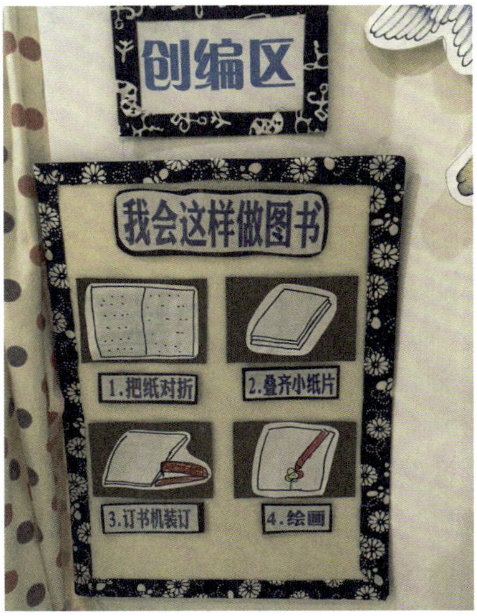

图 4-81　创编区操作提示牌

图书管理员、图书修补区和创编区的增设，让绘本馆有了前所未有的“热闹”，孩子们纷纷化身为绘本馆的“小主人”，对绘本馆的喜爱和爱护达到前所未有的高度，家长们也纷纷表示发现自己的孩子通过这样的体验更自律了，会安静地看书、爱护图书，语言表达和绘画的能力都有明显的提升。看到孩子和家长们这样喜欢绘本馆，我们感到非常高兴。

但是经过一段时间，我们发现了一些问题：1. 孩子无法自己拿到高处的图书；2. 阅读形式单一；3. 阅读空间逐渐拥挤。

儿童公共阅读空间设计相关资料中提道：“儿童阅读公共空间的设计最重要的是在整体空间里体现‘人性关怀’。”

第四阶段：优化绘本馆空间设计，体现“人性关怀”，最大化实现幼儿的阅读自主性

针对实际中的问题，结合相关绘本馆设计的资料，我们做了以下调整：

1. 全面整体规划绘本馆设计，在色系的选择上我们依旧以白色调为主，加入黄色、绿色、橙色、红色作为点缀，整个环境看上去明亮、整洁、舒适。(图 4-82)

图 4-82　优化设计后的绘本馆全景图

2. 增添阶梯和楼梯，实现幼儿能自取自放、随地而坐，扩大了阅读空间。(图 4-83)

图 4-83　幼儿在椅子、沙发、阶梯上自主阅读

阶梯式的设计最大化地实现了孩子自取自放图书的自主性。同时，也最大化地扩大了馆内可以利用的空间来增添阅读位置。

3. 增加无纸化阅读，丰富阅读形式。现在阅读主要为有纸化阅读和无纸化阅读两种形式，为了让孩子感受不一样形式的阅读，结合图书馆功能分区原则，我们在二楼增

添了无纸化阅读，孩子可以在电脑上自主选择自己想看的内容，丰富知识。(图 4-84)

图 4-84　无纸化阅读区

【案例评析】

1. 注重绘本馆整体空间“人性关怀”的体现。

首先，绘本馆的主要使用者是孩子，整个空间的设计都要以孩子作为设计的中心，以孩子的生理特征和心理需求为主要设计诉求，如：整洁、明亮、舒适的阅读环境，阶梯式的设计，楼梯的增添等，让幼儿能在这样舒适、有趣的环境中自由自在地阅读，或坐、或站、或蹲、或趴、或躺，获得真正的随心感。另外，与时俱进增添阅读形式，让我们的孩子有更多的阅读体验。

其次，家长是孩子密不可分的对象，在设计这样一个活动空间时，我们不仅要考虑孩子的诉求也要考虑家长的感受。如：增添各类图书的提示牌，让家长更方便地找到自己想看的书籍。另外，每一个家长都有一颗“望子成龙，望女成凤”的心，如何通过环境的设计让家长感受到幼儿园对于孩子教育的用心呢？1. 有效利用墙面做任务分区，让家长从环境上感受到绘本馆不仅仅是阅读的地方，还可以做创编、修补等，感受学习内容的丰富性。2. 设计家长可以参与的绘本馆活动，如：当图书管理员，让家长能切实参与其中，让家长感受到这里不仅是一个安全可靠的环境，也是一个可以学习的地方，从而使家长放心地把孩子交给老师，交给幼儿园。

最后，空间规划要注重科学性。绘本馆内应该分为自由灵活阅读区和亲密阅读区。好动是孩子的天性，设置软垫、台阶等自由阅读区域，让孩子能随坐随看；亲密阅读区放一些座椅设置小块的阅读区，让家长和孩子能有一个独立亲密，不易被影响的阅读空间。

2. 绘本馆色彩设计要切合儿童的色彩需求。

美国学者研究发现，悦目明朗的色彩能够通过视神经传递到大脑细胞，从而有利于促进人的智力发展。在和谐色彩中生活的少年儿童，其创造力高于普通环境中的成长者，若常处于让人心情压抑、过于杂乱的色彩环境，则会影响大脑神经细胞的发育，从而使智力下降。

由此可见，色彩的搭配和选择是非常重要的。一般绘本馆整体空间的主要颜色不超过 3 种，颜色过多会让孩子心烦意乱，变得焦躁不安，反而不利于他们安静阅读和思考。我们可以选择 1—2 种颜色作为主色调，再选择其他颜色的物品作为点缀，让整个绘本空间看上去既舒适又不缺趣味性。

（该案例由广西实验幼儿园张沥丹老师提供）

资源链接（扫描二维码）：绘本馆

案例 3：美工坊的“京剧”

【案例导读】

《指南》提出，要珍视游戏和生活的独特价值，创设丰富的教育环境，最大限度地支持和满足幼儿通过直接感知、实际操作和亲身体验获取经验的需要。美术活动室强调人与环境、材料互相作用的优势，主要通过幼儿与材料、幼儿与环境、幼儿与幼儿、幼儿与教师之间的相互作用，达到促进幼儿认知、情感、能力、审美等全面发展的目的。京剧艺术是我们中国的国粹，是世界文化遗产。脸谱以它鲜艳的色彩、独特的造型，深深地吸引着孩子们的注意力。培养对中国传统艺术的兴趣要从娃娃抓起，让孩子们初步接触京剧艺术，对其产生兴趣。本案例以脸谱为切入点，通过一系列活动让孩子们进入戏曲的美丽世界。

【案例描述】

在美工坊“戏曲角”的创设过程中，我们经历了以下几个阶段。

第一阶段：展示区的设置

观察是幼儿认识和学习的重要途径，创设美观、整洁、大方的戏曲环境，是我园美工坊创设的第一步。

在美工坊中，我们专门设置了京剧展示区，以京剧脸谱、京剧小人为主要陈列物，给予幼儿关于京剧角色的直观感受。其中京剧脸谱与幼儿有更为亲密的互动，幼儿通过观察各种大小不一、样式各异的脸谱，了解脸谱的基本特征，建立对于脸谱外观的认知。

由于脸谱的色彩十分丰富，我们选择原木色为主体展示架，让脸谱的色彩更加生动、突出。在京剧小人的选择上，我们多选择“红色”“蓝色”，帮助幼儿构建戏服的主基色。经过一段时间的使用和对幼儿的观察，我们发现了以下几个问题：(1)过大的脸谱会吓到年龄较小的小班幼儿；(2)京剧小人太小，摆放位置过高，孩子们观察得不够清楚；(3)空间划分不够清晰，幼儿容易被旁边的事物所吸引；(4)脸谱是固定的，幼儿无法用手操作。

根据以上问题，我们做出调整(图4-85)：

1. 合理放置脸谱，为幼儿“减负”。

我们将脸谱陈列架单独放置，左右两边的其他展柜撤除，形成独立的展示空间。同时将放大版的脸谱放置在较高的位置，小版的脸谱放在低的位置，使幼儿在欣赏时能够有所选择地进行观察。

2. 优化陈列方式，为幼儿“增趣”。

小版的脸谱让幼儿爱不释手，很多幼儿在观察过程中，习惯性地将脸谱当作面具来进行游戏，于是我们在脸谱的后面用松紧带固定，更方便他们的游戏。

图4-85 改进后的展示区

第二阶段：创作区的设置

在美工坊，我们设置了专门的材料取放区域，投放了各种绘画、手工等美术创作类的原始材料。画脸谱是我园园本课程“我是中国人”主题活动中的内容，也是我园日常美术活动中的重要组成部分。不同年龄段的幼儿在教师的带领下，通过观察、发现，认识脸谱的结构，了解脸谱中不同颜色所代表的含义，总结出脸谱的外形特征。然后通过模仿绘画的方式，自由选择材料并进行脸谱绘画创作。根据幼儿的年龄特点，我们在材料区投放了水彩笔、蜡笔、白纸、脸谱模具等，幼儿根据自身想法，结合脸谱特点，自

由设计。（图 4-86）

图 4-86　创作区展示

在之后的游戏中，出现了另外一些问题：1. 幼儿的创作兴致很浓，但持续性欠佳；2. 幼儿使用模具作画时，容易弄脏衣服等；3. 材料收整无序，游戏意识薄弱；4. 幼儿作品单一，大多处于模仿阶段；5. 忽视评价，幼儿相互间的评价与欣赏不足。

针对以上问题，我们做出了以下调整：

1. 增强幼儿活动的计划性。大班的幼儿自主性强，能够有效地用目的指导行动，根据自己的想法合理布局并坚持完成脸谱创作，但中班、小班的幼儿对于脸谱的接触不多，更多的是惊叹于成品，而对于自己创作则显得犹豫，需要在教师的指导下，根据脸谱的基本特征进行作画。我们在活动区内设置了绘制脸谱的步骤图，让孩子跟着步骤图进行创作，既保持了幼儿学习的主动性，延续了他们的思维，同时也避免了幼儿之间因为询问或等待相互影响。

2. 丰富幼儿的认知。在欣赏成品的环节，幼儿处于自由观察的模式，不能将自己的发现及时总结，在创作时仅停留在临摹阶段。因此，对于不同年龄段的幼儿，我们给予他们不同的发展目标。中、小班的幼儿，我们适当地提供小版的脸谱，方便他们一边创作一边根据成品进行模仿；而大班的幼儿，在欣赏环节，教师要注意倾听幼儿的发现，及时强化并帮助幼儿总结相关规律，形成认知，从而发散他们的创作思维。

3. 强化幼儿游戏意识。在材料取放区域的相应位置张贴标识，活动前提醒幼儿穿戴罩衣、袖套等，活动后提醒幼儿做好物品的收整。

4. 深化评价的维度。教师在带领幼儿进行分享时，可适当提醒幼儿大胆表述，有针对性地指出优缺点。同时在日常教学中，丰富幼儿评价的词汇，拓宽教师评价和幼儿互评的维度。

第三阶段：优化美工坊空间，体现功能模式，最大化实现幼儿创作的自主性美工坊的材料丰富，我们尽量优化空间布局，放大每个区域的功能性，让幼儿更加自主地参与各区域的活动。针对戏曲空间，我们具体实施如下：

1. 无处不在的展示区。在欣赏区成品展台的基础上，我们增添了临时展区，设置在美工坊的各个角落，如阳台边、桌面、墙边挂网等，多方位多角度地促进幼儿与作品之间的互动。(图 4-87)

2. 方便的操作台。美工坊中设置了各种类型的操作台，长桌、圆桌、折叠椅、画板等，幼儿可根据自己的喜好，选择合适的操作台进行绘画创作。

3. 创作材料的丰富。我们投放的材料除了不同的纸、笔和模具以外，还投放了石头、瓶子、凳子等其他幼儿常见的物品，为幼儿提供更大的创作自由度。

图 4-87　幼儿作品展示区

【案例评析】

通过这一案例，我们可以得到如下经验：

1. 有效的成品展示区空间能激发幼儿美术创作的欲望。

美工坊是幼儿进行美术学习和创作的主要区域，幼儿的学习和探索始于观察，因此，美工坊内的作品展示要以幼儿的兴趣为出发点。选择浅色系的展示台，能够避免颜色混杂，更好突出各种成品。形式多样、内容丰富的作品展示，能够有效地吸引幼儿，同时也促使幼儿发现、总结相关经验。在幼儿自主创作的过程中，随处可见的成品也能激发幼儿的创作灵感。

2. 自主的创作环境是幼儿表达创造的保障。

空间设置独立的材料区，物品根据材质和类型进行分类，环境布置规则清晰，同时，提供石头、旧桌椅板凳等幼儿日常生活中熟悉的材料，让幼儿大胆发挥想象，大胆表达创作，极大地激发了幼儿从事美术活动的兴趣。同时，提供不同的作画方式，幼儿可以采用坐在凳子上画、趴在地上画等自己喜欢的方式进行作画。通过这一系列的途径创设出更宽松的环境，让幼儿在游戏中更加自主、更加放松。

（该案例由广西区直属机关第三幼儿园郭安定老师提供）

案例4：炭烧积木室

【案例导读】

根据《指南》的目标，建构游戏中幼儿要学会基本的建构技能，能有目的、有主题地进行建构；游戏中能与同伴共同搭建，相互协商；幼儿能用语言简单地介绍自己的作品；能够理解他人、欣赏他人的作品；主动参与同伴合作搭建，并体验合作的乐趣。幼儿园的炭烧积木室是孩子们最喜欢的地方，孩子们在炭烧积木室里精心设计各种建构项目，进行可操作性的游戏，并与同伴合作探索，实现了一段自由建构、畅快表达、合作探究的旅程！

【案例描述】

第一阶段：玩转炭烧积木室

儿童有一百种语言，一百种表达方式，建构就是其中一种。

建构游戏，是幼儿使用建构材料，通过建构材料构造一定的物体形象来反映周围生活的一种游戏。因为幼儿建构的物体形象大多为周围的建筑物，所以，此游戏又称建筑游戏。

炭烧积木室是最能实现建构游戏的地方。这间功能室是一间阳光房，玻璃透明墙体这得天独厚的条件让在室内寻找探索思路的幼儿抬眼看出去，便能够看到幼儿园的主体建筑楼房、户外器械等，找到搭建时的灵感。（图4-88、图4-89）

图4-88　炭烧积木室的门前

图4-89　炭烧积木室内部

室内的光线通透明亮，让孩子们有一种视觉享受，仿佛和外界的事物联系在一起，充分刺激大脑的想象，让大脑里已有的社会生活片段形成建构画面，有助于搭建灵感的发挥。

炭烧积木室里积木较大，积木形状是各种各样的几何形状，大多是空心状的，孩子们在搬运的过程中可以锻炼大肌肉的协调发展，锻炼载物行走的能力，使孩子们的肌体得到锻炼。在推动炭烧积木时，孩子们需要灵巧地使用双手，将零散的炭烧积木堆出复杂的物体，还可以锻炼手眼协调能力。

孩子们通过观察生活中见到的立交桥，感受到立交桥对人们出行的便利，便设计出“立交桥”的设计稿。(图 4-90)这是中班的孩子在搭建“立交桥”的场景。(图 4-91)

图 4-90　幼儿“立交桥”的设计图

图 4-91　用炭烧积木实现设计稿上的“立交桥”

第二阶段：出现的问题与优化

1. 问题：

(1)在炭烧积木室的建构游戏中，我们不难发现，孩子们在搭建作品的时候，设计稿常常无处安放。有的孩子一直把设计稿拿在手里，有的孩子随处放置设计稿。

(2)在活动中我们还观察到，炭烧积木室的积木摆放得比较高，一些身高不足的孩子们难以拿到高处的材料，使得老师忙碌于帮助孩子拿材料，观察孩子搭建的时间就显得少了些，教师指导活动也不连贯。

(3)根据不同孩子的发展阶段，我们观察到炭烧积木室的环境给予孩子的教育支点比较少，难以推动孩子能力的提升。

2. 优化：

基于问题(1)，我们增添了一些小黑板，提供给孩子们张贴设计稿，有了存放设计稿的地方，孩子们在搭建的时候便能有序进行。大班的孩子在搭建时发现设计稿不合理还能与小伙伴一起修改设计稿，使得活动丰富生动，也培养了孩子与同伴相处的能力。对于问题(2)，我们进一步思考如何更合理地摆放炭烧积木，使得中大班的孩子在使用积木时更加便捷和安全。于是，我们把积木进行分类摆放，体积又大又重的重型积木，集中在储物柜的最底层摆放；把小巧轻便的小型积木统一放置在一组储物柜里；把长条的积木摆放在空间比较宽的位置，便于取放的时候与同伴保持距离，不被刮碰；并在每一积木类型处设置对应的图标便于取放。至于问题(3)，如何在搭建中给予不同阶段孩子教育支点，使得孩子能够主动搭建，显得尤为重要。为此，我们在炭烧积木室摆放了一些实物和图片：

一是对于在模仿学习阶段的孩子，摆放搭好的成品或者照片，让孩子尝试自己建构；

二是对于在塑造提高阶段的孩子，提供简单的框架式建构物，看上去是一件似像非像的作品，再经过孩子的动手创作，摸索出不同的造型方法；

三是利用或沿用孩子的作品，与主题游戏情节结合，进入联想阶段。老师合理地提供建构支点或巧妙地介入，大大提高他们对建构的兴趣，培养了孩子的坚持性，促成孩子“成功”，从而推动孩子在建构游戏活动中得到更好的发展。

【案例评析】

通过这个案例我们学习到许多有益的经验：

1. 因地制宜，合理利用有限场地空间。

半敞开的幼儿活动平台用玻璃封闭起来，并安上门，使之形成一个全封闭的活动室。对活动室的空间要进行合理的安排，幼儿进入活动室，首先映入眼帘的便是活动室墙壁及顶棚的布置，合理、美观的空间布置对幼儿有特殊的吸引力。

2. 功能室创设根据幼儿年龄特点，激发幼儿参与的积极性。

(1)炭烧积木室墙壁画面及装饰要适宜。孩子的个子小，我们永远要蹲下身子和孩子对话，所以，在墙壁的装饰上，我们就特别注意以幼儿的视线为标准，让孩子可以平视，真正地为孩子服务。

(2)材料的摆放要便于幼儿的取放。数量、内容的充足与丰富，能够激发幼儿的创造欲望，并应保证幼儿自由取放，便于选择和操作。

(该案例由广西幼师实验幼儿园林琳老师提供)

【温故知新】

1. 请分析幼儿园有哪些功能室，它们分别发挥怎样的教育价值。

2. 请说明幼儿园美术、科学、阅读、建构等功能室的环境创设重点是什么。分享一下如何通过环境创设实现幼儿自主游戏与个别化学习。

【拓展检测】

拓展探讨：幼儿园功能室创设应如何支持幼儿游戏中的学习？

参考答案：结合上述案例进行思考，可从功能室空间调整、材料增加更替、游戏过程记录等角度进行分析梳理。

资源链接：

一、视知觉理论与幼儿园室内空间创设

视知觉理论起源于心理学，由于人类的知觉是一种主动收集信息的过程，在这个过程中会依赖于听觉、视觉、味觉等身体机能，因此在空间环境的设计过程中应充分考虑面对群体的视知觉发展现状与基本情况。人在环境中的刺激大部分是由眼睛接收，这说明视觉对于人的感知结果非常重要，当我们通过感受器官把周围环境信息传递给大脑，就形成了知觉。幼儿园室内空间是幼儿停留最多的区域之一，空间色彩对于幼儿的影响非常关键。根据研究表明，3—4 岁的幼儿已经能够识别色彩的色相和明度；5 岁以后，基本能识别全部色相和大部分色彩明度。在这个年龄段内的幼儿受色彩的影响较大，通过视知觉理论进行合理的色彩设计，可以激发幼儿的学习潜力和创造性思维。

二、人文关怀视角下的幼儿园室内空间创设

首先，3—6 岁幼儿大部分身高在 990cm 至 110cm 之间，室内的基础设施要依据幼儿的水平视线去设计，一般 1. 3m 以下是幼儿观看学习的最好范围，要充分考虑 3—6 岁幼儿的视线以及感受。室内空间布局、桌椅高度和所配备的防护措施都要以适应幼儿的身体机能发展的需要为目标去建立。其次，幼儿对周边突发危险存在戒备视野范围局限，导致头顶发生危险时并不能及时察觉，因此室内高处避免摆放易掉落的物体。幼儿的呼吸系统、皮肤、牙齿和胃全都比较脆弱，要保证所使用的创设材料符合卫生健康标准。要保障室内空气自然流通。年龄偏小的幼儿骨骼和肌肉发育不完全，平衡性较弱，易摔倒，幼儿园室内要避免尖锐家具的使用，尽量采用圆角、弧形去设计，卫生间地面应设置防滑垫，可在活动空间地面铺设部分硅胶地垫、无毛絮的抱枕等软性材料，减缓幼儿摔倒时的伤害，降低在玩闹过程中受到的伤害，保障幼儿安全。最后，他们精力旺盛、思维跳跃、行动力强，对未知事物充满好奇心并拥有很强的探究欲望，经常通过触摸或者操作来完成学习。室内空间创设要顺应孩子的这种行为模式，建设多元化的室内环境，满足孩子全方位多方面的发展，既有大面积公共活动区域和小伙伴一起玩耍，也有部分独立小空间或半封闭空间便于独自玩耍，给幼儿独立思考的环境。这样可以培养他们的自我意识，提高思维能力。

【综合实践】

1. 选择一个案例撰写读后感，谈谈你对室内空间创设的认识和理解。

2. 请按照活动室内生活空间、教学空间和游戏空间的划分，制定一个班级的室内空间创设方案，从室内空间布局划分、基础色调及特色、三类空间环境(生活、游戏、学习)及活动等方面进行设计阐述。

第五单元

幼儿园环境综合利用及案例评析

【情境导入】

幼儿园环境创设融入传统节庆、本土化资源等元素，有助于帮助幼儿感知文化的多样性和差异性，丰富幼儿的生活经验。幼儿园某班在创设中秋节环境的时候，教师查阅了很多极富美感的节庆环境创设素材，通过教师的筛选和讨论，制定出环境布置的预设计划。为了营造中秋节的氛围，班级教师决定以黄色和蓝色为主色，利用废旧材料制作了“圆月”“玉兔”“月饼”等中秋节经典的形象。教师按照预设的计划完成中秋节环创布置后，在组织幼儿开展了解、感受中秋节的相关活动时，却发现孩子对这个环境充满了距离感，他们不会去好奇这个地方为什么要这样布置，也没有积极讨论、主动参与的意愿，教师深感疑惑：“为什么我如此用心去进行环境的布置，却不能激发孩子们的兴趣?”那么，究竟应如何根据中国传统节庆、本土特色资源特点“扎根树人”，以提升对传统节庆文化、少数民族传统节日的认识和理解？如何创设基于幼儿身心发展规律的育人环境？如何在为幼儿的生活和学习而设计环境的同时积极引导幼儿参与环境的创设？

【单元聚焦】

中国传统节庆环创、少数民族节庆环创、本土优势资源环创

第九课

优势本土资源“扎根”

【学习目标】

1. 知道本土特色资源环境创设的重要性。
2. 感知幼儿园本土特色资源环境创设对幼儿的重要意义。
3. 掌握建构本土特色资源环境创设的策略。

【学习准备】

1. 阅读预习

《幼儿园保育教育质量评估指南》《关于当前发展学前教育的若干意见》《幼儿园教育指导纲要(试行)》《3—6岁儿童学习与发展指南》。

《与孩子们共同生活——幼儿教育的原点》(日)高山自子，华东师范大学出版社2009年版；《我心目中的学习——儿童视角的教育研究》，黄力著，光明日报出版社2011年版。

2. 思考求解

①教师如何记录幼儿的环境创设过程?

②幼儿如何通过环境成为幼儿园课程的主人?

③假如你来当老师，你准备如何进行幼儿园本土特色资源环创?

3. 自我预检

幼儿与环境是什么关系？幼儿可以实际参与哪些相关的环境创设？对幼儿成长有何意义和价值?

【学习领航】

本土特色资源是幼儿教育的资源宝库，利用本土资源创设幼儿园环境，发挥幼儿在环境创设中的主体地位，不仅可以丰富幼儿园课程内容，还可以促进幼儿对本土文化的了解和认知，提升文化认同感，培养文化归属感和文化自信，树立民族共同体意识。通过环境创设营造浓厚的文化氛围，感受本土资源的丰富多彩，有助于培养幼儿的审美能力，增进民族认同感，为传承本土文化起到关键性作用。

【学习支持】

案例1：壮族“三月三”民族博物馆

【案例导读】

在壮族地区，壮族“三月三”是以唱歌为主要活动内容的祭祖节日，因此又叫歌圩节、歌婆节或歌仙节，这种活动在春秋两季要举行很多次，而“三月三”这一次最为隆重。因此，壮族地区幼儿园会将“三月三”作为重要的课程资源，在“三月三”前后开展系列主题活动，内容包括：组织孩子们穿上漂亮的民族服饰，跟小伙伴一起唱山歌、跳舞；提供材料让孩子们参与制作好吃又好看的五色糯米饭、簸箕宴等；另外，还有好玩又有趣的抛绣球、走板鞋、跳竹竿等民族体育游戏。因此，“三月三”也成了孩子们最喜欢的节日之一。在生成主题课程的同时，幼儿园也非常注重环境的创设，尤其是幼儿参与式的环境创设。本案例则以幼儿参与环境创设为依托，充分挖掘民族博物馆蕴藏的教育契机，通过开展幼儿园“民族博物馆布展”活动，呈现了不同阶段的经验、体验及规划，以更好地践行儿童视角的幼儿园环境创设，实现教师与幼儿的共同成长。

【案例描述】

幼儿园开展壮族“三月三”系列活动是我园民族主题活动实施过程中颇具特色的亮点。各班以不同形式、方法来进行环境呈现和展示，让主题内涵得以多元化、多角度、多层次地诠释。为了更了解“三月三”及该节日下的壮族文化，我们组织孩子们一起到广西民族博物馆参观，参观结束后孩子们印象最深刻的是“迷宫”“宝贝”和“安静”。从中我们可以读取出孩子们对博物馆布局的惊叹，对博物馆展品来源的好奇与欣赏，以及对博物馆参观要求的感叹。因此，我们决定从孩子们对此次参观的“感受”出发，展开“三月三”博物馆的环境创设工作。

第一阶段：参观环境，积累环创经验——认识博物馆

我们借助广西民族博物馆参观活动，对幼儿的博物馆经验进行统整。

1. 在广西民族博物馆你看到了什么？

2. 除了广西民族博物馆，你还参观过哪些博物馆？他们有哪些特点？

在参观了广西民族博物馆之后，我们开展了谈话活动，对幼儿已有的“博物馆”经

验进行调查，谈话中发现很多孩子都有过参观博物馆的经验。而这些博物馆则各有主题，有的是科技主题，有的是人文主题，有的是自然主题，有的是艺术主题，博物馆的名称也各有特点……(图 5-1)这向孩子们传递了一个信息，博物馆需要有“主题”和“名称”。随着幼儿对各个博物馆话题的热议，有幼儿提出了要把我们班也创办成一个博物馆的建议。教师就此与幼儿展开谈话，还举行了博物馆取名字的征集和投票活动，最后博物馆名称选定为：“我的三月三”。(图 5-2)

图 5-1　我认识的博物馆

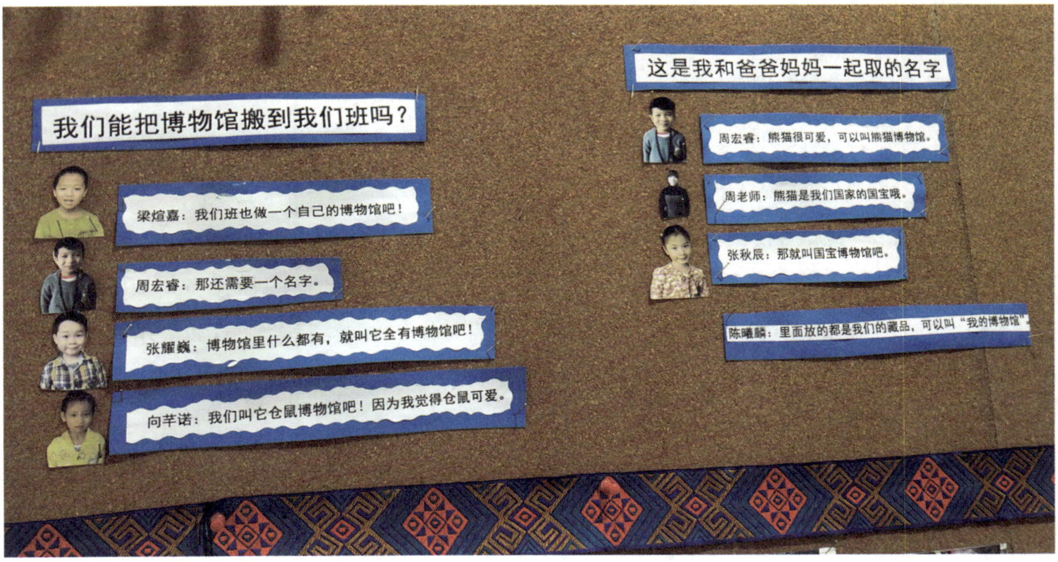

图 5-2　我为博物馆取名

第二阶段：积极体验，创设环境——创设“我的博物馆”

为了更好地布置“我的三月三”博物馆，我们再次组织了参访博物馆活动，本次参访幼儿带着问题、分组进行。参访记录表内容如下：

1. 选择哪一类主题的博物馆？

2. 该博物馆主要展厅有哪些？

3. 如何制定博物馆内的参观路线？

4. 博物馆里最受欢迎的展厅是哪一个？在哪个位置，是怎么布置的？

教师制定参访记录表，让孩子们带着“如何布置博物馆”的相关问题再次参观博物馆。接着，幼儿通过亲身感受、动手绘制和参观询问等方式将获得的信息进行迁移，思考“我的三月三”博物馆布置的思路：第一，“我的三月三”博物馆一定要切合“三月三”主题。第二，须按内容将“三月三”的传统节庆活动进行划分。第三，从安全方面考虑，制定科学有序的参观动线。第四，引导幼儿思考影响各“展厅”摆放位置的因素，如兴趣等。

第三阶段：用心思考，规划环境——壮族“三月三”博物馆的规划

1. 借助主题活动，了解“我的三月三”博物馆展厅。

借助园级和班级“三月三”主题活动开展，孩子们对“三月三”这一传统节日有了更深的认识。知道了“三月三”有：美食类活动，比如五色糯米饭、彩蛋等；表演类活动，如对山歌、抢绣球、竹竿舞等；工艺类活动，如壮锦、花山、铜鼓等。于是，我们将这些分类好的内容进行布展，并在孩子们的投票选择中确定了“展厅”名称：

壮锦巧手厅，即美工区；花山宝藏厅，即阅读区；

大地飞歌厅，即表演区；五色美食厅，即生活区；

最美壮乡厅，即建构区；壮娃益智厅，即益智区。

2. 借助家长资源，收集“我的三月三”博物馆陈列“宝贝”。

在确定了各展厅的主题，了解了“三月三”的习俗之后，我们借助家长资源，引导幼儿和爸爸妈妈一起收集可以布置在各展厅里的“宝贝”——材料。什么样的东西才是“宝贝”？才适合放进“我”的博物馆里呢？幼儿对此有自己独到的见解，教师非常尊重他们的观点。但对于“宝贝”的展出方式，幼儿遇到了困难：有的“宝贝”属于贵重物品、大件物品不便展出如何处理？经过幼儿们的共同讨论，他们决定：贵重物品和大件物品以拍照的形式展出，中等大小的可以实物展出。（图 5-3 至图 5-7）在对幼儿收集来的材料进行选择、分类和统整后，“我的三月三”博物馆也有了雏形。

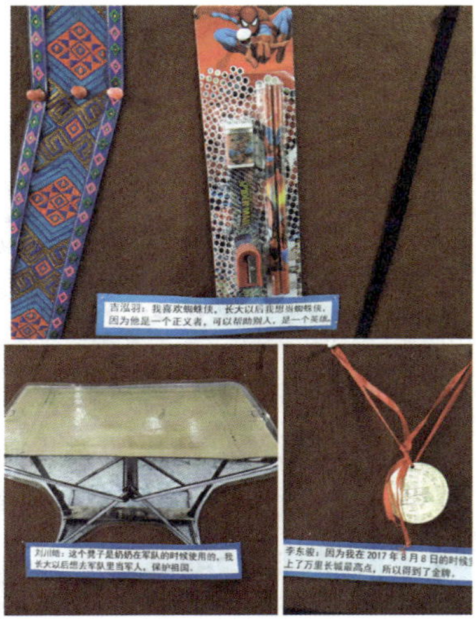

图 5-3　幼儿的藏品(一)

图 5-4　幼儿的藏品(二)

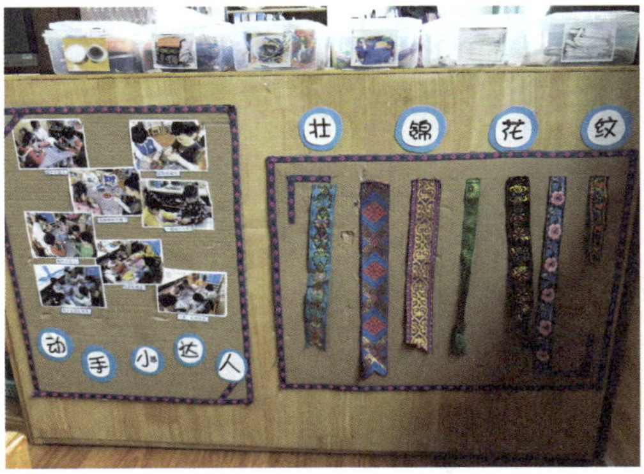

图 5-5　壮锦巧手区之花纹系列

图 5-6　壮锦巧手区之纸盘系列

图 5-7　壮锦巧手区之花瓶系列

在“最美壮乡厅”，幼儿使用常见的几何图形积木，运用围合、垒高等技巧有创意地拼搭建风雨桥、吊脚楼、栏杆。（图 5-8、图 5-9）

图 5-8　壮乡风雨桥

图 5-9　壮乡吊脚楼

第四阶段：你我都是主人，共护博物馆——建立博物馆规则

在博物馆初步成形之后，我们又开始围绕孩子们对博物馆“安静”的感受进行讨论，并通过对博物馆环境进行回忆，制定出以下“我的三月三”博物馆规则：

1. 博物馆和班级一样都是公共场所，因此也需要保持安静，仅限小声交流，不能大声喧哗。

2. 博物馆很多东西被“玻璃”保护着，防止被外力、噪音等破坏，班级里的展品虽没有那么宝贵，但也需要玩时轻拿轻放，用完及时整理。

3. 博物馆有很多消防栓，以防火灾对展品的伤害，因此我们也利用家长资源，联合南宁市消防支队经济技术开发区大队开展了“消防安全在心中”的活动，更好地将活动向更广更深的方向推动。（图 5-10、图 5-11）

图 5-10　“消防安全在心中”系列活动

图 5-11　班级环创全景

【案例评析】

1. 利用当地资源拓展幼儿有关“三月三”的经验。

我们地处广西首府，具有地域的优势，相关的文化就在幼儿身边，便于寻找和查找资料，便于参观和学习，能够为幼儿提供比较完整、系统和标准的知识内容。因此，本案例以博物馆为立足点，同时利用家长资源，引导幼儿了解壮族文化相关经验。

2. 通过幼儿参与环创深化幼儿对“三月三”的经验。

如果说“三月三”相关活动的开展，是对幼儿经验的拓展，那么幼儿参与创设“我的三月三”博物馆，便是对幼儿经验的深化和迁移。本案例以认识博物馆——创设博物馆——保护博物馆为横向方式开展，以培养幼儿看、听、说、做为纵向方式开展，既有一定的宽度，也有一定的深度，有利于幼儿的全面发展。

（该案例由中共广西壮族自治区委员会机关保育院黄翠云老师提供）

案例2：大理三月街民族节

【案例导读】

有一首歌谣是这样唱的：“一年一度三月街，四面八方有人来，各族人民齐欢唱，赛马唱歌做买卖。”唱的就是云南大理的三月街民族节。大理三月街民族节已经成为世界认识大理，大理走向世界的重要桥梁。那么，如何利用好这一特色鲜明的节庆资源，让幼儿通过环境成为课程的主人，提升民族自信和民族认同，传承发扬优秀民族文化呢？本案例重点介绍“赶三月街”主题环境的创设与“幼儿园里三月街”特色活动的打造，从室内延伸拓展到室外，集中展示幼儿园民族文化月特色教育教学成果，拉近亲子、家园、师幼之间的距离，将中华民族一家亲和中华民族共同体意识在幼儿园里生动呈现。

【案例描述】

“一街赶千年，千年赶一街”，大理三月街，又叫三月街民族节，也称“观音市”“观音街”“祭观音街”。“三月街”始于唐代，延续至今，是大理白族传统盛大节日，也是白族传统的民间物资交流和文娱活动的盛会。大理的孩子们都有和家人赶“三月街”的经历，“三月街”上琳琅满目的商品，特别是特色美食，是孩子们最感兴趣的事物。而“三月街”上的活动，如：赛马、射箭、对歌等大型文娱活动也成了孩子们谈论的对象。如果将“三月街”上“唱歌跳舞做买卖”的真实场景搬到幼儿园里会怎样呢？于是2019年幼儿园首创了“幼儿园里三月街”民族文化节活动，因疫情影响，至今成功举办两届。从首届的初尝试到第二届的再深入，氛围营造更加浓厚、活动设计更加丰富、材料投放更加多样、幼儿参与更加主动、收获体验更加深刻、课程建设更加灵动。通过创设以大理白族民居建筑、“三月街”地方特色美食以及大理民族手工艺等为主要内容的主题环境，让幼儿在环境中熏陶、在活动中体验、在游戏中学习，增进了幼儿对家乡、对民族的自豪感和热爱之情。

第一阶段：转变理念，创设基于儿童视角的主题环境

《幼儿园教育指导纲要(试行)》中指出：环境是重要的教育资源，应通过环境的创设和利用，有效地促进幼儿的发展。而以前的主题环境创设多以教师为主，呈现的是一些展示性、观赏性的环创作品，鲜有幼儿的学习痕迹。幼儿的作品少之又少且长期固定不变，环创位置过高，超出幼儿平视的范围，不能很好地与幼儿产生互动，环创的教育价值和育人功能没有得到充分体现。为了深入贯彻落实《指南》《纲要》精神，真正体现幼儿的主体地位，幼儿园从环境创设入手，转变教师的儿童观、教育观。在主题环境中要求：(1)环境创设以儿童为本，紧扣主题：内容丰富，清晰体现主题的渐进性；(2)体现幼儿的参与性和互动性：幼儿参与墙饰材料的收集、制作，环创符合幼儿年龄特点、经验和需求，内容与幼儿生活相贴近，反映幼儿发现问题、探究问题、解决问题的过程；(3)环创材料以生活化、废旧材料为主，体现独创性：体现本班特色，教育价值明确；(4)环创风格简洁自然，体现审美感：色彩和谐、统一，布局合理，形象可爱、有童趣。通过外出观摩、参考借鉴、实践应用、尝试创新，教师转向儿童视角，以幼儿为主、教师为辅，注重操作性、互动性，丰富灵动的主题环创在各年级、各班级逐渐精彩呈现。(主题环创前后对比，图5-12至图5-15)

图5-12 “三月街”主题环创(前)

图5-13 “三月街”主题环创(后)

图 5-14　“三月街”区角环创(前)

图 5-15　“三月街”区角环创(后)

第二阶段：主题铺垫，师幼做好知识、经验和材料准备

结合幼儿的年龄特点和兴趣需要，各年级组教师让幼儿在听一听、看一看、尝一尝、玩一玩、画一画中逐渐建立起有关“三月街”的“知识大厦”，在一次次的游戏和活动中，幼儿对“三月街”的由来、“三月街”的风俗“如数家珍”，积累了丰富的知识经验。以中班年级为例，教师和幼儿共同创设了 7 个游戏区域，孩子们在美工区里制作白族包头、领褂、挎包、白族草帽，在益智区里玩赛马飞行和大理一日游飞行棋、大理三塔拼图，在建构区里搭建三月街牌坊、大理古城门、对歌台，在阅读区里用手偶表演“三月街”的传说故事，在角色区里扮演俏金花开超市，在生活区里揉饵块、烤乳扇，在表演区里开设蝴蝶之梦大剧场，进行歌曲表演。数量充足、种类多样的材料，自主温馨、安全舒适的环境使得幼儿更加积极、主动地投入主题，而幼儿学习、游戏的痕迹资料、幼儿习得的知识经验又可以作为环创素材使用以及游戏材料和游戏经验转换运用。(图 5-16 至图 5-20)

图 5-16　益智区：大家来找茬

图 5-17　益智区：赛马飞行棋

图 5-18　表演区：蝴蝶之梦剧场

图 5-19　建构区：搭建三月街牌坊

图 5-20　角色区：俏金花超市

第三阶段：家园合力，幼儿、教师、家长全面做好筹备和布置

当孩子们对三月街民族节的兴趣达到高潮时，“三月街”的会期也即将到来。俗话说：“凡事预则立，不预则废。”为了更好地保障活动顺利开展，活动前幼儿园先向各班幼儿和家长广泛征集三月街民族文化节的活动主题和活动项目，然后制定活动方案和安全预案，根据幼儿园户外活动面积和空间布局，对活动场地进行规划设计。首届民族节在户外举行，因幼儿园户外活动场地面积较小，采取分年级的形式分组开展，将 890 平方米的场地划分为 50 个摊位，每班 12 个摊位，每个摊位由 2—3 家不同的幼儿家庭组成，家庭小组共同选定摊位项目，购置或自制游戏、食物材料，设计摊位牌坊。（图 5-21）第二届民族节在室内外联合开展，从大门入口开始布展，结合各年级楼道、过厅和班级环创，规划出开场表演区、班级摊位游戏区、年级摊位游戏区三大块区域，每块区域再细分为不同的项目和摊位，让整个园区里的每个区域、每个空间都弥漫着浓厚的节日氛围。（图 5-22）

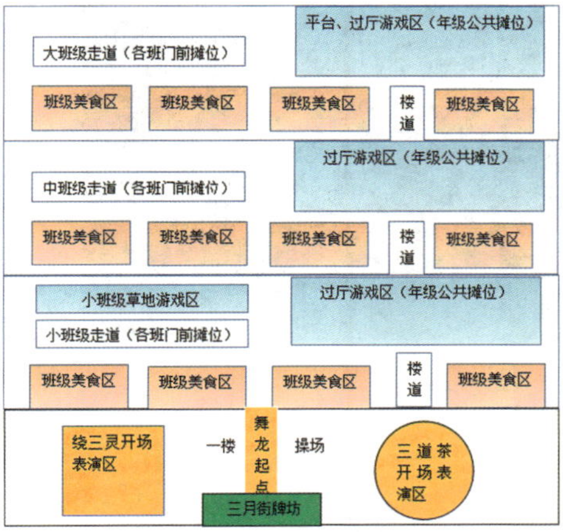

图 5-21　首届民族节场地划分图

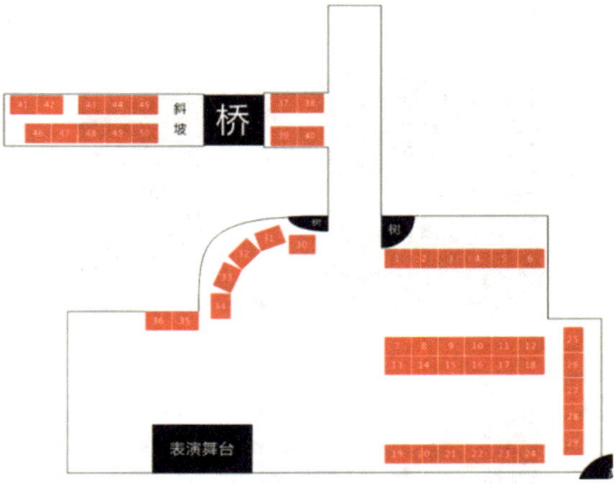

图 5-22　第二届民族节室内外场地图

第四阶段：寓教于乐，将丰富的教育内涵蕴于活动、融于环境、隐于材料

民族文化节活动分为三个环节进行：开街→赶街→收街，从大门口环境的布景、材料的使用到开场表演材料的制作再到各班级、各年级游戏环境的创设、游戏区域的划分、游戏项目的设计以及材料的投放使用等，教师和家长精心设计筹备，与幼儿一起讨论准备，支持、鼓励幼儿参与活动的创设，每一个环节中都包含着环境的隐喻作用。比如：开街时幼儿园会用舞龙进行开场，伴随着欢快的音乐，两名男教师带领 12 名大班幼儿分两队，从铺满松毛的“三月街”牌坊出发，环绕场地进行耍龙，牌坊上的松毛对于生活在城市里的大多数孩子来说较为陌生，因此为了原汁原味地体现出大理白族风味，幼儿园充分利用家长和社会资源，积极发动农村的家长朋友提供松毛用于牌坊装饰和地面铺设。而开场表演中舞的龙是区角游戏中师幼共同制作完成的，材料、造型虽简单，但是动手制作的乐趣、亲身参与的满足、完整作品的展现令孩子们很激动、很兴奋。而在赶街时，也可以从摊位的广告牌上、摊位的布置准备中看到幼儿参与的痕迹。为了让幼儿真实感受买卖的场景，幼儿园还专门设置了零钱置换区，在这个“小小银行”里，幼儿可以用 10 元置换 10 张 1 元或 20 张 5 角的纸币，将数学知识运用到真实的生活情境中，学有所用、学以致用。幼儿、家长身着大理各民族服饰，挎上自己做的民族包包，游走在各种各样的美食、游戏、玩具、手工摊位前。有的约上小伙伴，三三两两，高高兴兴地赶街，有的拉着父母的手，害羞地指着想要的东西。小金花、小阿鹏们做起了“买卖”，你来逛我来买，玩得不亦乐乎。（图 5-23 至图 5-30）

图 5-23　“三月街”牌坊

图 5-24　师幼舞龙开场

图 5-25　开场“绕三灵”表演

图 5-26　零钱置换“小银行”

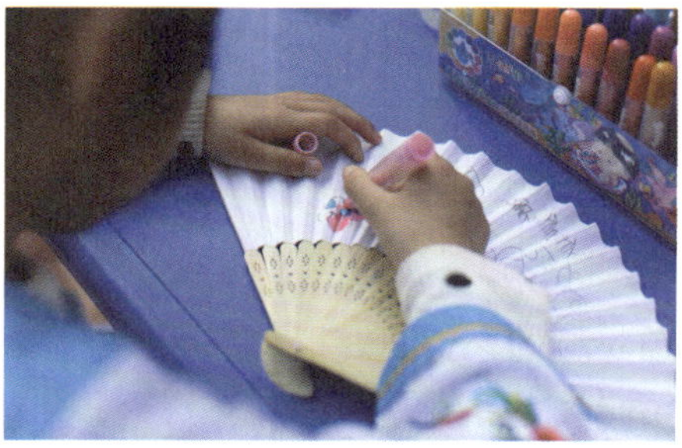

图 5-27　手工摊位

图 5-28　美食摊位

图 5-29　幼儿买卖交易

图 5-30　幼儿赶街购物

第五阶段：总结复盘，动态调整，不断丰富幼儿的游戏学习环境

每次赶街结束，幼儿园都会要求全年级幼儿、家长和教师一起对场地进行收拾整理，让幼儿养成爱护环境的良好习惯。此外，还会组织游戏分享环节，为幼儿提供活动照片、视频，让幼儿在分享交流中发现问题、总结经验，如：开场表演中幼儿想要制作舞龙，教师在区角中为幼儿提供了纸板、纸箱、竹竿等材料，但是龙头与龙身无法顺利连接，通过观看开幕式表演视频，幼儿选择用渔网设计龙身，顺利解决了难题（图 5-31）；在生活区中投放小额人民币、三道茶制作材料，供幼儿真实模拟买卖场景，体验购物乐趣。（图 5-32）活动结束，教师还为幼儿提供画笔、画纸，让幼儿绘画自己的游戏故事，用来充实班级主题墙，将活动中剩余的材料投放到区角中，进一步丰富幼儿的游戏材料。随着主题活动的推进，主题墙的创设从空白到留白再到丰满，是动态变化的、不断丰富的。主题活动结束时，教师还会及时将幼儿的作品收集到幼儿个人的成长档案袋中，对主题活动进行完整地展示和总结。自始至终，教师坚持生活化、民族化、游戏化的原则，无论是环境规划布置还是材料投放使用都从生活中选材，吸引幼儿参与主题环境和特色的活动，让幼儿在发现问题、解决问题中不断改进环创、调整材料以支持活动顺利开展，促进幼儿学习发展。

图 5-31　观看“三月街”开幕式

图 5-32　纸币购茶体验

【案例评析】

1. 墙面、活动区等是课程实施的重要环境载体，它们以直观形象的方式和丰富多样的材料记录了已经和正在实施的课程活动和学习轨迹，使课程不断地延伸、丰富、推进和深入。而材料作为重要的环创媒介可以吸引幼儿的注意和兴趣，自然生活中的、安全废旧的材料更贴近幼儿的生活环境，更能激发幼儿探索尝试的欲望，让幼儿更加积极主动地参与环境创设和空间布置。

2. 家长、社区是幼儿园的重要合作伙伴，特别是有效学习的环境创设离不开家长和社区的帮助，所以，幼儿园应当充分挖掘周边资源和家长资源，积极邀请家长和社区朋友参与主题活动中，整合多方资源，与幼儿一起创设鲜活的、丰富的学习游戏环境，以幼儿感兴趣的、喜闻乐见的方式呈现，让幼儿看得到、摸得着，喜欢做、乐意做，喜欢玩、乐意玩，在做中学、在玩中学。

3. 在民族文化主题活动中，活动过程不是教师教、幼儿学，而是教师与幼儿、家长共同创设相应的环境，共同收集材料，让幼儿在活动中与环境、材料互动，获得知识与经验。不是教师在主导活动的全部内容，而是与幼儿、家长共同讨论、推进活动，幼儿是课程的主人。

（该案例由大理白族自治州幼儿园王娅蓉老师提供）

案例3：仫佬族依饭节

【案例导读】

节日民俗文化源于生活，与儿童的现实生活状态紧密相连，并以幼儿喜闻乐见的形式存在于幼儿的生活之中，符合幼儿园课程生活化、游戏化的要求，是独具价值的、鲜活的幼儿园课程资源。那么，如何利用仫佬族独特的依饭节课程资源，引导幼儿积极主动地通过讨论、构思、动手操作等多种形式参与环境设计、资料收集、材料准备、制作与装饰，将节日民俗文化渗透到幼儿园环境中，帮助幼儿以自主的学习和游戏来获取知识经验，使幼儿自然而然地了解家乡传统节日文化，受到传统文化的熏陶，从而使幼儿的能力得到最充分的提升呢？

【案例描述】

依饭节是罗城仫佬族自治县特有的传统节日，是仫佬族人民庆丰收和传承非物质文化遗产的节日，在每年农历立冬前后举行，一般会持续3天左右，节日期间会举行原生态祭神仪式、民族歌舞表演、民族体育竞技等庆祝活动。随着时代的发展，现在的依饭节已成为罗城仫佬族自治县推广本民族文化旅游的重大节日，依饭节开节仪式这一天，各种形式的文娱活动、买卖活动纷然呈现，热闹非凡，各式各样的民族艺术品、手工艺品、特产、特色美食让人目不暇接。置身其中，不仅能让人心情愉快，还能了解各种民俗文化样式，吸引了很多的外地游客前来与仫佬族人民一同欢度原汁原味的民俗文化节，感受浓郁的仫佬族风情。

作为民族的希望，幼儿应从小学会尊重和理解本民族民俗文化传统，并在将来继承和发展民俗文化的精髓。于是我园尝试把依饭节搬进幼儿园，创设以仫佬族节日文化、手工艺文化、饮食文化等为内容的环境，增进幼儿对依饭节民俗文化的了解和对家乡的热爱之情。

第一阶段：确定民俗主题

活动前向各班幼儿和家长广泛征集依饭节民俗活动主题，各班确定一个民俗项目。大班组选择仫佬族特色美食，中班组选择仫佬族手工技艺，小班组选择仫佬族民间游戏。全园都有了研究项目，这样各班孩子都对依饭节传统民俗有了了解；接着，利用幼儿园户外场地、功能室，布置各班研究项目的民俗区域环境；最后，开展“依饭节”民俗体验活动，让幼儿通过看一看、尝一尝、玩一玩、动手制作等多种形式，获得依饭节相关经验。

第二阶段：师幼共创民俗摊位全过程

一、反思幼儿参与环境创设存在的问题

回顾以往，环境创设工作基本上是由教师“一手包办”，为了美化环境和向成人展示成果，环境创设的设计者和实施者均以教师为主。尽管教师意识到要让幼儿参与环境创设，但通常都是以表面化的或者形式化的方式进行，比如让幼儿收集一些材料、交一份美术作品、一张照片，或者帮教师“打下手”。这种“参与环创”的方式就是按教师的指示完成一些具体的辅助性任务，很多时候与幼儿兴趣和需要无关，所以幼儿在进行所谓的“操作”时，很难产生好奇、探索、发现等思维活动。幼儿在操作的过程中也很少涉及合作、协商、分享等行为，因而失去了影响和促进幼儿发展的教育价值。

二、改变教师主导环境创设的观念，倡导师幼齐参与环境创设全过程

陈鹤琴先生曾说过：“通过儿童的思想和双手所布置的环境，可使他对环境中的事物更加认识也更加爱护。”新的教育观、课程观也提示我们应多倾听、了解幼儿的认识和想法，并将幼儿参与环境创设融入课程，引导他们积极主动地通过讨论、构思、动手操作等多种形式参与环境设计、资料收集、材料准备、制作与装饰。于是，我们将通过课程与幼儿一起进行民俗区域的环境创设，开启仫佬族文化的探索旅程。

以大一班创设“龙岸大头粉店”为例。

(一)准备开始

1. 一碗大头粉引发幼儿兴趣，建立共同的经验。

(1)大头粉是什么样子的？它是什么味道的？粉里搭配有哪些配料？

(2)大头粉起源于罗城的哪个乡镇？

(3)小结：大头粉是龙岸镇人们在劳作中不断研制以手工制作出来的一种地道的原味绿色美食，是适宜男女老少食用的一种保健食品。(图 5-33、图 5-34)

图 5-33 大头粉

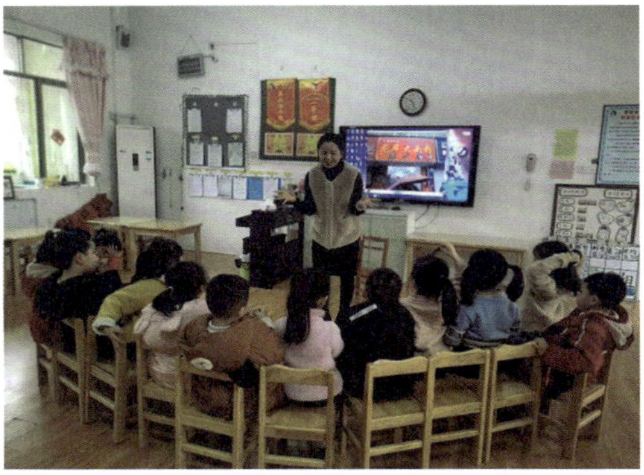

图 5-34 经验分享

2. 提出“创设大头粉店”的任务，列出问题清单。(图 5-35)

(1) 大头粉是怎么制作的？制作大头粉需要什么工具和材料？去哪里收集工具和材料？

(2) 你们想怎么布置“大头粉”店铺？需要哪些材料？去哪里收集材料？

(3) 店铺里制作大头粉的区域在哪里？配料摆在哪个地方？客人吃粉的桌椅摆放在哪里？你想给粉店起个什么名字？价格表怎么设计？

3. 讨论有哪些可能的策略可以解答问题。

(1) 谁能够回答你的问题？

(2) 你可以去哪里寻找问题的答案？

(3) 总结：通过查找资料、询问有经验的人、去大头粉店铺参观访问等方法寻找答案。

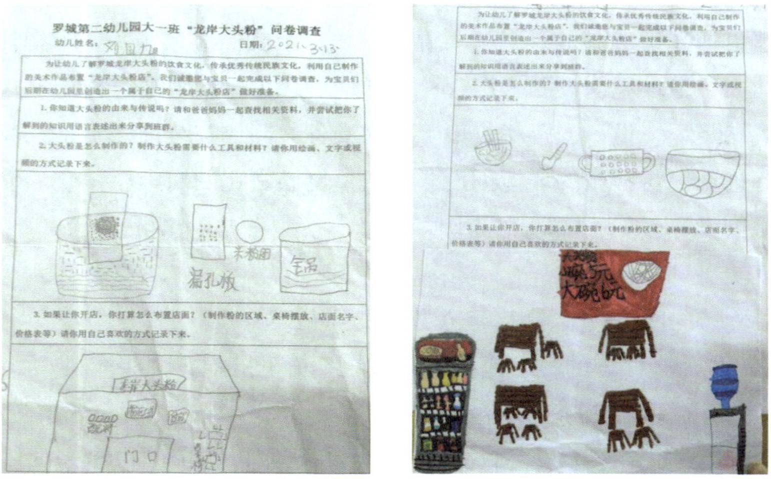

图 5-35 “大头粉”问卷调查表

（二）实地参观“大头粉店”

1. 分组。

经过商量，幼儿分成两组分别到不同地点的大头粉店进行参观。为了让每个幼儿都能参与其中，教师引导幼儿根据自己的兴趣与特长选择进入访问组、记录组、设计组。

2. 准备。

在参观之前，各组分别讨论要去参观的地点，提前联系好粉店的老板与他预约参观的时间，列出要采访的人和问题，制订出行计划，准备所需的记录本、笔、录音机、相机、摄像机等物品。

3. 参观。

到达参观地点，大家分工明确，各司其职。访问组负责采访粉店老板、顾客；记录组有的负责记录受访者的答案，有的负责录音，有的负责摄像、有的负责拍照；设计组负责观察粉店的店面装修、店名、布局、物品摆放等细节，并通过画图或拍照的方式记录下来。（图 5-36 至图 5-41）

图 5-36　到达参观地点

图 5-37　讨论分组

图 5-38　炉灶煮的大头粉

图 5-39　电锅煮的大头粉

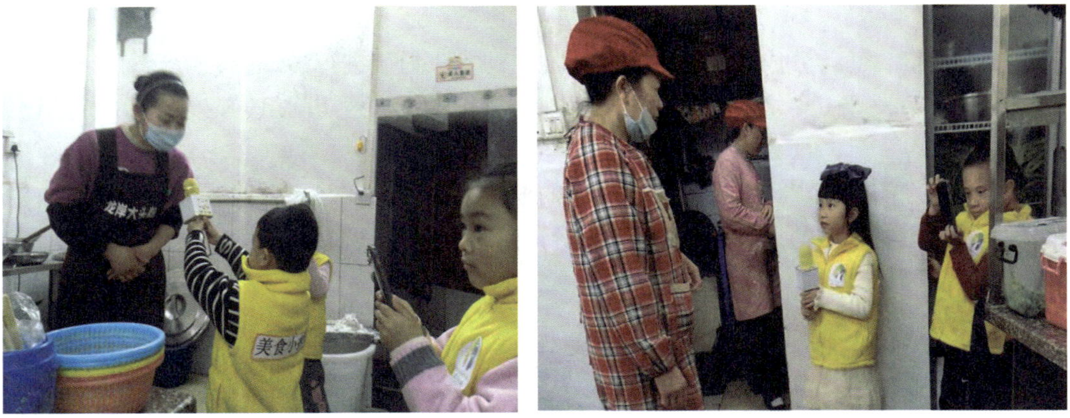

图 5-40　采访粉店老板

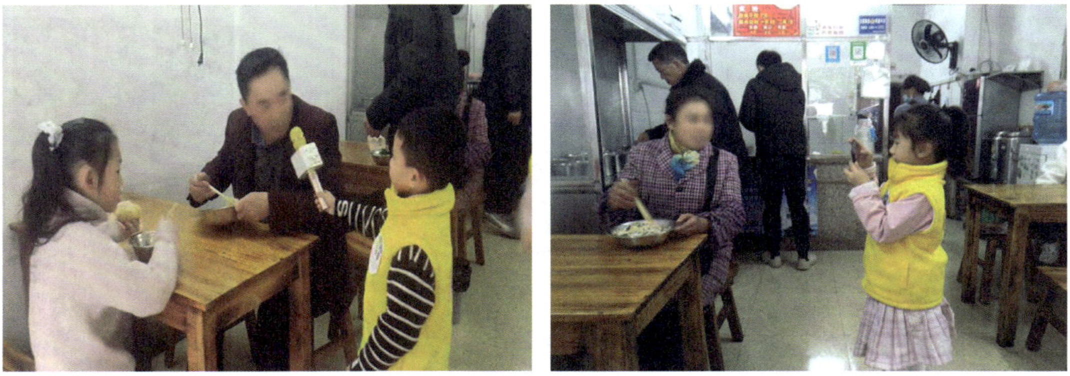

图 5-41　采访粉店顾客

（三）回顾与温习参观访问经验

1. 从实地调查地点回来后，教师便组织幼儿进行经验回顾。幼儿互相分享他们记得的、喜欢的、令他们吃惊的以及他们真正感兴趣的东西。

2. 教师拿出第一次罗列的问题清单引导幼儿说出自己的想法，当幼儿对于一些问题比较模糊时，教师提醒幼儿使用那些去实地参观时所收集的记录、照片、视频，在里面找寻答案。

3. 讨论并设计摊位的整体布局、门面招牌、名字等。

4. 每个小组的设计师画出大头粉摊位设计图。（图 5-42 至图 5-45）

图 5-42　幼儿在设计

图 5-43　师幼在讨论设计稿

图 5-44　幼儿的设计稿

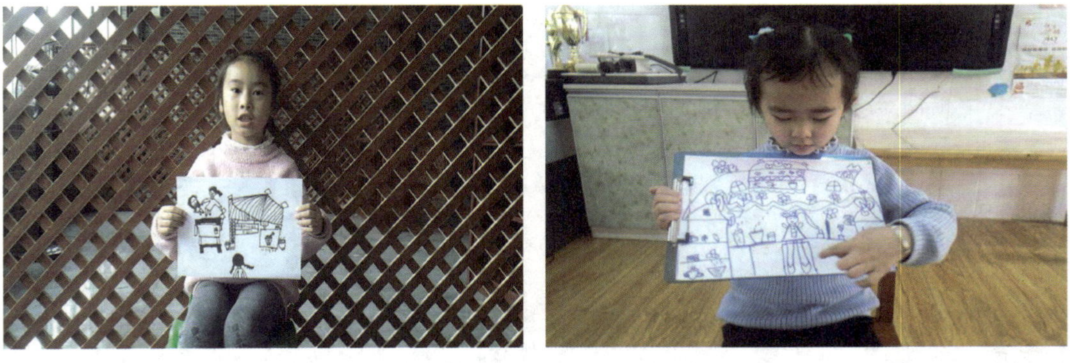

图 5-45　幼儿在介绍自己的设计想法

(四)师幼创设“豪华龙岸大头粉店”

1. 幼儿从家里带来收集到的物品。(图 5-46、图 5-47)

图 5-46　大头粉搓板

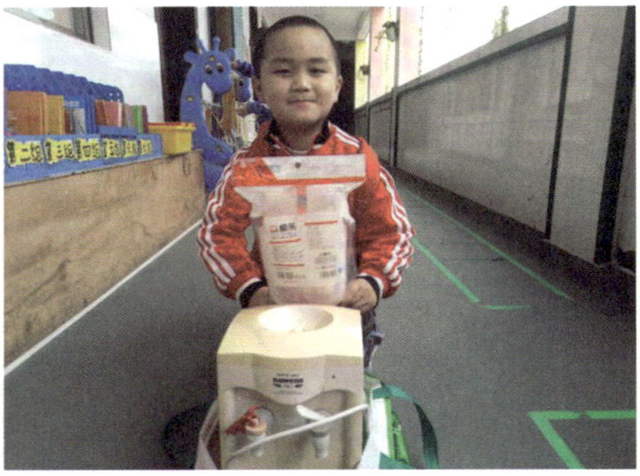

图 5-47　饮水机

2. 幼儿制作布置摊位的装饰品。(图 5-48)

图 5-48　制作摊位装饰品

3. 教师带领幼儿到实地规划摊位的物品摆放。(图 5-49)

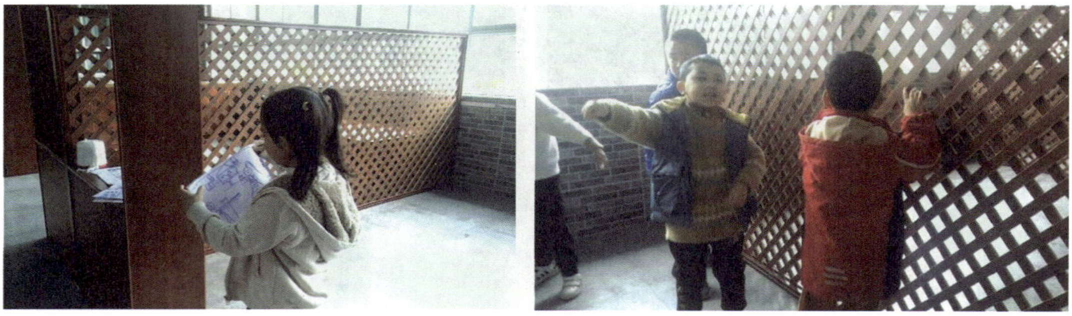

图 5-49　实地规划摊位物品摆放

4. 师幼合作将设计好的店面招牌、制作大头粉流程图、宣传展板、收集到的材料与工具摆放到摊位里。(图 5-50)

图 5-50　布置摊位

当“豪华龙岸大头粉店”创设完成的时候，孩子们兴奋极了。整个探索的过程，孩子们通过与周围各种人、事、物的相互作用，知识与经验不断丰富，环境中呈现出幼儿生活、学习中的所见、所思、所想、所做的学习与发展轨迹。(图 5-51)

图 5-51　豪华龙岸大头粉店

第三阶段：各民俗摊位环境展示

一、仫佬小吃一条街

仫佬山乡的特色概括为“三尖”，“山峰尖”“笔头尖”“筷子尖”。“筷子尖”是指用美食美味热情待客。仫佬族人们手工制作的菜包、白糍粑、狼棒等美食传遍仫佬山乡。(图 5-52 至图 5-55)

图 5-52　白糍粑店

图 5-53　仫佬方言“七”(吃)狼棒店

图 5-54　仫佬方言“噫赞”(好吃)菜包店

图 5-55　仫佬方言“叻咄”(娃娃)豆腐坊

资源链接（扫描二维码）：仫佬族依饭节

二、民族艺术工作坊

在依饭节祭神仪式时，人们喜欢用芋头、红薯做成黄牛作为贡品祭拜神灵，祈求来年风调雨顺，五谷丰登。（图 5-56）

图 5-56　祭祀贡品区

仫佬族民间剪纸历史悠久，风格独特，常常运用阴剪、阳剪、刻、撕等技法，2018 年，仫佬族剪纸技艺入选第七批自治区级非物质文化遗产代表性项目名录。（图 5-57）

图 5-57　剪纸区

仫佬族刺绣历史悠久，妇女绣制的工艺品以背带芯为主，帽子、腰带、围裙、绣花鞋等是别具特色的刺绣品。2010 年，仫佬族刺绣被列入第三批自治区级非物质文化遗产代表性项目名录。(图 5-58)

图 5-58　刺绣区

依饭节祭祀仪式隆重而神圣，祭祀前会将 36 位傩面神灵画像挂于堂壁，面具摆放于祭坛桌上，有着驱鬼、避邪和祈福佑吉、除病灭灾、兴旺发达等含义。(图 5-59)

图 5-59　傩面区

仫佬族编织工艺有相当长的历史。最为出名的是“麦秆帽”和杨梅屯的“竹帽”。现今仫佬族草编工艺已被列为自治区非物质文化遗产之一。(图 5-60)

图 5-60 编织坊

仫佬山乡文化氛围浓厚，涌现出一大批享誉区内外的文人墨客。书画文化传承要从娃娃抓起。(图 5-61、图 5-62)

图 5-61 书画区

图 5-62 师幼作品展示区

三、民族体育游戏区

在依饭节期间进行的舞龙、舞狮、斗鸡、抢粽粑、仫佬竹球等民族体育活动作为一种旅游资源，具有鲜明的民俗性、显著的健身性、良好的观赏性、娱乐性及丰富的民族文化内涵。(图 5-63 至图 5-65)

图 5-63　舞龙舞狮

图 5-64　跳竹竿

图 5-65　抢粽粑

第四阶段：“依饭节”民俗体验活动

经过一段时间的布置和筹备，幼儿园的“依饭节民俗游戏体验日”终于到来。体验日作为本次课程的高潮部分，不是一个单一的活动，而是整个课程的层层推进，是对前面一系列活动的总结和展示。（图 5-66 至图 5-73）

图 5-66　舞龙

图 5-67　跳竹竿

图 5-68　抢粽粑

图 5-69　用农作物制作贡品

图 5-70　舂糍粑

图 5-71　灌狼棒

图 5-72 煮牛耳菜

图 5-73 做菜包

【案例评析】

1. 民俗摊位的环境设计、资料收集、材料准备等环节蕴藏着丰富的教育契机，幼儿围绕研究项目在教师的引导下，进行有序的思考以及整理、表达和表现经验，这正是让幼儿参与环境创设的价值所在。

2. 在整个师幼共创民俗摊位的过程中，不是教师在主导活动的全部内容，而是与幼儿共同讨论、推进活动，幼儿是课程的主人；活动过程不是教师教、幼儿学，而是教师与幼儿共同创设相应的环境，共同收集材料，让幼儿在活动中通过与环境的探索式互动获得知识与经验。

3. 开展“依饭节民俗游戏体验日”活动，将传统节日作为重要的教育载体，触发幼儿的“深度学习”，让幼儿在实践中感受传统文化，在情景氛围中触摸传统文化，真正把本民族的优秀传统文化教育落到实处。

（该案例由广西罗城仫佬族自治县第二幼儿园吴熙老师提供）

案例 4：皮影剧场

【案例导读】

“皮影戏”是中国民间古老的传统艺术，又称“影子戏”或“灯影戏”，是一种用蜡烛或燃烧的酒精等光源照射兽皮或纸板做成的人物剪影以表演故事的民间戏剧。“皮影戏”融合了皮影艺术、音乐、表演、诗歌等艺术，具有很强的娱乐性，深受幼儿的喜爱。我们将“皮影戏”渗透到大班戏剧社团游戏活动中，让幼儿在游戏中感受中国传统文化并传承优秀传统文化。教师在戏剧社团游戏活动的开展中，通过对幼儿游戏过程的观察，发现打造适宜的“皮影戏”游戏环境有助于提升幼儿游戏质量。

【案例描述】

随着“太阳神鸟”“韵味成都”等课程的开展，幼儿对皮影艺术有了更深入的体验和了解。

我们将传统民间文化——“皮影戏”，这一幼儿非常熟悉且喜欢的戏剧表演形式渗透到大班戏剧社团游戏的开展当中。我们思考“皮影戏”在幼儿园如何开展？提供演出的场所是活动开展的第一步，皮影剧场的环境创设教师经历了三个阶段的反思和调整，从教师单向环境创设，到从幼儿问题、兴趣出发进行环境创设，再到以多元视角整合班级游戏空间，引导幼儿充分利用环境。教师对于如何创设更有教育价值、更加适宜幼儿需要的戏剧游戏环境，有了更深刻的理解。吸纳了幼儿参与，调动了幼儿游戏的积极性，激发了幼儿在游戏中的多元表达和创造。

第一阶段：为幼儿创设表演场地，游戏环境单一且高控

在开展“光影”主题活动时，班级幼儿对光与影的游戏表现出了极大的兴趣。为了让幼儿的这一兴趣得到更好的延伸和发展，我们适时地生成了“皮影剧场”这一戏剧社团游戏区。幼儿园游戏活动中，环境是基础，更是幼儿自主探索和学习的依托与支持。因此在学期初，教师以“吸引幼儿参与皮影表演”为出发点，利用白色幕布打造了一个大型的表演台，并且提供了一些现成的或教师自制的皮影道具，重在萌发幼儿对皮影表演的兴趣。（图 5-74、图 5-75）

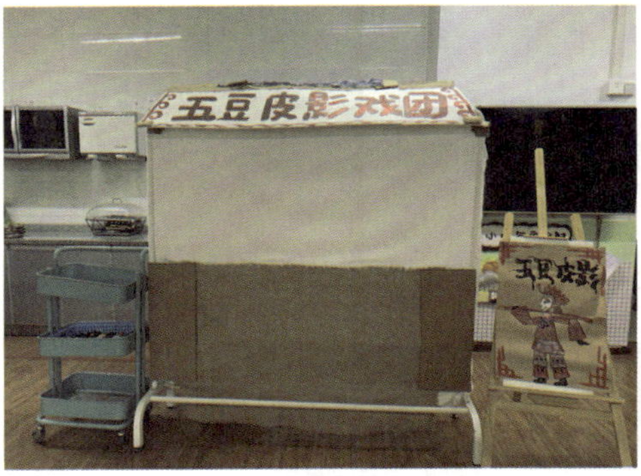

图 5-74　皮影表演台

图 5-75　用成品道具表演的幼儿

在此阶段，教师将皮影游戏等同于皮影表演，环境的打造更多是从教师的角度出发。此时的皮影剧场中，幼儿按照规定的剧本进行表演，环境成为教师“规定、教授”幼儿皮影表演的一个场所。

第二阶段：基于幼儿问题和兴趣，增强环境互动性

一段时间之后，到皮影剧场游戏的幼儿越来越少。经过和孩子们的谈心，教师了解了他们的真实想法：大家对于每天表演同样的内容早已失去了兴趣，他们想要表演自己创编的故事。孩子们自己创编的《太阳神鸟》和《西游记新编》等故事，开始出现在了皮

影剧场的银幕上。皮影剧场里也张贴出了孩子们自己绘制的剧本故事，环境中开始有了孩子们参与的痕迹。(图 5-76)

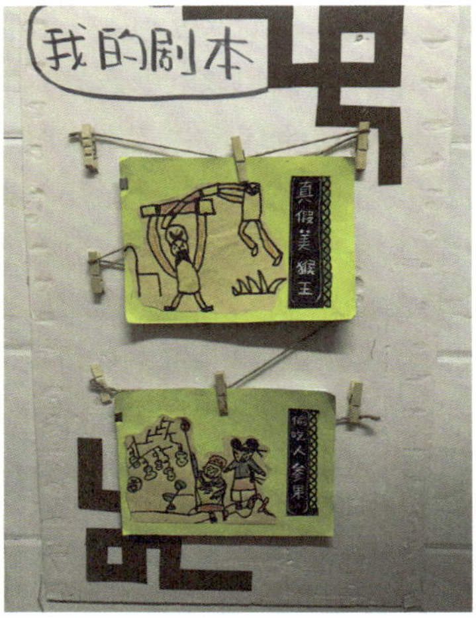

图 5-76　墙面展示幼儿自主创编的故事剧本

渐渐地，幼儿发现现有的道具并不能满足新的故事表演，于是他们决定自己动手制作道具。此时，皮影剧场的材料投放也发生了变化。原来的成品皮影被更多低结构、开放性的材料所替代，各类纸张、毛根、封口绳、毛线、双面胶、一次性筷子……(图 5-77)现阶段的皮影社团，给幼儿创造了他们可以参与和动手操作的机会。经过一系列探究，幼儿研制出了色彩鲜艳并且会动的皮影(图 5-78)，这也大大激发了他们参与皮影剧场游戏的热情。(图 5-79)

图 5-77　制作皮影的低结构材料区

图 5-78 桌面陈列幼儿自制皮影

图 5-79 幼儿运用自制皮影到幕布后表演

规定的剧本，限制了幼儿想象的空间，减退了幼儿表演的热情；现成的道具，阻挡了幼儿探究的脚步，阻碍了幼儿创造的发挥。皮影剧场的环境调整，开始从“为了幼儿”向“基于幼儿”转变。皮影剧场的游戏，不再是教师的“导演”，而是通过幼儿可参与的、与之互动的环境，正向地吸引、邀请和期待。

第三阶段：班级空间整合，游戏环境多元化

在戏剧综合课程中，儿童总能找到自己的位置，让自己投身于一项有意义的戏剧工作，或是导演，或是道具师，或是演员，甚至就是观众，那也是一种特定的位置。不同的儿童之所以拥有适合自己的戏剧工作，恰恰是因为多样化的戏剧工作为不同气质类型儿童提供了适应各自气质特点的学习机会，使儿童找到了自己的位置。我们注意到，不是所有的幼儿都愿意担任表演者的角色，幼儿性格、能力各有不同，皮影社团应该提供不同的位置，满足幼儿表达自己的愿望。

我们开始思考，除了表演，幼儿在皮影游戏中还可以从事哪些“工作”。制作道具、创编剧本、协调演员……剧场的空间打造不应该局限在一个表演区域，而是要创设不同功能的区域满足不同幼儿的游戏需求。于是，我们打破限制，将整个教室的空间进行了整合。小办公室可以用作幼儿创作剧本的地方，美工区的空间和工具刚好满足幼儿制作道具的需要，幕布前则可以布置成观众席供大家观看表演、提出建议。皮影剧场得到了区域的扩大和功能的细化。(图 5-80 至图 5-82)

游戏环境的打造，在于激发幼儿的创造和表达，给幼儿相互交流和学习的机会。皮影剧场的区域设置，开始考虑要为不同性别、不同能力、有着复杂需求的孩子提供发挥自身潜能的机会，并进行了更加细致的梳理划分。幼儿在皮影社团找到了适合自己的定位，皮影剧场的游戏变得更加热闹丰富起来。

图 5-80　皮影剧场全新的工作间

图 5-81　剧本创编室

图 5-82　皮影道具制作间和展示区

【案例评析】

教师在不断调整和改进皮影游戏区的环境时，观念和行为也在悄然发生着变化：

1. 将传统文化渗透到环境当中。

环境是无声的老师。教师及时捕捉到幼儿的游戏兴趣，并且将传统文化渗透到游戏环境中去，让幼儿在具体的操作体验中，从另一个角度接触和了解传统文化，感受民间文化的独特魅力和趣味所在。

2. 关注幼儿问题和兴趣，实现幼儿与环境的互动。

幼儿是环境的主人。教师听取幼儿的想法，及时地认识到：只有让幼儿发挥环境创设的主动性，才能调动幼儿从环境中学习的积极性。幼儿也在和皮影剧场真切互动的过程中，锻炼了动手动脑的能力，真切地感受到游戏是自己的游戏而非教师的游戏。幼儿学习和思考的过程也终于被看见。

3. 打造多元的环境，激发幼儿的多元表达和创造。

做有意义的环境，让每一个角落都支持幼儿的学习与表达。幼儿有自己擅长的领域，戏剧游戏应该激发不同幼儿的潜能，让他们获得成就感，得到适宜的发展。我们关注游戏中幼儿的不同需求，在皮影剧场打造不同的功能分区，儿童的差异性开始得到重视，儿童多元的表达越来越多被彰显。

（该案例由成都市第五幼儿园刘玉老师提供）

案例5：北海疍家小镇风情一条街

【案例导读】

“北海疍家小镇风情一条街”游戏活动以“生活教育论”为背景，因地制宜，充分利用本土资源，将风格独特的疍家民俗资源转化为《指南》精神背景下的幼儿教育教学资源，对幼儿实施具有浓郁地方特色和文化风情的教学活动。

在“北海疍家小镇风情一条街”的游戏活动中，师生共同营造富有疍家生活气息的环境，合理利用区角环境、户外场地，创设疍家婚礼、粇街、扎染、赶海等富有疍家海边特色的趣味游戏，投放丰富的道具材料，让孩子们自主选择、自主探索、自由感受。让孩子们实实在在感知家乡文化的魅力，在情景氛围中触摸家乡文化，激发幼儿爱家乡、爱祖国的情感，传承优秀传统文化。

【案例描述】

北海湾之滨，水上人家。北海疍家人常年舟楫为家、以海为生。几十年前，疍家人陆续“洗脚上岸”，至今大多在美丽的疍家小镇定居。小镇前身为北海市最大的搬迁安置区，安置的白虎头、咸田两个村的村民主要从事近海捕捞，因此以海为居的疍家民俗风情在当地保留传承。疍家人无论在性格、语言、服饰、居住、婚俗和宗教信仰等方面均自成一体，形成了极富浓厚乡土风情的疍家文化。其中最常见的文化活动是唱咸水歌，最具特色的是疍家饮食和婚俗。

《幼儿园教育指导纲要（试行）》中指出：“要充分利用社会资源，引导幼儿实际感受祖国文化的丰富与优秀，感受家乡的变化和发展，激发幼儿爱家乡、爱祖国的情感。”银海区第二幼儿园坐落于北海美丽的疍家小镇，幼儿园以疍家小镇为灵感，将风格独特的疍家民俗资源转化为《指南》精神背景下的幼儿教育教学资源，对幼儿实施具有浓郁地方特色和文化风情的教学活动，创设了“北海疍家小镇风情一条街”，用儿童化的视角再现疍家小镇风情与民俗文化，激发幼儿爱家乡、爱祖国的情感，使疍家民俗资源发挥其独特的教育价值。

第一阶段：活动准备

1. 通过家园配合、实地观察、师友讨论，孩子们发现身边的疍家特色，让幼儿对疍家文化有初步的感知。

孩子们一起谈论幼儿园的疍家特色景物，兴奋地提到疍家印染坊、疍家小镇主题墙长廊、疍家渔船等多个“地标”，发掘身边的美。(图 5-83 至图 5-85)

图 5-83　说说幼儿园的疍家特色

图 5-84　疍家印染坊

图 5-85　疍家渔船

教师向孩子们讲解疍家美食——白糍粑：将糯米粉和成面团，炒熟花生、压碎芝麻，加入白糖搅拌均匀，做成馅料，捏好糯米小团加入馅料，包好成型，放到叶子上，蒸好即可。(图 5-86)

图 5-86　讲解白糍粑制作过程

教师准备好和好的糯米面团、调好的馅料，让孩子们闻一闻、做一做、尝一尝，让孩子体验一把包白糍粑的乐趣，帮助幼儿积累探究经验。（图 5-87、图 5-88）

图 5-87　孩子们观看糯米粉怎么和成团

图 5-88　孩子们品尝白糍粑

在孩子们包白糍粑的过程中，我们发现了很多有趣的讨论，孩子们提出的其他喜欢的馅料：红豆馅、蛋黄馅、绿豆馅、水果馅等，也不满足于白色的糍粑，还想要绿色、红色、黄色、蓝色更多颜色的糍粑，七嘴八舌吵着下次要做。老师收集了孩子们有趣的想法，在下一次的疍家美食探索中，进行这些新口味的尝试。（图 5-89、图 5-90）

图 5-89　孩子们对馅料的创意讨论

图 5-90　孩子们制作的白糍粑

2. 创设“北海疍家小镇风情一条街”主题环境，让孩子们感受疍家节庆氛围。

教师询问孩子们的想法：“小朋友们，你们想想，我们可以在幼儿园户外加上什么装饰，让我们幼儿园变得更漂亮？”

“我想在渔网上挂上我的小鱼、小虾”，“我想在疍家帽上画上属于我的图案，这样我就能一眼认出它”，“那些衣服、小玩具，我想染满我喜欢的颜色”……

“好的，让我们一起动手完成它！”

在主题环境创设中，“疍家小镇”主题区、沙水池区域，运用了大量渔网、鱼篓、帆影、渔捞等疍家元素装饰。孩子们绘制的鱼虾手工作品、绘画作品悬挂其中。（图 5-91、图 5-92）

图 5-91　孩子们绘制鱼虾手工作品

图 5-92　渔网上的“海底生物”

“疍家帽”是疍家服饰特色之一。疍家的姑娘们喜欢用材质各异的配件装饰在疍家帽上。孩子们用小彩球装饰帽沿，画上美丽的涂鸦，成为独一无二的艺术品，也作为孩子们早操时的遮阳帽。孩子们开展主题活动的教玩具，悬挂在疍家印染坊、渔网上成为一道道美丽的风景。（图 5-93、图 5-94）

图 5-93　孩子们给疍家帽涂鸦上色

图 5-94　疍家印染坊上的疍家帽

扎染是优秀的传统民间手工艺术，分为扎结和染色两部分。它是通过纱、线、绳等工具，对布进行扎、缝、缚、缀、夹等多种形式处理后进行染色。扎成型后放进染料中浸泡一会上色，然后把线拆除晾干，就得到了变化自然、晕色丰富的图案。孩子们把手帕、袜子、帽子、布袋等弄湿，折成三角形、长方形、圆形等各种不同的形状，用绳子扎好，滴上喜欢的颜料，染出各具特色的服饰，放在户外晾晒，装点美丽的校园。(图5-95、图5-96)

图5-95　孩子认真地进行扎染创作

图5-96　晕色丰富的扎染服饰

疍家风情浓郁的大环境中，一眼望去，孩子们的鱼虾手工作品、绘画作品、涂鸦的疍家帽、扎染作品装饰其间，相得益彰、妙趣横生。孩子们动手动脑动身，融入自己的手迹，将自己对疍家民俗的理解，融入环境的创作。疍家环境氛围的渲染，让孩子满心期待疍家小镇风情一条街一日游的到来。

“北海疍家小镇风情一条街”主阵地——疍家粑仔街，热闹的美食街是疍家节庆的重头。幼儿园利用一个三角地带，布局成一条小街巷，沿途摆上各种小摊位，做好各种醒目的美食标签。中间布置一个尖角的疍家棚，挂上“疍家粑仔”的招牌，供游客休息。(图5-97)

图5-97　风情一条街的“主阵地”——疍家粑仔街

孩子们是疍家粄仔街的“商家”和“游客”，“商家”要准备种类丰富的美食吸引游客。孩子们利用轻黏土、颜料等材料制作粄仔一系列疍家美食。(图 5-98)

图 5-98 孩子们制作的疍家美食

孩子们在制作美食的过程中，了解到疍家粄仔的多个种类：竹壳粄、鸡矢藤粄、水粄、虾仔粄、煎堆、卷粉等。其中极有特色的是虾仔粄。

虾仔粄，外酥里嫩，满口葱香。虾仔粄中的虾仔，就是北海本地出产的不足成人尾指一半长的小虾，油炸之后十分酥脆，整只虾连外壳吃下去都不用担心虾壳太硬刺嘴，口感甚佳。(图 5-99)

图 5-99 虾仔粄

第二阶段：活动开展

我园地处银滩海边，深受自然海景影响。2017 年北海银滩旅游新名片——疍家小镇建成后，幼儿园以疍家小镇为灵感，将疍家文化元素融入幼儿园的特色建设中，丰富幼儿园“自然文化”内涵的多重意蕴。我们设计了“疍家风情一条街”，把疍家小镇的生活、民俗等特色融入其中，成为疍家小镇的一个缩影。

我们绘制了“疍家小镇风情一条街”游览图，合理利用区角环境、户外场地，安排了疍家婚礼、疍家粽仔一条街、疍家渔市、织渔网、海鲜加工厂、疍家娃娃出海打鱼、赶海路线、疍家印染坊等多个游戏区域，并投放丰富的道具材料供孩子自由选择。孩子们按着游览图路线能一个不漏地把游戏玩完，也可以选择自己感兴趣的区域、选择角色与道具，尽情游玩！（图 5-100）

图 5-100　疍家小镇风情一条街游览图

下面我们一起来打卡吧！有趣的疍家婚礼拉开了“疍家小镇风情一条街”游玩的序幕。这个游戏小朋友要找到“新娘”“新郎”，2 个“轿夫”，4 人合作才能成团。新郎手提大鱼，戴上红花，新娘披上红衣，送嫁之路充满开心热闹！（图 5-101、图 5-102）

图 5-101　孩子们体验疍家婚礼

图 5-102　接“新娘”咯

感受婚礼的喜庆后，孩子们进入“疍家粭仔一条街”，“顾客”熙熙攘攘，“老板”叫卖的吆喝声此起彼伏，虾仔粭、竹壳粭、煎堆、元麻粭、鸡屎藤粭、卷粉等小吃丰富多样，引人驻足。

顾客们在各个摊位东看看、西看看，寻找感兴趣的小吃。小老板们热情吆喝推销自己的小吃，贴心推出试吃服务。孩子们三五成群，聚集一起，沉浸在美食的享受当中。小朋友看到不认识的小吃，认真询问品尝，在互相交流中获得新的生活体验，锻炼了社交能力。（图 5-103 至图 5-106）

图 5-103　“来试一个虾仔粭”

图 5-104　满足感满满的食客

图 5-105　又香又甜的鸡矢藤粭

图 5-106　络绎不绝的顾客

与粭街相邻的是疍家印染坊，投放了布料、印染材料、海洋特色印染模型、贝壳以及珊瑚等很多具有北海特色的材料，让孩子们在印染过程中自主选材、自由创作。

这边赶街，那边扎染，“手艺人”也在忙碌着。“捶草印花”是一种地域性较强的民间印染技术。选用草叶在土布上榨汁渗印，自制花布。这种取之天然、简便易行、美化服饰的印染，深受疍家人的喜爱。孩子们日常除了用颜料来扎染，也会效仿捶草印花，搜集 3—4 种草叶，铺展一节白布，摆弄好草叶，用石头紧捶慢打。不久，草叶的汁液渗透白布，慢慢显出不规则的图案。（图 5-107）

图 5-107　孩子们体验捶草印花

开海啰，疍家开海行好运，风调雨顺鱼满舱。北海侨港开海祈福的传统习俗，在北海源远流长，是渔民千百年来祈求渔获满仓、渔民平安的一种仪式。开海时，停泊在码头的渔船竞相出海，休渔期沉寂了 3 个多月的海面再次热闹起来！我们在疍家风情一条街设置了一条“开海节”路线，以车代船，小朋友骑上脚踏车，环风情街一圈。疍家娃们背上竹篓、穿上盛装、戴上疍家帽，出发咯。(图 5-108)

图 5-108　疍家娃整装待发

疍家人以海为生，织网打鱼都是生存技能。我们在沙水池、渔船边设计了织网区、海鲜加工区。“疍家娃”织网，以沙水池为“海”，出海打鱼、渔船载货、海鲜打包、渔场晒鱼，在忙碌中体验疍家人的海上辛勤生活。(图 5-109 至图 5-112)

图 5-109　网儿织好网大鱼

图 5-110　小渔民捞鱼忙

图 5-111　打包海鲜

图 5-112　挂起来晒成美味的咸鱼干

欢乐的丰收后，忙碌的疍家娃儿“自产自销”，热闹的疍家渔市在叫卖的吆喝声中开始啦！顾客挑选海鲜时和小老板讨价还价，达成交易，让孩子们有了货币意识，培养孩子们的语言表达和社会交往能力，养成独立的性格，学会诚信，提高社会实践能力。（图 5-113、图 5-114）

图 5-113　“看看刚打上来的新鲜鱼”

图 5-114　“老板，收钱啦！”

体验完快乐的疍家渔市后就结束了疍家小镇风情一条街的游玩！

【案例评析】

“北海疍家小镇风情一条街”的游戏活动，是以“生活教育论”为背景，充分利用本土资源，将疍家文化作为教育载体，因地制宜创设了具有浓郁疍家文化气息的园所环境，让幼儿实实在在感知家乡文化的魅力，在情景氛围中触摸家乡文化，把优秀的传统文化精神传承下去。

1. 一日生活皆课程，把抽象的疍家文化生活化、教育化和趣味化。

陈鹤琴的“生活教育论”认为，幼儿的一日生活皆是教育。疍家文化作为本土的优秀传统文化，是不可多得的教育资源。但对于3—6岁孩子的年龄特点而言，也是抽象的。“北海疍家小镇风情一条街”的游戏活动通过营造疍家人生活的情境，创设由孩子自主选择、自主探索、自由感受的，富有疍家海边特色的趣味游戏，让孩子在真实的环境中，通过游戏的体验，真正了解疍家文化、喜欢疍家文化，进而传承家乡文化。

2. 充分挖掘本土资源，发挥幼儿为自主学习的主体作用。

幼儿是学习的主人，环境是支持幼儿学习的重要因素。“北海疍家小镇风情一条街”的游戏活动挖掘了本土的疍家文化资源，与幼儿的教育活动巧妙融合。同时，从环境的创设、到游戏的开展都充分发挥了孩子的主观能动性。幼儿自己动手布置环境，大到船只的装饰、街市的造型，小到鱼虾道具的绘制、布画的扎染等，随处可见孩子动手亲力亲为去参与的痕迹。而在游戏的开展中，和谁玩、怎么玩、用什么道具都由幼儿自主选择。大班的孩子们甚至可以制定出游戏的多种玩法，游戏的材料、游戏的方式都由幼儿自己做主，这样开放、自主的游戏环境让幼儿在活动中充分与环境、材料互动，获得知识与经验。

3. 品德启蒙教育因地制宜，打造特殊鲜明的环境，激发幼儿爱家乡、爱祖国的积极情感。

《幼儿园教育指导纲要(试行)》中指出：“要充分利用社会资源，引导幼儿实际感受祖国文化的丰富与优秀，感受家乡的变化和发展，激发幼儿爱家乡、爱祖国的情感。”“北海疍家小镇风情一条街”的活动中，教师及时捕捉到幼儿的游戏兴趣，不仅将疍家文化的精髓一一呈现在园所环境中，还巧妙地将幼儿的想法和学习融入环境。孩子们在自己“建设”的“风情街”里举行疍家婚礼、粝街、扎染、赶海……丰富的材料保证孩子们能充分地亲身感知、动手操作、尽情游戏，孩子们对于家乡的热爱、对疍家文化的喜爱也在“润物细无声”中得以实现。

【温故知新】

描述：本土特色资源环境创设的策略。

举例：基于某地本土特色资源，尝试进行幼儿本位的本土特色资源环境创设。

分析：幼儿如何通过环境成为课程的主人？

分享：谈谈自己学习本课的感悟，也可提出疑问以及寻求解答的思路。

【拓展检测】

建议：教师及学生结合本校、本地实际，根据需要组织探讨，在本课中充实相关学习、实践及检测内容。

拓展探讨：在本土特色资源环境创设中，如何呈现幼儿活动的过程性？

参考答案：幼儿参与环境创设的过程非常重要，因为这个过程就是经验积累和学习的过程。在环境创设过程中，我们可以询问幼儿的想法：你需要什么样的环境？你想要把环境创设成什么样？环境用什么素材来创设？在与幼儿互动的过程中，了解幼儿的想法，支持幼儿用自己的方式记录并表达环境创设的过程。

（该案例由北海市银海区第二幼儿园赖燕燕老师提供）

第十课

优秀文化活动“树人”

【学习目标】

1. 了解幼儿园传统节庆环境创设中的常见问题。
2. 尝试进行幼儿本位的传统节庆环境创设。
3. 探索幼儿园传统节庆环境创设的相应策略。

【学习准备】

1. 阅读预习

《幼儿园保育教育质量评估指南》《关于当前发展学前教育的若干意见》《幼儿园教育指导纲要(试行)》《幼儿园教师专业标准(试行)》

《0—8 岁儿童环境创设》(美)茱莉亚·布拉德著，陈妃燕、彭楚芸译，南京师范大学出版社 2014 年版；《儿童的一百种语言》，(美)卡洛琳·爱德华兹等著，罗雅芬等译，南京师范大学出版社 2006 版。

2. 思考求解

(1)幼儿园教师在环境创设中扮演了一个怎样的角色？

(2)幼儿园环境与幼儿园课程之间是什么关系？

(3)什么样的环境创设容易引发与刺激幼儿的深度学习？

3. 自我预检

你认为幼儿能通过中国传统节庆环境创设获得什么经验？如何在幼儿园进行中国传统节庆环境创设，让幼儿在环境中获得相关经验？

参考答案：

1. 问题一：教师抓住节庆活动的时机，以节日文化为主线，充分挖掘其中所蕴含的文化内涵，利用节日主题特有的教育价值，以及节日中特有的人、事、物，有目的、有组织、有计划地、科学地组织和安排，充分利用幼儿园室内外的各个空间，通过班级区角、主题墙、户外公共区域、功能室等媒介，精心构建和安排幼儿园园所环境。浓厚的节日氛围，真实的场景、文化的熏陶和丰富的情绪体验能让幼儿更好地感知节日氛围，了解节日文化内涵，以节日为缩影认识社会。

2. 问题二：(1)充分让幼儿参与环境创设，做环境的主人。幼儿是在与环境积极相互作用的过程实现自身发展的。幼儿参与环境创设才能使他们更加主动。在创设环境时，教师将环境同各种教育因素及幼儿需要融为一个有机的整体，来促进幼儿的全面发展；(2)结合主题背景创设主题环境。教师根据节日主题，以某些颜色为整体基调，融合颇具节日渲染色彩的彩带、气球、鲜花等元素，创设具有节日气息的主题环境，能够从一定程度上予以幼儿直观的感受以及视觉的刺激。以“隐性课程”的方式发挥“第三位教师”的作用。

【学习领航】

中国传统节庆活动是传承民族文化的重要载体，幼儿园环境创设融入传统节庆元素，有助于加强幼儿的文化浸润和爱国情怀，丰富幼儿的生活经验。但有些幼儿园关于传统节庆的环境创设趋于表面化，无法真正起到对幼儿产生潜移默化的文化熏陶的作用。本节内容聚焦于幼儿园传统节庆环境创设，选取幼儿园常见的节庆活动，指导学习者把握创设传统节庆环境的基本方法，了解综合利用环境和有效实施节庆活动的策略，为实践操作奠定认知基础。

【学习支持】

案例 1：热热闹闹过春节

【案例导读】

在中国传统节日中，春节无疑是最为重要、独特的一个节日。中华儿女过年方式丰富多彩、华夏大地迎春习俗多元生动，春节在人们心中的地位和意义是毋庸置疑的。在幼儿园里除了组织开展一系列节庆活动外，我们还可以通过环境创设这一途径来渗透节日教育、浸润传统文化，让孩子们在参与、操作和体验中认识、感受春节。本案例以幼儿园环境创设为依托，充分挖掘春节蕴藏的教育契机，对幼儿园“春节布展”活动进行诠释，呈现不同阶段的实践、反思及改进策略，以更好地践行儿童视角的幼儿园环境创设，实现教师与幼儿的共同成长。

【案例描述】

春节环创中的"主题布展"是我园春节主题活动实施过程中浓墨重彩的一笔。主题布展通常是全园确定一个大主题，各班以不同形式、方法来进行呈现和展示，让主题内涵得以多元化、多角度、多层次的诠释，其意义在于：幼儿在环创活动中通过参与和表现、欣赏和表达，借助"布展"这一途径和平台来发现自己、展示自我、经历学习、获得成长。我们在环创中对"主题布展"的研究，经历了"早期""改进"和"创新"三个阶段，在我们不断反思、总结、探究、革新的历程中，从最初幼儿的零参与到被动参与再到现在幼儿能全程积极参与、主动建构，印证了我们和幼儿共同的变化与成长进步。

第一阶段：整齐划一，追求表面的热闹、漂亮

最初的春节环创中，幼儿园的主题只以凸显"喜庆""热闹""漂亮"为主，老师们为了便捷和追求统一的标准，只是按部就班地完成任务：用统一购买的现成物品和材料直接在园内各处随意装饰（挂一挂、贴一贴、摆一摆），缺乏整体思考和总体布局，没有主题内容和细节设计，整个过程中老师是负责人和执行者；幼儿的参与度几乎为零，似乎与他们无关，只是被动接受，看看说说而已，即便有参与也是少数在老师眼中能干的孩子按照老师指令进行简单操作。由于老师不具有让幼儿参与的意识，自然不会为幼儿提供条件和创造机会，幼儿也就没有参与的兴趣和愿望，更没有动手的机会和表现的途径。

早期阶段的春节环创只是为了装饰而布展，方式陈旧、内容单一、形式呆板，"做什么""怎么做""用什么做""在哪儿布展"都是老师凭主观臆断来主导和"主宰"，它不来自于幼儿更不属于幼儿，这与我们倡导的"儿童本位"教育观相背而驰，值得我们反思与改进。

第二阶段：源于生活又服务生活

在不断学习和实践中，随着对"节日环创"的持续研究和"儿童观"的转变，我们开始尝试进行改革——转变思维、调整角度、拓宽思路，重视并挖掘"春节环创"对幼儿的"教育影响"。同时，随着对"家园工作"深入持续地研究，我们开始充分挖掘、利用家长资源，积极开展家园互动，通过多种方式和途径的宣传、激励来调动家长和幼儿的参与兴趣和积极性，让大朋友小朋友们都心动并行动起来参与其中，贡献自己的智慧和力量。

1. 家园共育、变废为宝。

2016 新年之际，五幼对以往传统老套的环创形式和内容进行改革创新，首次从儿童视角出发，提出"家园携手，共创童话世界迎新春"的设想，通过征集家长、幼儿的意见，最终以"变废为宝、创意开启"为主题，拉开春节环创序幕。我们倡议每个家庭

整理、收集、利用生活中的各种废旧材料，鼓励家长带领孩子一起按照本班幼儿和老师一起提出的“主题布展”方案进行自主设计和制作。幼儿可以和父母一起完成也可以到班上和老师、同伴合作完成，最后由各班家委会协助老师在园内各区域布展，整体呈现“童话世界”，喜迎新春。

大一班的巨型“心愿树”在孩子们眼中，是一棵“有魔力的神奇的魔法树”，让孩子们见证“变废为宝”，对生活更加热爱和充满希望！（图 5-115）

大二班的纸盒城堡，悬挂于操场中的大树上，让冬天枯萎的老树重新焕发生机，散发着神秘气息，仿佛每一个“城堡”都是不同的世界，令人向往！（图 5-116）

图 5-115　大一班心愿树

图 5-116　大二班纸盒城堡

大三班的“百家姓”主题作品展是家长幼儿共同收集各种牛奶盒、牙膏盒、饮料盒、小药盒，用捆扎、粘贴的方式组合形成一个个汉字来呈现每个幼儿的姓名，或悬挂窗边或摆放于窗台，美化了环境也装扮了生活。（图 5-117）

图 5-117　大三班“百家姓”

中一班的“超级机器人”是家园共同收集易拉罐制作完成的，孩子们通过参与收集和制作，感受到团结的力量、认识并懂得珍惜生活资源、增强了环保意识。(图 5-118)

小班家长和孩子一起用废旧材料制作并组合展示“秘密花园”；用衍纸、粘贴等方式做“福”，幼儿通过参与制作和展示，动手能力得到发展，增强了自信也更加喜欢自己和幼儿园。(图 5-119)

图 5-118 中一班“超级机器人”

图 5-119 小班“秘密花园”

2. 学习欣赏、学会创造。

“布展”本身就是一门艺术，是源于生活而又高于生活的。“如何把更多的艺术形式融入幼儿园环创中”也是我们想要改进和突破的一点。2017 年，我们尝试把“国际理解”融入渗透其中，以丰富幼儿经验、拓展幼儿视野、拓宽幼儿思路。我园结合艺术领域中“名画欣赏”教育活动的开展，以“童眼看名画 · 小手巧表现”为主题进行创意布展，让幼儿不但能欣赏、感受名画魅力，还能在参与创作中大胆自由、尽情愉快地交流分享认识、发现，从而对生活充满更多的好奇、热爱与探究热情。

小班孩子喜欢玩色，就尝试用刷色、拓印、手印画、抹色、敷黏土等方式在放大的“名画底稿”上进行色彩填充和涂鸦，再现胡安 · 米罗的名画作品。

中大班幼儿学习用蛋托、纸浆、木屑、吸管、毛线、树皮、气泡纸、丝带、簸箕等多种生活或自然材料创造性地再现凡 · 高的作品《向日葵》《星空》。

随着理念的转变和进步，幼儿园改进阶段的“布展”开始有主题、有整体构思、有设计方案，因此布局规划更加合理、细节考虑更加周全、材料内容更加丰富、形式方法更加多元；这一阶段中的新年节庆环创是有幼儿的认识、经验、兴趣、情感和技能参与其中的，是生动的、活泼的，能引起幼儿共鸣、对幼儿发展有积极作用的。但是经过反思和总结，我们发现还有问题有待改进——幼儿有参与但还比较被动和单一，更多的是“按照”和“跟着”成人的思维走，特别是家园合作中难免有家长或老师为了追求效果而过多地包办代替，让幼儿的自主性和能动性不够，失去主体地位，缺少思维的闪光点和学习过程。我们应更充分地认识环创是“隐形老师”的教育价值与意义，应更充分地激发幼儿的参与兴趣和积极性，提升幼儿的参与度和质量，应更充分发挥、凸显幼儿的主体地位。

第三阶段：幼儿高度参与，全程赋能“布展”

幼儿是环境的主人，他们应具有“驾驭”环境的能力和自信，环创过程就是幼儿经历学习、自然成长的过程，所以，老师和家长都应适宜“隐退”，把环创的自主权还给幼儿，把布展的舞台空间全部留给幼儿，让他们尽情掌控和表现，我们要做的就是信任、鼓励和支持，老师的“默默付出”才能确保和凸显幼儿的主体地位，幼儿高度参与才能赋予“布展”更大的意义和更多的价值。

1. 小景观·大文化。

随着对“中国传统节日”教育活动的越发重视，我园在春节环创的“主题布展”中也更加注重凸显“中国元素”、彰显“传统文化”，而孩子们对“春节”和“春节环创”也自然有自己的独到见解和奇思妙想。他们知道“春节”是中国独有的，是标志春天的到来，是能让人回家团聚或放假旅游或开心吃喝的好日子，是要相互拜年送祝福给红包，是到处的人用各种方法来庆祝，比如唱歌跳舞、舞龙舞狮、赛马摔跤、花灯鞭炮、杂技打拳、吹拉弹唱等。所以他们认为幼儿园春节的“布展”就是要迎接春天的到来，要大家一起开心庆祝，要多动脑筋想怎么装扮幼儿园，要展示自己喜欢的东西，要让外国小朋友看了也喜欢我们中国、也想来上我们的幼儿园……这就是幼儿的纯真、可爱，一切都是那么美好浪漫、元气满满！幼儿的“一百种语言”让我们感动、欣喜，我们鼓励、支持幼儿大胆创新、多元表达，幼儿园中的一切人、事、物皆为幼儿所用。孩子们积极主动地发现、挖掘、利用各种资源，让春节的布展更加丰富多彩、生动活泼。如：增加了人物、动物、自然、奇幻、卡通等主题，材料不再局限于常规美工类而是充分巧妙地利用生活中的积木、树木、花草、沙土、羽毛、绳子、布、纱幔、PVC 管，内容上新增了故事、神话、传说、诗词，真是脑洞大开，令人惊叹！

大一班孩子随着阅读经验的丰富和知识面的扩展，决定用大型积木搭建出“郑和下西洋”的双层大船，浩荡而壮丽。（图 5-120）

大二班幼儿深受“凤凰传奇”故事的吸引，想到用收集和自制的各种漂亮羽毛配合其他废旧材料如纸盒、纸筒、棉花、绒球等做成各种鸟，请老师帮助用白色硬泡沫制作了凤凰的身体再自行装饰，布置出具有神话色彩的“百鸟朝凤”故事场景。（图 5-121）

图 5-120　大一班"郑和下西洋"

图 5-121　大二班"凤凰传奇"

中二班幼儿在老师帮助下用无纺布、报纸、纸箱、奶粉罐制作大葫芦娃，用剪贴组合的方式让自己变身为小葫芦娃，布置出经典的动漫场景。(图 5-122)

图 5-122　中二班葫芦娃

小三班孩子喜欢折纸船，朗诵古诗时老师有了创作灵感，于是带着孩子们涂鸦雪山，用刷了原木色的 KT 板做大船，用蓝色纱幔配上孩子们折出的一只只小船，再现“窗含西岭千秋雪，门泊东吴万里船”的绝美场景。(图 5-123)

图 5-123　小三班“窗含西岭千秋雪，门泊东吴万里船”

最值得一提的是，在游园展示中，大班孩子还担任了“小导游”任务，为前来参观的家长们现场讲解、介绍，让布展的内涵得以诠释，充分体现了幼儿的主体地位。

2. 小切口 · 大制作。

今年因为疫情，不能入园参观的家长们对每年一次的“迎新布展”更加期待和向往，幼儿园当然也早就制定好布展和线上交流展示方案，老师们更是充满热情地、用心带领、全力支持孩子们投入新的思考和创作中。

小班组以“年”的声音和味道为主题进行布展——(图 5-124 至图 5-127)

图 5-124　福牛迎新

图 5-125　鲤鱼跃龙门

图 5-126　年兽来了

图 5-127　扎染服装秀

中班组以"传说故事"为主题进行布展——(图 5-128 至图 5-130)

图 5-128　老鼠嫁女

图 5-129　迎财神

图 5-130　哪吒闹海

大班组结合班级主题活动和中国元素进行布展——(图 5-131 至图 5-134)

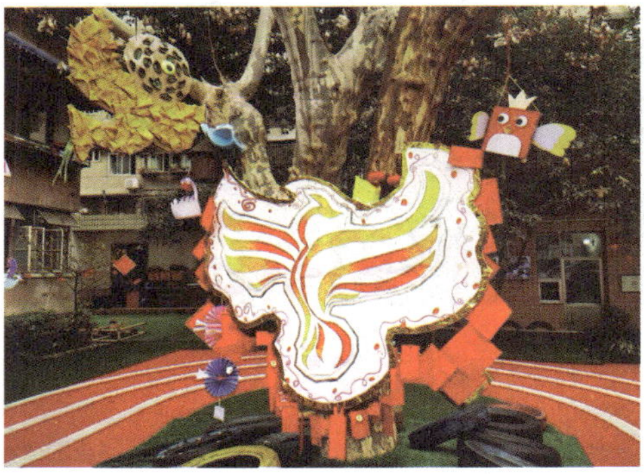

图 5-131　百鸟朝凤

图 5-132　泥城 1

图 5-133　泥城 2

图 5-134　双龙戏珠

资源链接(扫描二维码)：热热闹闹过春节

【案例评析】

1. 以《纲要》为指引，重视节庆环境创设对幼儿的教育作用。

《幼儿园教育指导纲要(试行)》中指出，艺术是幼儿的另一种表达认识和情感的语言。幼儿艺术教育应在引导幼儿接触生活中的美好事物、丰富幼儿的感性经验和情感体验的基础上进行。节庆作为最贴近幼儿生活的教育资源之一，它的环境创设直接影响着幼儿对中国式美感的提升，但是更重要的，是将环境创设和幼儿传统节日教育融合起来。

2. 以幼儿为本，重视节庆环境创设独特的教育价值。

环创是一本“立体的、多彩的、鲜活的、无声胜有声、具有生长力的书，吸引着幼儿去翻阅、观察、探索、经历、体验，让幼儿在自我充实中获得智慧的启迪和收获快乐与自信”，而节庆环创在教育中更是具有独特的教育价值和意义，幼儿通过参与环创和与环境对话互动，能感受并增强“驾驭环境”的能力，从而相信自己是有能力的学习者。

（该案例由成都市第五幼儿园王飏老师提供）

案例2：浓情端午节

【案例导读】

端午节作为我国传统节日，具有深厚的历史意义与民族价值。对于小班幼儿而言，通过环境的创设、氛围的营造，感受节日背后寄托的民族文化显得尤为重要。环境的创设让孩子们浸润于节日的“味道”中，同时引发孩子们的探索与思考，让节日不再是刻板的“庆祝”，而是真正融于儿童的生活，让孩子们在节日中享受生活仪式感的独特滋味。

【案例描述】

自古以来端午节便有划龙舟及食粽、饮雄黄酒、戴香包、挂菖蒲和艾草等民俗庆祝活动，寄托了人们迎祥纳福、辟邪除灾的愿望，对于幼儿园小班的孩子而言如何通过环境创设让孩子们感受中华传统文化的魅力并开展有意义的活动呢？

第一阶段：多区域、多感官联动，让节日的“味道”充满幼儿园

对于小班的孩子来说，端午节的概念还稍显陌生，因此从环境氛围的营造入手，让孩子们直观地感知节日尤为重要，在班级节日环境前期的创设中，我们采用了多区域联动的方式，让幼儿充分浸润其中。在班级的门窗、厕所里，我们挂上了端午节特有的菖蒲、艾草、香包等物品；在班级的自然角中，我们收集了各地不同的粽叶，有芦苇叶、箬叶等，还收集了各种带有气味的干草药如薄荷、菊花、艾叶、紫苏、陈皮、丁香等；在班级的图书区投放了与端午节相关的民俗百科、神话传说等绘本；在班级的美工区我们投放了拉绳香包袋、五彩绳等材料；在班级的生活区，我们投放了包好的粽子、雄黄酒等物品。

环境是幼儿园中重要的“老师”，节日活动的环境布置不仅仅是让环境美观、漂亮，而且需要让节日的“味道”自然充满孩子们的在园生活。孩子们走进教室时能够闻到菖蒲、艾叶的清香，在自然角可以触摸、感知粽叶的纹理，在生活区可以尝一尝粽子的味

道，在图书角可以阅读或聆听关于端午的故事，在美工区可以动手制作香包，孩子们关于端午节的感觉被大大增强，五感的充分调动让幼儿沉醉其中。

第二阶段：抓住幼儿兴趣，生成符合幼儿年龄特点的节日活动

通过前期环境及活动的铺垫，孩子们对于端午节有了更多的了解，其中最吸引孩子们的，是寝室里挂的神奇“香包”，在端午故事中提到香包可以用来辟邪驱毒，只要挂上了香包，一切蚊虫蛇蚁都不敢靠近，小朋友们都对驱蚊香包非常感兴趣，但是寝室里的香包是为了保护我们睡觉时不被蚊子咬，那我们可不可以做一个驱蚊香包带到户外去呢？

制作香包，孩子们首先想到了美工区投放的抽绳香包，这种香包封口简单，便于小班幼儿操作，但是香包统一都是白色的，孩子们便使用绘画、喷绘等方式，将自己选择的香包装饰得独一无二。（图 5-135）

香包制作好了，里面装什么成了需要解决的问题，孩子们通过查阅图书、资料，发现蚊子害怕薄荷、艾草、金银花等草药，于是孩子们把收集到的草药带到了班级中。（图 5-136）除了蚊子害怕的草药，孩子们还加入了自己喜欢闻的花草，例如茉莉花、菊花、玫瑰花等。制作好了香包，孩子们决定试验一下香包的驱蚊效果，他们将制作好的香包带到户外，在幼儿园的每个角落展开实验，孩子们惊喜地发现蚊子真的被香包赶走了。（图 5-137）

图 5-135　小朋友制作的香包

图 5-136　感受驱蚊草药

图 5-137　试验驱蚊香包

第三阶段：设置“仪式台”，幼儿在分享中感知节日的价值与意义

节日犹如生活的调味剂、文化的倍增器，因此“仪式感”对于节日而言尤为重要，但仪式感不是刻意而为，不是在节日活动中硬“作”出一出大戏，而应该是恰到好处地点亮节日的意义，因此如何在端午节的活动中既贴近幼儿的生活需要，又点缀节日的仪式感呢？

看到驱蚊香包驱蚊效果明显，孩子们的制作热情高涨，我们在幼儿园的门厅中，设置了一个驱蚊香包展示台，展示了孩子们制作的香包，同时也装点了幼儿园的大环境。中、大班的小朋友们趁着入园或离园的时间也跑来看一看、闻一闻。看着哥哥姐姐如此喜欢他们制作的驱蚊香包，孩子们提出也要给哥哥姐姐制作香包。孩子们经过努力，给全园小朋友制作的驱蚊香包全部完工，门厅原本的驱蚊香包展示台，变成了“心意满满”的分享台。端午节也终于如期而至，孩子们吃着粽子、佩戴着驱蚊香包，同全园小朋友们一起度过了在幼儿园的第一个端午节。（图 5-138）

图 5-138　驱蚊香包分享台

【案例评析】

此案例体现了教师在节庆活动中，对于环境的充分利用与深度思考，让环境、幼儿与活动三方充分交融，凸显了环境在节庆活动中的综合利用。

1. 在节庆活动的开展中，充分发挥环境的“诱导”作用。

日本的仓桥物三先生在《幼儿园真谛》一书中提出“诱导保育原则”，希望在孩子们的生活与活动中隐退教师的痕迹，在本次的小班端午节活动中，教师通过环境的整体营造，让幼儿浸润于节庆氛围中，自然生发出活动。

2. 在节庆活动的过程中，有效凸显环境的支持作用。

环境与幼儿、活动之间的作用是相互的，通过环境引发幼儿的兴趣，同时幼儿的需要又反馈到环境中，通过环境的及时调整推动幼儿活动的有效开展。在端午节活动中，幼儿因为驱蚊香包这一环境材料的投放而生发出相应的活动需要，教师、幼儿根据活动的展开，及时调整、增加相应的驱蚊香包材料，使得环境与活动产生深度的互动。

3. 利用节庆环境，重点关注节庆的价值与意义。

在端午节的活动中，从驱蚊香包展示台到驱蚊香包分享台，追随幼儿的兴趣与需要，通过环境的调整，让幼儿切实体会到分享的乐趣，从而获得节庆活动所附加的价值与意义。

（该案例由成都市第五幼儿园彭奕老师提供）

案例3：欢欢喜喜的中秋佳节

【案例导读】

将传统节日融入幼儿园环境创设是对幼儿进行节日教育的重要途径之一。其特有的情景性、感染性、实践性能使幼儿在宽松、愉悦的氛围中积极主动地参与各类节庆活动。中秋节是我国传统节日，代表着团圆、吉祥。在中秋节主题活动中，幼儿通过谈中秋、画中秋、做花灯、赏花灯、做月饼、分享月饼、讲中秋故事、开中秋喜乐会表演节目等活动形式，在亲身体验中感受到团圆、分享的快乐。

【案例描述】

中秋节来临之际，大街小巷都洋溢着浓厚的节日气氛，是引发幼儿专注社会文化、感受传统文化的大好时机。在幼儿园里，通过营造中秋氛围的环境创设能激发幼儿对中秋文化的探究欲望，引发幼儿参与中秋系列活动的积极性和主动性，加深对中华传统文化的了解和情感升华。

第一阶段：畅聊中秋——中秋节长廊

我国幼教先驱陈鹤琴曾提出幼儿园环境是“幼儿所接触的，能给他以刺激的一切物质”。在幼儿园里将幼儿所到之处都列为教育环境，将游戏、认知、生活、语言等各方面内容渗透在教室、寝室、走廊、卫生间等地方，使其形成一个整体的教育环境。中秋节我们应营造良好的节日文化氛围积极创设和利用节日环境，利用节日特有的场景、仪式、风俗，为幼儿提供丰富的物质和精神环境，让幼儿直接与环境对话，充分感受节日内涵。我们准备三方面的材料为幼儿打造“中秋节长廊”。第一，展示幼儿以往的中秋节绘画作品；第二，收集以往幼儿庆祝中秋节的照片；第三，创设“我想怎么过中秋节”的作品展。这种回忆了幼儿以往庆中秋的欢愉和寄托了此次庆中秋的期许的环境创设方式，营造出了浓厚的中秋氛围，也深刻体现了环创中幼儿主体的参与。（图 5-139、图 5-140）

图 5-139　中秋节长廊

图 5-140　我想怎么过中秋节

第二阶段：筹备中秋——中秋活动多

在了解了幼儿今年庆中秋的想法后，我们为幼儿今年的中秋环创活动提供了以下资源支持：户外空间资源——布置故事会，后勤生活资源——准备中秋月饼，教室材料资源——筹备中秋晚会，功能室资源——布置花灯厂。

1. 借用户外空间，布置“故事会”。

幼儿园的户外空间大多是敞开式的，为此我们特地为幼儿创造一些私密空间，让幼儿时不时走进半开放的空间中，给自己的心灵一个独处的机会。广西大学第二幼儿园有一片宽敞、平整的草地，是一块相对独立的场地。我们与幼儿一起收集帐篷、地垫、小桌椅、中秋图画书、幼儿绘画作品若干，布置成“中秋故事会”的活动场地，供幼儿自由组合随心所欲地在帐篷小天地里分享中秋节的故事。在户外阅读对于幼儿来说是新鲜、有趣的，私密的帐篷给幼儿足够的新鲜感、刺激感。这样舒适、有趣的阅读环境能提升幼儿的阅读兴趣，帐篷阅读可以使内向的幼儿自主选择自己的好朋友在相对私密的空间里畅所欲言、尽情交流。通过深入的交流，使幼儿加深对中秋文化的了解。（图 5-141 至图 5-143）

图 5-141　中秋节故事会（一）

图 5-142　中秋节故事会（二）

图 5-143　中秋节合作画

2. 借用后勤资源，准备中秋月饼。

“以前都是带买的月饼来幼儿园分享，今年能不能在幼儿园做月饼分享呢?”月饼分享是每年中秋活动必不可少的活动之一，今年幼儿提出想在幼儿园做月饼的想法。在分析幼儿园资源并与园长、食堂人员进行沟通以后，我们实现了幼儿在幼儿园做月饼分享的想法。我们在角色区创设月饼 DIY 步骤图大猜想展板，供幼儿将猜测到的制作月饼需要的材料和步骤画出来，然后投放制作月饼的图画书和教师自制的制作月饼的视频，供幼儿了解制作月饼的步骤和验证自己的想法是否正确。(图 5-144、图 5-145)

图 5-144　月饼 DIY 步骤图大猜想

图 5-145　幼儿交流讨论自己的想法

考虑到月饼材料成本高的问题，我们分别投放了面粉或彩泥以及制作月饼的模具等材料和工具到角色区，供幼儿扮演月饼烘焙师练习“打月饼”（即将面团揉成圆，加入馅料，包裹馅料，放进月饼模具里挤出来形成月饼）。区域活动教师更容易关注到个体，给予个别指导。（图 5-146、图 5-147）

图 5-146　角色区“打月饼”活动（1）

图 5-147　角色区“打月饼”活动（2）

大部分幼儿学会“打月饼”以后，我们提供真材实料让幼儿做月饼。幼儿做好的月饼由食堂人员烤好，然后教师扮演嫦娥姐姐带着大班幼儿拿着自制的月饼分享给幼儿园里的所有成员，实现了大班幼儿自己做月饼并分享的美好愿望。最后大班幼儿将月饼DIY的方法用自己的方式制作成步骤图，作为课程资源传承给弟弟妹妹。月饼DIY分享活动使中秋节的意义得到了升华，让幼儿充分感受到中秋节“月儿圆，人团圆”的喜悦之情。（图5-148、图5-149）

图5-148　自己动手做月饼

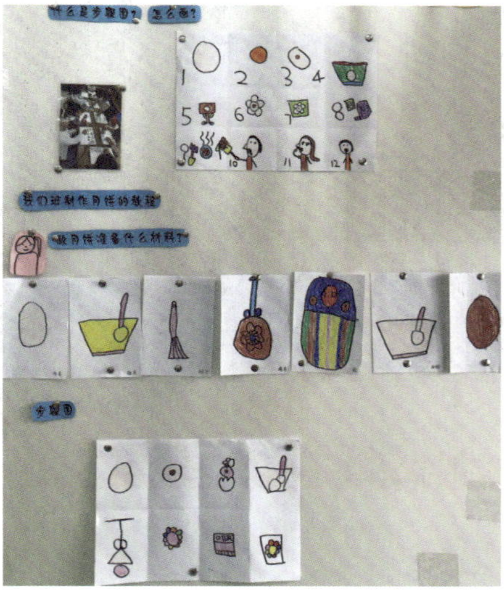

图5-149　月饼DIY的方法

3. 巧用园所资源，搭建中秋舞台。

爱因斯坦曾说："兴趣是最好的老师。"《指南》也指出："教育活动内容的选择应贴近幼儿生活，选择幼儿感兴趣的事物和问题，有助于拓展幼儿的经验和视野。"在与幼儿讨论"今年中秋怎么过"的话题时，幼儿提出今年中秋想在幼儿园举办一场中秋演出会。经幼儿商量决定"中秋大舞台"搭在我园建构室前的空地。理由是：第一，建构室前方便拿取材料。第二，建构室前的空地场地足够宽敞。第三，建构室前是有吊顶的绿野仙踪长廊，不受天气影响。第四，建构室位于我园后门，方便家园合作的拓展材料的投放。第五，建构室前是平时幼儿户外自由活动的休息、聊天的场所，表演节目时能自觉引发关注。

我园大班幼儿有合作搭建大型建筑的经验，如搭建广西大学的大门、立交桥等建筑。当幼儿萌发举办中秋演出会的想法时，教师不是直接给幼儿一个舞台或是帮幼儿搭建舞台，而是鼓励幼儿自己去完成舞台的搭建。每一次大型的合作搭建都可以促进幼儿做计划的能力、协商能力和解决问题的能力。如舞台需要做多长、多宽，需要哪类材料及数量，遇到什么问题需要什么材料或技能去解决？可见教师充分提供机会让幼儿通过亲身体会、动手操作去获得发展。舞台搭建完成以后，幼儿随着搭建主题的开展创设了衣帽间、道具室、宣传海报展板，幼儿能在一次次发现问题中共同商讨解决问题的方法，提升解决问题的能力。(图 5-150 至图 5-152)

图 5-150　建构材料

图 5-151　中秋大舞台(1)

图 5-152　中秋大舞台(2)

4. 利用废旧资源，创设花灯厂。

《指南》提出幼儿艺术领域学习的关键在于充分创造条件和机会，在大自然和社会文化中萌发幼儿对美的感受和体验，丰富其想象力和创造力，引导幼儿用心灵去感受和发现美，用自己的方式去表现和创造美。中秋节和春节、元宵节一起被认为是我国三大灯节。虽然比不上元宵节大型灯会那么热闹，但中秋赏灯也是这一传统佳节的习俗之一。我们幼儿园后门门楼连接着富有童趣、美丽的"绿野仙踪长廊"。长廊顶部是钢化玻璃，采光好，它不仅是幼儿园后门的一道亮丽的风景线而且也是花灯展的首选之地，因此中秋佳节即将来临时，我们把绿野仙踪长廊设计成了花灯展示区。我们鼓励小班的幼儿在家与爸爸妈妈一起动手制作花灯并带到幼儿园展示，同时将幼儿园的美工室打造成"花灯加工厂"，提供多元的美工材料鼓励中班、大班幼儿运用多种材料制作花灯。我们将全园幼儿制作的花灯布置到绿野仙踪长廊处。花灯展时，我们开展"手拉手"活动，让大哥哥大姐姐带弟弟妹妹欣赏花灯，让幼儿获得艺术熏陶的同时增加归属感。(图 5-153 至图 5-156)

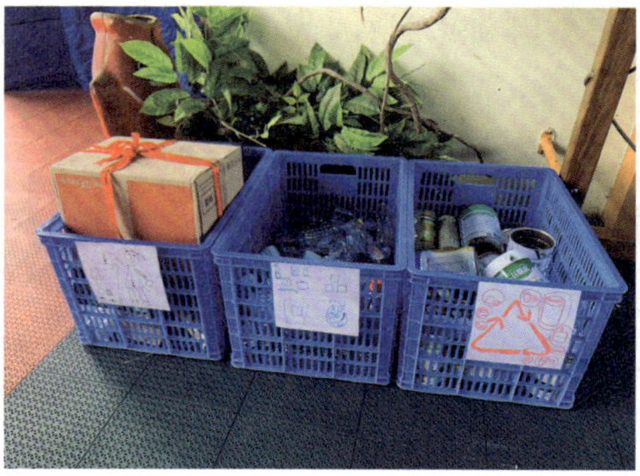

图 5-153　多元的美工材料(1)

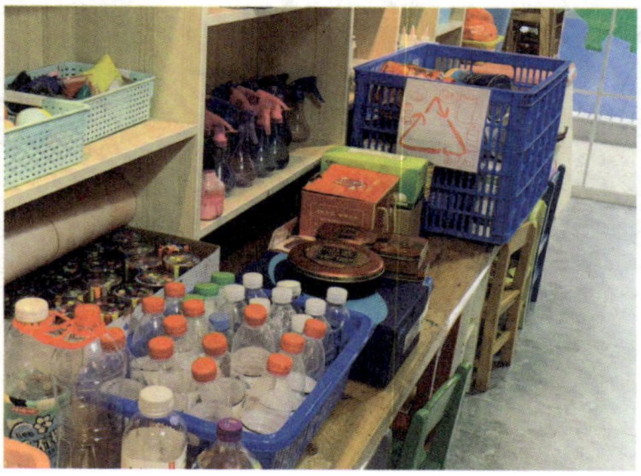

图 5-154　多元的美工材料(2)

图 5-155　灯笼工厂(1)

图 5-156　灯笼工厂(2)

第三阶段：畅享中秋——欢欢喜喜过中秋

仪式感是指人们表达内心情感最直接的方式，是人的精神情感和身体身心得到双重体验的愉悦瞬间，可以让人们记住一些重要时刻。仪式感是把本来单调普通的事情，变得不一样，对此怀有敬畏心理。与特别的月饼分享会相配套的是有仪式感的进餐环境。幼儿既可以做月饼，也可以自己布置属于他们的进餐区域。幼儿画了设计图纸，并发动老师、家长帮忙收集材料，对本班的用餐区进行了“精装修”，让今年的月饼分享更具有仪式感，让幼儿园的最后一次月饼分享更有意义。(图 5-157 至图 5-163)

图 5-157　装饰进餐环境

图 5-158　精心准备的用餐区

图 5-159　月饼烤好啦

图 5-160　嫦娥姐姐送月饼动

图 5-161　有仪式感的月饼分享

图 5-162　吃完月饼赏花灯

图 5-163　我们的中秋喜乐会

【案例评析】

1. 结合节庆进行环境创设，充分发挥环境的教育作用。

环境不仅仅是对幼儿实施良好教育的背景，而且是一门特殊的潜在课程。教师抓住节庆活动的时机，以节日文化为主线，充分挖掘其中所蕴含的文化内涵，利用节日主题特有的文化内涵和教育价值，以及节日中特有的人、事、物，有目的、有组织、有计划、科学地组织和安排，充分利用幼儿园室内外的各个空间，通过班级区角、主题墙、户外公共区域、功能室等媒介，精心构建和安排幼儿园园所环境，浓厚节日氛围，为幼儿提供真实的场景、文化的熏陶和丰富的情绪体验让幼儿更好地感知节日氛围，了解节日文化内涵，以节日为缩影认识社会。

2. 充分让幼儿参与环境创设，做环境的主人。

幼儿是在与环境积极相互作用的过程中实现自身发展的。幼儿参与环境创设才能使他们更加主动。在创设环境时，教师将环境同各种教育因素及幼儿需要融为一个有机的整体，来促进幼儿的全面发展。教师在环境创设中逐步转换角色，由单一的决策者到倾听者、合作者。我们邀请幼儿参与环境创设，倾听他们的声音。如在幼儿开展“今年中秋怎么过”大讨论活动中我们发现幼儿产生了在幼儿园开演出会、在幼儿园做月饼分享的想法，我们及时追随并分析幼儿兴趣点，与幼儿一起创设他们所需要的“舞台”和“月饼烘焙区”。在追随幼儿开展活动的过程中不断发现不同幼儿的不同发展水平和不同活动需要，使环境创设更能促进幼儿能力和个性的表现及发展，促进每个人在自身水平上的提高。教师多元角色的转变提升幼儿在环境创设上的参与度，使幼儿的想法更充分地得以实施，让幼儿真正地成为课程的主人。

3. 环境创设注重给予幼儿操作探索。

在环境创设的过程中，应立足于孩子的学习和探究活动。教师应与幼儿一起发现问题、寻找答案，支持幼儿的操作探索行为。如在科学区幼儿玩“找日子”游戏发现中秋节与国庆节是同一天时，产生中秋节为什么不是八月十五这一天的问题，为什么不同的两年中秋节的日期有变化而国庆节的日期就是 10 月 1 日无变化？这些问题表明孩子们的探究活动需要进入一个新阶段，这就对教育环境的创设提出了新要求。带着这些问题，教师可与幼儿一起查看资料，结合广西当地的“三月三”节庆活动使幼儿初步了解新历和旧历，并用简单的图文并茂的方式记录自己的发现，形成简单的统计图或对比图布置在科学区。

4. 全园参与但注意年龄差异。

福禄培尔说：“教育的任务要面向全体幼儿。”在中秋活动中因大班幼儿的已有经验、活动设想、操作能力等各方面能力较中班小班强，因此做月饼、做花灯、表演节目等中秋系列活动大多由大班幼儿开展，但这些系列活动我园都用大带小的方式让全园卷入。如制作花灯活动，教师考虑到不同年龄段的幼儿发展水平，将美工室设计成“花灯工厂”，提供多元材料供中、大班的幼儿自主选择做花灯。而小班幼儿刚入园一个月，还未完全消除焦虑适应幼儿园，因此鼓励小班幼儿与家长在家动手制作带到幼儿园展示。我们将全园幼儿的花灯无规则地随意悬挂，欣赏花灯时大带小、手拉手去寻找自己的花灯，让幼儿在寻找花灯的有趣过程中获得美的感受和艺术熏陶。

（该案例由广西大学第二幼儿园刘秋华老师提供）

资源链接(扫描二维码)：欢欢喜喜的中秋佳节

案例 4：岁岁重阳，今又重阳

【案例导读】

弘扬传承中华民族传统节日文化是我们幼教工作者的责任与义务。如何让大班幼儿在节日环境的浸润中成为环境的主人，自由、自主、自发地参与节日节庆活动呢？我园通过师幼共创主题环境，帮助幼儿打开感官，让其沉浸在节日主题氛围中。除了物质环境的营造，我园教师也注重为幼儿建构自由、包容与安全的心理环境，激发幼儿自主表达与创设的欲望，从而促进幼儿与环境的交互作用，让幼儿成为环境真正的主人。

【案例描述】

幼儿园负责孩子的启蒙教育，积极响应国家号召，弘扬传承中华传统节日文化是我们幼教工作者的责任与义务，因此我班将“节日”作为宝贵的教育资源，以节日为契机，带领幼儿创设适宜的节日环创。随着节日环境的不断浸润，老师和孩子对节日环境的理解也呈现出阶段性的变化。

第一阶段：以“节日”为主题，出现教师主导环境的情况

秋季入学后，几乎每个月都有节日节气，为充分挖掘节日教育资源，传承我国非物质文化遗产，本期我班把“节日”作为主题开展活动。蒙台梭利曾提出要为儿童创设“有准备的环境”，因此开学初，我们围绕“温馨、浪漫、热闹、甜蜜”等关键词，以马卡龙色为整体基调创设了相应的节日主题环境，旨在为幼儿营造节日氛围，从而引发幼儿对节日的关注与思考。（图 5-164）

图 5-164　班级节日主题环境

根据大班幼儿年龄特点，此阶段的幼儿仍以具体形象思维为主，因此前期教师通过主题环境的创设，把形容“节日”的感觉物化成眼可见手可触的真实环境，以具体直观的方式展现在幼儿面前。教师认为这样的环境能够调动幼儿的感官去感受节日的气息，但却忽视了儿童作为环境的主人对节日的理解，以及他想表达的节日环境。教师把所有的环境都创设好了，儿童仅仅作为参观者而未亲身参与，这样的环境必然是脱离儿童实际生活的。结合陈鹤琴先生提出的环境布置原则：“环境的布置是要通过儿童的大脑和双手；环境的布置要常常变化；高度应以儿童的视线为标准。”这些原则对于我们采用合理的环境布置标准有着重要启示，引导我们换一个角度去思考环境创设的意义。

第二阶段：以“节日”为契机，激发幼儿与环境的交互作用

《纲要》指出，“幼儿空间、设施、活动材料和常规要求等，应有利于引发、支持幼儿与周围环境之间的互动作用。”幼儿与环境交互的过程，就是发挥幼儿主体性的过程，

要注重引发环境对幼儿活动的支持作用。

随着班级节日主题的深入，在教师的不断反思与引导下，幼儿逐渐领会了节日的含义。时逢"重阳节"，在前期经验的铺垫与积累下，如何与环境有效互动，让环境成为支持活动进程的有利保证，孩子们有着自己的理解与思考：他们想要创设闯关游戏场所，通过用自己的努力去获取"重阳豪华大礼包"的方式，为爷爷奶奶送上节日的问候。

而当我们的班级环境不足以支持他们活动时，他们把目光扩大至他们熟知的校园环境中：他们在户外美工区制作独一无二的香包(图 5-165)；他们用绘画、创作的方式在门厅处布置菊花展台(图 5-166)；他们利用天井从高处悬挂礼包(图 5-167)；他们还爬上彩虹桥藏礼包等(图 5-168)。

图 5-165　运用扎锤染方式制作的香包

图 5-166　重阳糕菊花展台

图 5-167　从天井高处悬挂礼包

图 5-168　爬上彩虹桥藏礼包

资源链接(扫描二维码)：岁岁重阳，今又重阳

从孩子们的活动中，我们能够看到他们所喜爱和接受的环境不一定需要多么复杂。作为大班年龄段的幼儿，其环境创设有别于中小班的特点在于体现探索性，而幼儿是天生的探索家，只要让他们置身于熟知的环境里，他们就能充分地去表达与创造自我。他们不需要我们花大量的时间与精力去创设一些看上去挺美但并不实用的“表面环境”，他们更多的是需要我们为其建构自由、包容与安全的心理环境，从而促进其与环境的有效互动。幼儿通过按自己的意愿和兴趣自主参与、自由选择、自发交流，从而体验到快乐和满足，增强自信心、创造性和责任感，真正成为环境的主人。

【案例评析】

该案例较翔实地反映了教师在环境创设思路上的变化：

1. 结合主题背景创设主题环境。

教师根据班级“节日”主题，以马卡龙色为整体基调，融合颇具节日渲染色彩的同色系流苏、彩带、气球、鲜花等元素，创设具有节日气息的主题环境，能够从一定程度上予以幼儿直观的感受以及视觉的刺激。以“隐性课程”的方式发挥“第三位教师”的作用。

2. 从教师主导的环境到调动幼儿参与环境。

幼儿是环境的主人，在创设环境时必须要有儿童的参与。只有让他们发挥环境创设的主动性，才能调动他们从环境中学习的积极性，才能真正体现幼儿的生活特点和需要促进其发展。

3. 建构积极的心理环境，重视幼儿与环境的交互作用。

《幼儿园工作规程》中明确规定：“要注重幼儿的实践活动，保证幼儿愉快的、有益的自由活动。”可见建构积极宽松的心理环境的重要性，它是促进幼儿从被动学习转向主动学习的必要因素。同时幼儿与环境的交互作用，是幼儿发挥主体性的过程，它能让幼儿意识到自己才是环境真正的主人，从而大大激发其潜能，有效促进幼儿的终身学习与发展。

（该案例由成都市第五幼儿园李倩老师提供）

参考文献

[1]杨彦. 幼儿园环境创设[M]. 北京：北京师范大学出版社，2014.

[2]李俐. 图解幼儿园班级主题环境创设[M]. 南京：南京师范大学出版社，2016.

[3]李俐. 幼儿园主题环境创意新设计[M]. 南京：南京师范大学出版社，2013.

[4]崔岚，许玭. 孩子眼前一面墙：图解幼儿园班级主题墙的虚与实[M]. 上海：华东师范大学出版社，2018.

[5]张萌. 基于儿童本位的幼儿园环境创设思考[J]. 基础教育研究，2020(13)：98-99.

[6]秦元东，王春燕. 幼儿园区域活动新论：一种生态学的视角[M]. 北京：北京师范大学出版社，2012.

[7]钟海宏. 幼儿园教育环境创设[M]. 上海：华东师范大学出版社，2015.

[8]张金梅. 幼儿园戏剧综合课程研究[M]. 南京：江苏教育出版社，2014.

[9]侯莉敏. 幼儿园课程与教学理论[M]. 高等教育出版社，2016.

[10][日]仓桥物三. 幼儿园真谛[M]. 李季湄，译. 华东师范大学出版社，2015.

[11]张毅龙. 陈鹤琴教学法[M]. 北京：教育科学出版社，2007.

[12][美]裘迪·哈里斯·赫尔姆，丽莲·凯兹. 小小探索家——幼儿教育中的项目课程教学[M]. 南京师范大学出版社，2004.

[13]李淑贤. 精彩，在特色活动中绽放——广西教育厅幼儿园园本课程案例集锦[M]. 北京：接力出版社，2016.

[14]张卫民，曾虹，詹霞. 基于民俗文化传承的幼儿园环境创设[J]. 学前教育研究，2011(6).

[15]雷湘竹，冯季林，蒋慧. 学前儿童游戏[M]. 上海：华东师范大学出版社，2012.

[16]王薇丽. 幼儿园区域活动——环境创设与活动设计方法[M]. 北京：中国轻工业出版社，2017.

[17]戴文青. 学习环境的规划与运用[M]. 南京：南京师范大学出版社，2005.

[18]张书琴，李苏蒙. 玩转绘本：幼儿园绘本馆的创设与管理[J]. 东方娃娃·保育与教育，2019(8).

[19]袁茹. 儿童绘本馆的色彩设计[J]. 艺术家，2018(12).

[20]汪慧琴，张康夫. 绘本馆发展现状与展望——以悠贝绘本馆为例[J]. 艺术教育，2017(16).

[21]沈佳蓓. 基于体验式学习理论的儿童绘本馆设计研究[D]. 上海：华东理工大学，2018.

[22]张馨元. 儿童公共阅读空间——绘本馆的开发设计研究[D]. 上海：华东师范大学，2015.

[23]郑永田，梁益铭.《图书馆空间设计理念研究》评述[J]. 华东师范大学图书馆，中山大学图书馆，2019.

[24]陶小娟，汪晓赞，Jacqueline D. Goodway，范庆磊，张健，陈君. 3~6岁儿童早期运动游戏干预课程设计研究——基于SKIP的研究证据[J]. 北京体育大学学报，2021，44(2).

[25]朱荀，沈珏媛. 国外儿童图书馆绘本分类与阅读推广研究[J]. 山东图书馆学刊，2019(1).

[26][日]山田纯也，栢植Hiropon，长井美树，内村光一，永井弘人. 配色大原则[M]. 南京：江苏凤凰科学技术出版社，2017.

[27][美]朱莉·布拉德. 0—8岁儿童学习环境创设[M]. 南京：南京师范大学出版社，2014.

[28]戴维·H·乔纳森主编. 学习环境的理论基础[M]. 郑太年，任有群，译. 上海：华东师范大学出版社，2002(9).

[29]林佩芬. 幼儿园区域活动的实践与研究[M]. 江苏：宁波出版社，2004.

[30]朱家雄. 生态学视野下的学前教育[M]. 上海：华东师范大学出版社，2007.

[31]陈帼眉，姜勇. 幼儿教育心理学[M]. 北京：北京师范大学出版社，2007.

[32]秦元东，王春燕. 幼儿园区域活动新论：一种生态学的视角[M]. 北京：北京师范大学出版社，2008.

[33]朱家雄. 建构主义视野下的学前教育[M]. 上海：华东师范大学出版社，2009.

[34]朱家雄，华爱华等. 幼儿园环境与幼儿行为和发展的研究[M]. 上海：上海世界图书出版社，1996.

[35]何艳萍. 幼儿园区域活动实践与探索[M]. 北京：北京师范人学出版社，2010.

[36]么丹燕，方燕. 让环境和材料与幼儿对话[M]. 北京：北京师范大学出版社，2003.

[37]鄢超云. 学前教育评价[M]. 北京：高等教育出版社，2010.

[38]董旭花，韩冰川. 小区域、大学问——幼儿园区域环境创设与活动指导[M]. 北京：中国轻工业出版社，2013.

[39]秦元东，陈芳等. 如何有效实施幼儿园主题性区域活动[M]. 北京：中国轻工业出版社，2013.

[40]朱若华. 幼儿园活动区材料投放方式与儿童行为的研究[D]. 上海：华东师范大学，2005.

[41]管倚. 幼儿园墙面环境创设及其教育功能的研究[D]. 上海：华东师范大学，2005.

后　记

本书共五个单元，全景式呈现了幼儿园环境创设的各个方面，以正确先进的理念为引领，由宏观到中观再到微观，为学习者建立系统思维、开展行动研究、加强反思提升等提供了专业且实务的支持，是杨彦领衔主持关于"环境支持儿童发展"研究项目的又一成果，也是广西教育科学"十四五"规划2021年度广西教育基本建设研究专项课题《广西乡镇幼儿园"厕所革命"研究》（课题编号：2021ZJY1889）、《基于"儿童立场"的幼儿园空间规划与设计研究——以广西南宁市S幼儿园为例》（课题编号：2021ZJY1891）研究成果之一，为学前教师教育专业教材又添新作。

本书的撰写在丛书总主编杨彦的整体策划和统筹指导下有序进行，由杨彦、赖兵、童健担任主编，组织团队分工协作。杨彦对全书进行整体设计、具体策划、框架构建、体例编排、写作示例、质控研判等，赖兵、童健和黄小玲等执行跟进相关工作。其中，杨彦、赖兵、龙素萍负责第一单元，童健、黄小玲、赖兵负责第二单元，付丽君及团队负责第三单元，赵艳及团队负责第四单元，胥萍及团队负责第五单元，龙素萍、黄小玲等负责全书图文资料等的梳理归整，杨彦、赖兵对全书进行审校定稿。

本书秉持丛书"以案促学，以例明理，以评启智，以实践出真知"的要义，集结40个实例，体现"立体式呈现、学思研环创"的特点。诸多精彩案例来自多方支持，在此深表感谢！

感谢来自广西区内的支持！主要有：广西幼儿师范高等专科学校实验幼儿园、广西实验幼儿园、南宁市西乡塘区衡阳西路第三幼儿园、广西军区幼儿园、广西大学第一幼儿园、广西大学第二幼儿园、玉林市幼儿园、中共广西壮族自治区委员会机关保育院、广西罗城仫佬族自治县第二幼儿园、北海市银海区第二幼儿园、南宁市南站路幼儿园、南宁市文骅幼儿园、南宁市直属机关保育院、南宁市第三幼儿园、南宁市青秀区广源幼儿园、宾阳县凤凰幼儿园、北流市南圆幼儿园、万科梅沙（嘉和城）双语幼儿园、南宁市高新区彼诺幼儿园、北海市止泊园幼儿园、桂林市阳朔县幼儿园等。

感谢来自广西区外的支持！主要有：成都市第五幼儿园、成都市蒲江县南街幼儿园、大理白族自治州幼儿园、西双版纳州允景洪幼儿园等。

感谢来自广西区内外高校和教育机构的支持！主要有：广西幼儿师范高等专科学校的领导、老师们，北流市民办幼教协会、广西博童教育有限责任公司、南宁市红宝实业、成都木易堂装饰设计工程有限公司的同仁们。

感谢武汉大学出版社的鼎力支持！诚挚期盼、友好相商、充分肯定给予编写团队莫大的鼓舞。

感谢各方建言献策、积极关注和大力支持！合力彰显了新时代教育工作者追求高质量学前教育的拳拳之心和殷殷之情。

我们研究“环境支持儿童发展”从未懈怠，这是一个永恒的主题，没有终点，此为新的起点。回首过往际遇，失意时莫如事有不顺、身体病痛、亲人故去，等等，但幸得跨越低谷，奋起向上向好，终成佳作。有些优秀案例尚未能收入本书，敬祈见谅。书中仍有不足，敬请指正。前路风景无限，我们继续共创更美好的未来。

本书编委会

2022 年 3 月